2025년 3월 9일, 90번째 생일에, 이 '기쁜 소식'을

아내 이은주와 장남 박재현, 둘째 재범, 큰 며느리 전성원,

둘째 이경은, 손자 박창희Alexander, 승희Gregory,

손녀 주원Ella, 상원Dylan,

그리고 지원Aidan에게 전합니다.

기쁜 소식

ⓒ 박동순, 2025

초판 1쇄 발행 2025년 4월 28일

지은이	박동순
펴낸이	이기봉
편집	좋은땅 편집팀
펴낸곳	도서출판 좋은땅
주소	서울특별시 마포구 양화로12길 26 지월드빌딩 (서교동 395-7)
전화	02)374-8616~7
팩스	02)374-8614
이메일	gworldbook@naver.com
홈페이지	www.g-world.co.kr

ISBN 979-11-388-4196-2 (03230)

- 가격은 뒤표지에 있습니다.
- 이 책은 저작권법에 의하여 보호를 받는 저작물이므로 무단 전재와 복제를 금합니다.
- 파본은 구입하신 서점에서 교환해 드립니다.

Good News
기쁜 소식

예수의 삶과 가르침

성경 번역 및 편집
박동순

좋은땅

추천의 말씀

온누리교회 명예 장로이며, 초대 주 이스라엘 대사를 지낸 박동순 전 대사가 "기쁜 소식"이라는 책자를 출판하게 되어 축하 겸 추천의 말씀을 드립니다.

"기쁜 소식"은 신약 성경의 네 복음서, 곧 마태복음, 마가복음, 누가복음 및 요한복음서 중에서, 중복된 것은 제외하고, 약 반 정도를 원문 그대로를 발췌하여 현대 한국어로 번역, 편집한 책입니다.

이 "기쁜 소식"에 이어 앞으로

- '하나님의 인류구원계획'
- '성경 속의 삶의 지혜'
- '사도들의 활동과 서신들' 등

추천의 말씀

세 권의 발췌본 성경이 출판될 것이라고 합니다.

성경은 하나님의 말씀으로 기독교의 경전이며, 인생의 영적 생활의 지침서로서 만고의 베스트셀러이지만, 2000 페이지가 넘는 그 방대함 때문에 읽기가 쉬운 것은 아닙니다. 현대 한국어로 번역된 이 발췌본 성경이 출판되면 더 많은 사람들이 성경과 더욱 친숙해 질 수 있을 것으로 생각됩니다.

이 "기쁜 소식"을 통해 많은 분들이 기쁜 소식을 접하여, 매일 매일의 생활이 축복받는 생활이 되시기를 바랍니다.

김 형 석
연세대학교 명예 교수

머리말

　이 책은 신약 성경 중에서 예수님의 일생과 그분의 가르침을 다루고 있는 네 복음서, 곧 마태복음, 마가복음, 누가복음 및 요한복음서 중에서 중요 원문key texts을 고치지 않고 원문 그대로 사건별로, 그리고 연대별로 발췌하여 편집한 책입니다.
　네 복음서는 예수님의 출생으로부터 어린시절, 공생애, 수난, 십자가 처형 및 부활에 이르기까지 일어난 많은 사건들을 다루고 있지만, 가나의 혼인 잔치에서 물을 포도주로 변화시킨 예수님의 첫 기적사건은 요한복음서만 다루고 있고, 예수님께서 성전에서 상인들을 쫓아내신 사건은 네 복음서가 모두 다루고 있습니다. 따라서 요한복음 서를 읽지 않으면, 예수님께서 행하신 첫 번째 기적사건을 알 수 없으며, 성전에서 상인들을 쫓아낸 사건은 네 번 씩이나 읽게 되는 것입니다.
　이 책에는 어느 한 복음서에서만 다루어지고 있는 사건들은 모두 포함되어 있으며, 같은 내용의 사건을 두 개 이상의 복음서가 다루고 있는 경우에는 그 중에서 하나만 선택하여 포함시켜, 모두 329개의 사건이 연대별로 포함되어 있습니다. 그리고 끝으로 헨델의 메시아의 가사(성경구절)을 포함시켰습니다.
　그러므로 예수님의 생애와 그분의 복음을 알기 위해 네 권의 복음서를 모두 읽을 필요가 없으며, 한권의 책으로 그 목적을 달성할 수 있게 된 것입니다. 그러나 이 책이 네 복음서를 대체하는 것은 아닙니다. 네 복음서는 각각 그 저자의 관점에 따라 기록되었기 때문입니다.

이렇게 하여 편집된 이 책의 분량은 네 복음서의 분량의 약 50퍼센트로 네 복음서의 총 분량보다 약 절반이 축소된 것입니다.

이 책에 이어 다음 세 권의 책이 2025년에 출판될 예정입니다.
- 구약에 나타난 하나님의 인류구원계획(구약)
- 성경 속의 삶의 지혜(신, 구약)
- 초기교회: 사도들의 선교활동과 서신들(신약)

이 책들도 원 성경보다 약 절반이 축소된 형태로 출판 될 것입니다.
성경은 총체적으로 하나님의 인류구원에 관한 책이며, 동시에 인간의 삶의 지침서로 만고의 베스트셀러의 책입니다. 그러나 2,000 페이지가 넘는 성경책의 방대함 때문에 크리스천이든 아니든 읽기 쉬운 책은 아닙니다. 이것이 축소판 성경을 출판하게 된 목적입니다. 성경은 기독교의 경전이지만 반드시 기독교인만을 위한 책은 아닙니다. 처음에 성경이 나왔을 때는 지금과 같은 기독교인은 존재하지 아니했기 때문입니다. 오랜 세월동안 사람들은 성경책을 읽고, 성경에 나오는 이야기를 듣고 기독교인이 된 것입니다.
이 책의 이름을 "기쁜 소식"이라고 한 것은 예수님의 탄생 자체가 인류에게 기쁜 소식이며 그분의 복음이 기쁜 소식이기 때문입니다.
인생 100년을 살면서 이 기쁜 소식을 접하지도, 알지도 못하고 살아간다면, 눈에 보이지는 않지만 얼마나 많은 것을 잃고 세상을 살아가고 있는지를 생각해 볼 가치가 있을 것입니다.

비록 모든 것을 갖추었다 하더라도 이 기쁜 소식을 모르기 때문에 회복하기 어려운 실패와 좌절을 당하고 있는 사람들을 우리는 매일 목격하고 있습니다. 이 책과 앞으로 출판될 세권의 축소판 성경책이 아직도 성경을 모르시는 분들이 성경을 알게 되고, 그것을 통해 이 세상을 성공적으로 살아가는데 도움이 되기를 간절히 바랍니다.

범례

1. 예수의 출생으로부터 유년시기, 공생애, 십자가 처형, 부활에 이르기까지의 예수님의 생애를 사건별로, 연대순서로 편집하였습니다.
2. 이 책의 성경의 원문 text는 이 책의 편집자가 2017년에 현대 한국어로 번역 출판한 "스터디 드라마 바이블"의 원문에서 가져 온 것입니다.
3. 이 책을 편집함에 있어서는 이태리 로마 카톨릭 교회(Instituto S. Gaetano, Vicenza)가 출판한 세 권의 책을 참조했습니다.
4. 이 책에 수록된 이야기는 모두 328개이며, 이야기마다 고유의 제목이 있으며, 제목과 함께 사건이 일어난 때와 장소 및 인용한 성경구절을 예시 했습니다.

예: 14 예수, 하나님 나라에 대해 설교 시작
(A.D. 28. 5월, 가버나움)(마태복음 4:13-17, 마가복음 1:14-15, 누가복음 4:14-15)

이 사건은 A.D. 28년 5월에 가버나움에서 일어났으며, 마태복음 4:13-17절을 인용한 것입니다. 작은 글씨는 같은 이야기가 마가복음과 누가복음에도 있다는 의미입니다.

다음 사건이 일어난 때와 장소가 먼저 사건과 같을 때에는 별도로 이것을 표시하지 아니했습니다. 때는 같고 장소가 틀린 경우에는 장소만 기록했습니다.

5. 마지막에 헨델의 메시아곡 가사를 추가했습니다.

기쁜 소식

사도 요한의 머리말
(요한복음 1:1-18)

서언: 말씀은 하나님이시다
1 태초에 말씀[a]이 계셨다.
말씀은 하나님과 함께 계셨다.
말씀은 하나님이셨다.
2 그분은 태초에 하나님과 함께 계셨다.
3 만물이 그분을 통해 만들어졌으며,
그분 없이 만들어진 것은 아무 것도 없었다.
4 그분 안에 생명이 있었고,
생명은 인간의 빛이었다.
5 그리고 빛이 어둠 속에서 빛났다.
어둠이 빛을 깨닫지 못했다.

요한의 증언: 참 빛 The true light
6 하나님으로부터 보내심을 받은 사람이 있었다.
그의 이름은 요한이었다.
7 이 사람은 증언을 하기 위해, 곧
그 빛을 증언하여 모든 사람이 그분을 통해

---

a) '말씀' Word 은 예수를 지칭한다.

믿도록 하기 위해 왔다.

8그는 그 빛이 아니었다.

그는 그 빛에 대하여 증언하기 위해 보내졌다.

9모든 사람에게 빛을 비추는 참 빛[a]이

세상으로 오고 있었다.

그리스도를 영접한 사람

10그분이 세상에 계셨다.

세상이 그분을 통해 만들어졌지만,

세상이 그분을 알아보지 못했다.

11그분은 그분의 백성에게 오셨으나,

그분의 백성은 그분을 영접하지 아니했다.

12그러나 그분을 영접한 자에게는,

곧 그분의 이름을 믿는 자에게는,

그분은 하나님의 자녀가 되는 권세를 주셨다.

13하나님의 자녀는 혈통으로나, 육신의 의지로나,

그리고 인간의 의지로 태어난 것이 아니며,

하나님으로부터 태어난 자들이다.

말씀이 육신이 되다

14그리고 말씀이 육신이 되어, 우리 가운데 사셨다.

그리고 우리는 그분의 영광을 보았으니, 곧

---

a) 예수

아버지의 독생자로서의 은혜와 진리가 충만한
영광을 보았다.
15요한이 그분에 관하여 증언하여 외치며 말했다.
"이 분이 전에 내가 이렇게 말한 그분이시다. 곧,
'내 뒤에 오시는 분이 나보다 앞선 것은
그분이 나보다 먼저 계셨기 때문이다.' 라고
말한 바로 그 분이시다."
16우리는 모두 그분의 충만함으로부터 은혜 위에
은혜를 받았다.
17이는 율법은 모세를 통해 주어진 것이지만,
은혜와 진리는 예수 그리스도를 통해 온 것이기 때문이다.
18하나님을 본 사람이 없으나, 아버지의 품속에 계시는
독생자께서 하나님을 알게 하셨다.

요한복음: 신약성경 중 예수님의 생애를 다룬 네 복음서(마태복음, 마가복음, 누가 복음 및 요한복음) 중, 마지막 복음서이다. 복음서는 예수의 출생으로부터 그분의 삶과 공생애활동, 수난, 십자가처형과 부활에 이르기까지의 약 33년(B.C.7 - A.D. 30)간에 걸쳐 일어난 일들을 다루고 있다. 요한복음서는 예수의 제자이며 요한계시록의 저자인 요한이 기원 66 - 73년 사이에 기록한 것으로 보인다.
이 복음서는, 다른 복음서와는 달리, 예수의 내면의 본 모습과 그분의 사명에 대해 영적으로, 그리고 신학적으로 다루고 있는데 특징이 있다.
마가복음: 마가가 기원 50년경에 기록한 복음서이다. 마가의 본 이름은 요한이며, 예수의 제자인 마가와는 다른 사람이다. 마가는 바울의 선교활동에 동참했다. 이 복음서는 예수의 전 세계를 향한 제자도弟子道에로의 부

> 르심을, 그분의 가르침을 통해, 소개하는데 있다. 제자도란 단순한 어떤 행동규칙을 지키는 것이 아니고, 예수님과의 교제를 의미한다. 교제란 그분을 신뢰하며, 그분을 고백하며, 그분의 가르침을 행하고, 그분의 고난에 동참하는 것을 의미한다.

사도 누가의 머리말
(누가복음 1:1-4)

1많은 사람들이 우리들 가운데서 성취된 일들에 관한 이야기를 기록하는 일에 착수했습니다. 2이 일들은 처음부터 목격한 사람들과 또한 말씀의 사역자들에 의해 우리들에게 전해진 것과 같은 것입니다. 3데오빌로 전하,[a] 나도 이 모든 일들을 처음부터 면밀히 조사한 후에 정돈된 이야기를 당신에게 쓰는 것이 좋겠다고 생각했습니다. 4이렇게 함으로써 전하께서 전에 가르침을 받은 일들이 확실하다는 것을 아실 수 있을 것입니다.

> **누가복음:** 그리스인으로 이방인이요, 그리스의 문화 속에서 교육을 받은 의사인 누가가 기원 59-63 또는 70-80년대에 이 복음서를 쓴 것으로 보인다. 그는 바울의 선교여행에 동참했으며 사도행전의 저자이기도 하다. 네 복음서 중에서 가장 긴 이 복음서는 다른 어떤 복음서보다 많은 비유(19개)를 포함하고 있으며, 가난한 사람, 죄인 및 병자에 대해 특별한 관심을 나타내고 있다.

---

a) 부유한 사회저명 인사로 보임

I

예수의 유년시절과 숨겨진 삶

1 엘리사벳의 임신
(B.C.6년 말-7년초, 예루살렘)(누가복음 1:5-25)

5유다 왕 헤롯 때에 아비야 계파의 사가랴 라고 하는 제사장이 있었다. 그의 아내는 아론의 자손이요, 그녀의 이름은 엘리사벳이었다. 6이 두 사람은 하나님 앞에서 의인이었으며, 주님의 모든 계명과 규율을 지켰다. 7그러나 엘리사벳이 임신하지 못하여, 그들에게는 애기가 없었으며, 두 사람이 다 나이가 들었었다.

8마침 사가랴가 자기 계파의 차례가 돌아와서 하나님 앞에서 제사장의 의무를 수행하고 있었다. 9제사장직의 관습에 따라, 그는 제비를 뽑아 선택되어 주의 성전에 들어가서 분향하게 되었다. 10분향할 때에 백성들은 모두 밖에서 기도하고 있었다. 11그때에 주의 천가가 사가랴에게 나타나서 분향단 오른쪽에 섰다. 12사가랴가 이 광경을 보고 놀라며, 무서워했다.

13그러나 천사가 그에게 말했다. "사가랴여, 무서워하지 마라라. 네 기도가 응답되어, 네 아내 엘리사벳이 네게 아들을 낳아 줄 것이다. 네가 그 이름을 요한이라고 할 것이다. 14네가 기뻐하고 즐거워할 것이며, 많은 사람들도 그의 출생을 기뻐할 것이다. 15이는 주께서 보시기에 그가 큰 사람이 될 것이며, 포도주나 독주를 마시지 아니할 것이기 때문이다. 그는 또한 모태로부터 성령으로 충만할 것이다. 16그리고 그는 많은 이스라엘 백성들을 그들의 하나님이신 주님께로 돌아오게 할 것이다. 17그는 또한 엘리야의 심령과 능력으로 주님보다 먼저 가서 아버지들의 마음을 자녀들에게로 돌아오게 하고, 순종하지 않는 자를 의인의 지혜로 돌아오게 하여, 한 백성을 주님을 위해 예비할 것이다." 18사가랴가 천사에게 말했다. "내가 이것을 어떻게 믿을 수 있습니까? 이는 나는 노인이고, 내 아내도 나이 들었기 때문입니다."

19천사가 그에게 대답해 말했다. "나는 가브리엘이며, 나는 하나님 면전에 서 있다. 나는 이 기쁜 소식을 네게 전하여 말하려고 보냄을 받았다. 20그런데 네가 제 때가 되면 이루어질 내 말을 믿지 아니했기 때문에, 이런 일들이 일어날 때까지 너는 벙어리가 되어 말을 하지 못할 것이다."

21사람들은 사가랴를 기다리고 있었다. 그들은 그가 성전 안에서 너무 오래 머물고 있는 것을 보고 놀랐다. 22그러나 사가랴가 밖으로 나와서 그들에게 말을 하지 못했다. 사람들은 그가 성전 안에서 환상을 보았다고 생각했다. 이는 사가랴가 그들에게 손짓을 하고 말이 없었기 때문이었다. 23그의 섬기는 날이 끝나자, 그는 그의 집으로 돌아갔다.

24이런 날들이 있은 후, 그의 아내 엘리사벳이 임신했다. 그녀는 다섯 달 동안, 은둔해 살았다. 그녀는 이렇게 말했다. 25"주님께서 나를 돌보셨던 기간에, 나에게 이렇게 행하셔서 사람들 사이에서 내 수치를 없애 주셨다."

2 예수의 탄생 예고
(나사렛)(누가복음 1:26-38)

26여섯째 달에 천사 가브리엘이 하나님의 보내심을 받아 갈릴리 지방의 나사렛이라고 하는 동네에 가서, 27다윗의 가문의 요셉이라고 하는 사람과 정혼한 처녀에게 갔다. 그 처녀의 이름은 마리아이었다. 28천사가 들어가서 마리아에게 말했다. "기뻐하여라.

크게 은혜를 받은 자여! 그대는 여인들 중에서 축복을 받았다."

29그러나 처녀는 천사를 보고 그의 말에 크게 불안해하며, 그 말이 어떤 인사인지를 생각했다. 30그러자 천사가 처녀에게 말했다. "마리아야, 두려워하지 말아라. 그대가 하나님의 은혜를 받았기 때문이다. 31보아라, 그대가 그대의 태에 아이를 배어, 아들을 낳을 것이며, 그 아이의 이름을 예수라고 부를 것이다. 32그 아이는 위대한 사람이 될 것이요, 지극히 높으신 분의 아들이라고 불릴 것이다. 그리고 주 하나님께서 그 아이의 조상 다윗의 보좌를 그에게 주실 것이다. 33그는 야곱의 가문을 영원히 다스릴 것이며, 그의 왕국은 끝나지 않을 것이다."

34마리아가 천사에게 물었다. "내가 남자를 알지 못하는데, 어찌 내게 이런 일이 있겠습니까?" 35천사가 그녀에게 대답하여 말했다. "성령이 그대에게 임할 것이고, 지극히 높으신 분의 능력이 그대를 보호하실 것이다. 그러므로 그대에게 태어날 거룩한 분은 하나님의 아들이라고 불릴 것이다. 36그대의 친척 엘리사벳도 늙은 나이에도 아들을 임신했다. 임신하지 못할 것으로 알려졌던 그녀가 임신한지 여섯 달이 되었다. 37이는 하나님에게는 불가능한 것이 없기 때문이다."

38그러자 마리아가 "저는 주님의 종입니다. 말씀하신대로 되기를 바랍니다." 하고 말했다. 그러자 천사가 그녀에게서 떠나갔다.

3 마리아, 엘리사벳을 방문
(아인 카림, 예루살렘)(누가복음 1:39-45)

39이 며칠 동안에 마리아가 일어나서, 서둘러 산골자기로 들어가서 유대의 한 동네로 갔다. 40그녀는 사가랴의 집에 들어가서 엘리사벳에게 문안했다. 41엘리사벳이 마리아의 문안을 받는 동안, 아이가 그녀의 태에서 뛰었다. 그녀는 성령으로 충만했다. 42그리고 엘리사벳이 큰 소리로 말했다. "그대는 여자들 중에서 축복을 받았으며, 그대의 태중의 아이도 축복을 받았습니다. 43그런데 내 주님의 어머니께서 내게 오셔야하는 일이 어떻게 내게 허락되었습니까? 44그대의 문안하는 소리가 내 귀에 들렸을 때, 내 배속의 아이가 기쁨으로 뛰었습니다. 45주님께서 자기에게 말씀하신 것이 이루어질 것이라는 것을 믿는 여인에게는 복이 있습니다."

4 마리아의 찬가
(누가복음 1:46-56)

46마리아가 말했다.
"내 영혼이 주님을 찬양하며,
47내 마음이 내 구원자이신 하나님 안에서 기뻐합니다.
48이는 그분이 그 계집종의 비천한 신분을
돌보셨기 때문입니다.
이는, 보십시오. 지금부터는 모든 세대가 내가 복을
받았다고 할 것이기 때문입니다.
49이는 전능하신 그 분이 나를 위해 큰일을
행하셨기 때문입니다.
그 분의 이름은 거룩합니다.
50그 분의 자비는 그분을 두려워하는 자들 위에

대대로 임할 것입니다.
51그 분은 자신의 팔로 힘을 보이셨으며,
마음의 생각이 교만한 자들을 흩으셨습니다.
52그분은 통치자들을 왕좌에서 끌어내리셨으며,
비천한 자들을 높이셨습니다.
53그분은 배고픈 자들을 좋은 것으로 배불리셨으며,
부자를 빈손으로 보내셨습니다.
54그분은 자신의 자비를 기억하셔서,
그분의 종 이스라엘을 도우셨습니다.
55이것은 그분이 우리 조상과, 아브라함과,
그분의 영원한 자손에게 말씀하신 것과
같은 것입니다."

56그리고 마리아는 엘리사벳과 약 석 달쯤 함께 지난 후 그녀의 집으로 돌아갔다.

5 세례자 요한의 출생
(아인 카림)(누가복음 1:57-66)

57엘리사벳이 해산할 때가 다 찼다. 그녀는 아들을 낳았다. 58그녀의 이웃들과 친척들이 주님께서 그녀에게 큰 자비를 베푸셨다는 것을 듣고, 그녀와 함께 즐거워했다. 59팔 일째 되는 날, 그들이 그 아기에게 할례를 하기 위해 왔다. 그들은 그 아이의 이름을 부친의 이름을 따라 사가랴로 부르기로 했다. 60그 때 그 아이의 어머니가 말했다. "아닙니다. 그 아이는 요한이라고 불러야 합니다."

61그러나 사람들이 엘리사벳에게 말했다. "당신의 친척 중에는 그런 이름을 가진 사람이 없습니다." 62그리고 그들은 그 아이의 아버지에게 손짓을 하여 그 아이의 이름을 무엇이라 할 것인지를 물었다. 63그가 서판書板을 달라고 했다. 그리고 그는 "아이의 이름은 요한이다."라고 썼다. 사람들이 모두 놀랐다. 64바로 그 때에 그의 입이 열리고 그의 혀가 풀렸다. 그리고 그는 말을 하면서 하나님을 찬양했다. 65그 때 그들 주위에 살고 있었던 모든 사람들에게 두려움이 임했다. 그리고 온 유대 산골짜기에서 사람들이 이 일들을 말했다. 66이 일을 들은 사람들은 다 이것을 마음에 담아두고 "이 아이가 장차 무엇이 될까?" 하고 말했다. 이는 주님의 손이 그 아이와 함께 했기 때문이었다.

6 사가랴의 노래
(누가복음 1:67-80)

67아이의 아버지 사가랴가 성령으로 충만하여 이렇게 예언했다.
68"주 이스라엘의 하나님은 찬양을 받으십시오.
이는 그분께서 오셔서 그분의 백성을 속죄贖罪하셨기 때문이며,
69우리를 위해 그분의 종 다윗의 집에
능력 있는 구원자를 세우셨기 때문입니다.
70이것은 그분이 예로부터 거룩한 예언자들의
입을 통해 말씀하신바와 같으니 -
71곧 우리가 우리의 원수들로부터 구원을 받을 것이며,
우리를 미워하는 모든 세력으로부터도
구원을 받을 것입니다.

72이것은 그분께서 우리 조상에게 약속하신
자비를 베푸시고,
그분의 거룩한 언약을 기억하기 위한 것입니다.
73이 맹세는 우리의 조상 아브라함에게
하신 맹세로서
74곧, 우리의 원수들의 손에서 우리를 구원하시며,
우리로 하여금 두려움 없이 그 분을 섬기게 하시며,
75그분 앞에서 평생토록 거룩하고 의롭게
섬기게 하시겠다는 맹세입니다.
76아이야, 너는 지극히 높으신 분의 예언자로
불릴 것이다.
이는 너는 주님보다 앞서 가서 그분의 길을
예비할 것이기 때문이다.
77이것은 그분의 백성의 죄를 용서함으로써
그 백성에게 구원을 알게 하기 위한 것이다.
78죄의 용서는 우리 하나님의 온유하신
자비를 통해 오며,
자비에 의해 높은 곳에서 해가 우리에게 떠서,
79어둠과 죽음의 골짜기에서 사는 사람들에게
빛을 비추었으며,
우리의 발을 평화의 길로 인도할 것이다."

80그 아이는 자라면서 영이 강건해졌고, 이스라엘 백성 앞에 공공연히 나타날 때가 오기까지는 광야에서 살았다.

7 천사, "처녀가 잉태하여"
(마태복음 1:18-25)

18예수 그리스도의 출생은 이러하다. 그의 어머니 마리아가 요셉과 약혼한 후, 그들이 함께하기 전에, 그녀가 성령을 통해 임신하게 된 것이 발견되었다. 19그녀의 남편 요셉은 의인이었기 때문에, 그녀를 사람들 앞에 들어내 보이지 아니하고, 조용히 보내기로 마음먹었다. 20그러나 요셉이 이런 생각을 하고 있는 동안에, 꿈에 주님의 천사가 그에게 나타나서 이렇게 말했다. "다윗의 자손 요셉아, 마리아를 네 아내로 네게 데리고 오는 것을 두려워하지 마라라. 이는 마리아에게 잉태된 아기는 성령으로 잉태되었기 때문이다. 21그녀가 아들을 낳을 것이다. 그리고 너는 그 아이의 이름을 예수라고 부를 것이다. 이는 그가 그의 백성을 그들의 죄로부터 구원할 것이기 때문이다."

22이 모든 일들은 주께서 예언자를 통해 말씀하신 것을 이루기 위해 일어난 것이었다. 곧, 23"보라. 처녀가 잉태하여 아들을 낳을 것이요, 사람들이 그를 임마누엘이라고 부를 것이다." 이 말은 번역하면, "하나님이 우리와 함께 계신다."는 뜻이다.

24요셉은 잠에서 깨자, 주의 천사가 그에게 명령한 대로 행하여, 그의 아내를 그에게로 데리고 왔으며, 25그녀가 그녀의 첫 아들을 낳을 때까지 그녀를 알지 못했다.[a] 요셉은 그의 아들의 이름을 예수라고 지었다.

---

a) 함께 잠을 자지 안 했다는 의미

마태복음: 마태복음은 세리출신으로 예수의 열두 제자 중 한 사람인 마태(레위)가 쓴 복음서로, 그는 이 복음서를 예루살렘이 로마군에 의해 파괴(AD 70년)되기 전에 기록한 것으로 보인다. '복음'이라는 말은 희랍어로 복음을 의미하는 'euangelion'에서 온 것이며, 영어번역은 gospel이다. Gospel은 'good news'('기쁜 소식')이라는 뜻이다. 기쁜 소식이란 하나님께서 구약에서 약속하신 구원이 예수 그리스도에 의해 이루어질 것이라는 것을 의미한다.

마태복음서는 예수의 족보, 비유, 설교, 기적 및 가르침 등을 통해 예수의 출생으로부터 죽음과 부활에 이르는 예수의 일생과 그분의 가르침에 관한 이야기를 다루고 있다. 복음서는 하나님과 예수를 중심으로 일어난 일들의 설명부분과 예수의 강론부분(5-7장, 10장, 13장, 18장, 24-25장)으로 구성되어 있다. 특히 예수의 강론부분은 이 책의 핵심부분이다.

이 복음서는 예수의 일생을 소개함으로써 그분이 하나님의 아들이며, 그리스도이시며, 약속된 왕이라는 것과 천국의 특징을 유대인들과 이방인들에게 알리고, 그리고 교회에 대하여는 '내가 명령하는 모든 것'을 지키라고 하는데 그 목적이 있다.

8 예수의 족보
(마태복음 1:1-17)

1이것은 아브라함의 자손이며, 다윗의 자손인 예수 그리스도의 족보이다. 2아브라함은 이삭을 낳고, 이삭은 야곱을 낳고, 야곱은 유다와 그의 형제들을 낳았다. 3유다는 다말에게서 베레스와 세라를 낳았으며, 베레스는 헤스론을 낳고, 헤스론은 람을 낳았다. 4람은 아미나답을 낳고, 아미나답은 나손을 낳고, 나손은 살몬을 낳고 5살몬은 라합에게서 보아스를 낳고, 보아스는 룻에게서 오벳을 낳았으며, 오벳은 이새를 낳았다. 6그리고 이새는 다윗 왕을 낳았다.

I. 예수의 유년시절과 숨겨진 삶

다윗은 우리야의 아내이었던 여인에게서 솔로몬을 낳았다. 7솔로몬은 르호보암을 낳고, 르호보암은 아비야를 낳고, 아비야는 아사를 낳았다. 8아사는 여호사밧을 낳고, 여호사밧은 요람을 낳고, 요람은 웃시야를 낳았다. 9웃시야는 요담을 낳고, 요담은 아하스를 낳고, 아하스는 히스기야를 낳았다. 10히스기야는 므낫세를 낳고, 므낫세는 아몬을 낳고, 아몬은 요시야를 낳았다. 11요시야는 그들이 바벨론으로 잡혀갈 무렵에, 여고냐와 그의 형제들을 낳았다.

12그리고 그들이 바벨론으로 사로잡혀간 후에, 여고냐는 스알디엘을 낳고, 스알디엘은 스룹바벨을 낳았다. 13스룹바벨은 아비훗을 낳고, 아비훗은 엘리아김을 낳고, 엘리아김은 아소르를 낳았다. 14아소르는 사독을 낳고, 사독은 아킴을 낳고, 아킴은 에리웃을 낳았다. 15엘리웃은 엘르아살을 낳고, 엘르아살은 맛단을 낳고, 맛단은 야곱을 낳았다. 16야곱은 마리아의 남편인 요셉을 낳았다. 마리아에게서 그리스도라고 부르는 예수가 태어났다.

17그러므로 아브라함으로부터 다윗에 이르기까지의 모든 대수 代數는 십사14대요, 다윗으로부터 바벨론으로 잡혀갈 때까지가 십사대요, 바벨론으로 잡혀간 때부터 그리스도까지가 십사대이다.

9 예수의 탄생
(B.C. 7년 - B.C. 6년 초)(누가복음 2:1-7)

1이 무렵에 아우구스투수[a] 황제가 칙령을 내려, 전 로마제국을

---

a) 로마황제, B.C. 31- A.D. 19

통해 호적등록을 실시하게 했다. 2이 호적등록은 구레뇨가 시리아의 총독으로 있을 때 실시된 첫 번째 호적등록이었다. 3그래서 모든 사람이 호적등록을 위해 각자 자기 고향으로 갔다.

4요셉도 다윗의 가문이며, 혈통이었기 때문에, 갈릴리 나사렛 지방을 떠나, 유대에 있는 다윗의 마을인 베들레헴으로 가서 5약혼한 마리아와 함께 등록을 했다. 마리아는 임신 중이었다. 6그들이 그 곳에 머무는 동안에 마리아가 해산할 때가 왔다. 7그리고 마리아는 첫 아이, 사내아이를 낳았다. 마리아는 아기를 포대기에 싸서 구유에 눕혔다. 그 여관에는 그들을 위한 방이 없었기 때문이었다.

10 목자들이 예수를 경배하기 위해 옴
(누가복음 2:8-20)

8같은 마을에는 들판에 살면서 밤에 양떼를 지키는 목자들이 있었다. 9그때 주의 천사가 그들에게 나타났다. 그리고 주의 영광이 그들 주위에서 빛났다. 그들은 크게 두려워했다. 10그러자 천사가 그들에게 말했다. "두려워하지 마라라. 내가 모든 사람들에게 큰 기쁨이 될 좋은 소식을 너희에게 가져왔기 때문이다. 11바로 오늘 다윗의 마을에서 주 그리스도이신 구세주께서 너희를 위해 태어나셨기 때문이다. 12이것이 너희에게 표적이 될 것이다. 곧 너희가 포대기에 쌓여 구유에 누워 있는 아기를 볼 것이다." 13그 때 갑자기 수많은 하늘의 군대가 그 천사와 함께 있으면서 하나님을 찬양하며 말했다.

(하늘의 군대)

14"지극히 높은 곳에서는 하나님께 영광이요,
땅에서는 그분께서 함께 있기를 기뻐하시는
사람들에게 평화로다!"

15천사들이 그들을 떠나 하늘로 올라가자 목자들이 서로에게 말했다. "베들레헴으로 가서, 주께서 우리에게 말씀하신 이 일이 일어났는지 보자." 16그들은 서둘러 가서, 마리아와 요셉을 보았다. 아기는 구유에 누워있었다. 17그들은 아기를 보고, 이 아기에 관해 그들이 들은 것을 널리 알렸다. 18그리고 이 말을 들은 사람들은 모두 목자들이 그들에게 말해 준 것을 듣고 놀랐다. 19그러나 마리아는 이 모든 일을 마음에 간직하고 곰곰이 되새겨 생각했다. 20그리고 목자들은, 그들이 들은 대로, 그들이 듣고 본 모든 것에 대해 하나님께 영광을 돌리고 찬양하면서 돌아갔다.

11 예수께서 할례를 받음
(B.C. 6년 말 - B.C. 5년 초)(누가복음 2:21)

21팔일 째 되는 날에, 아기는 할례를 받고 예수라는 이름으로 불리어졌다. 이 이름은 아기가 태에서 잉태되기 전에 천사가 준 이름이었다.

12 예수를 성전에서 봉헌함
(예루살렘)(누가복음 2:22-40)

22모세의 율법에 따라, 그들을 위한 정결의 날이 되었을 때, 그들은 아기를 주께 봉헌하기 위해 예루살렘으로 데리고 왔다. (23주의 율법에 기록된 대로, "태를 첫 번째로 열고 나온 사내아이는 모두 주께 성별聖別되어야 한다.") 24그리고 그들은, 주의 율법에 정해진 대로, 제물, 곧 "산비둘기 한 쌍이나 어린 집비둘기 두 마리를 드려야 한다." 25예루살렘에 시므온이라는 이름을 가진 사람이 있었다. 이 사람은 의롭고 경건한 사람으로 이스라엘의 위로[a]를 기다리고 있었다. 그리고 성령이 이 사람 위에 있었다. 26그리고 이전에 이런 일이 있었다. 곧 그가 주[b]의 그리스도를 보기 전에는, 그가 죽음을 보지 않을 것이라는 것을 성령이 그에게 보여 주셨다. 27그리고 그가 성령에 이끌려 성전 안으로 들어왔다. 그리고 부모가 율법의 관례대로 아기 예수에게 행하기 위해 아기를 데리고 들어오자, 28시므온은 아기를 그의 팔에 안고 하나님을 찬양하며 말했다.

시므온의 노래
  29"주여, 당신의 말씀대로
당신께서는 이제 당신의 종을 평화로이
떠나보내십니다.
  30이는 내 눈이 당신의 구원을 보았기 때문입니다.

---
a) 하나님께서 오셔서 그분의 백성을 구원하고 위로할 것이라는 의미
b) 하나님

31이 구원은 당신께서 모든 백성들의 면전에서
예비하신 것입니다.
32이 구원은 이방인들에게는 계시를 가져오는 빛이요,
당신의 백성 이스라엘의 영광입니다."

33아기의 아버지와 아기의 어머니는 그 아기를 두고 하는 이 말들을 듣고 놀랐다. 34그리고 시므온은 그들을 축복하고 아기의 어머니 마리아에게 말했다. "보십시오. 이 아기는 이스라엘에서 많은 사람을 넘어지게도 하고 일어나게도 하며, 또한 그를 반대하여 말하는 표적이 되는 운명을 타고 났습니다. 35그리고 칼이 또한 당신의 영혼을 찌를 것이며, 그리하여 많은 사람들의 마음의 생각들이 들어날 것입니다."
36안나라고 하는 여자 예언자가 있었다. 그녀는 아셀지파에 속한 비누엘의 딸이며, 나이가 많았다. 그녀는 처녀 때에 한 남편과 결혼하여 칠년을 살았다. 37이 여인은 팔십사 세가 될 때까지 과부로 살면서 성전을 떠나지 않고, 밤낮으로 금식하고 기도하면서 하나님을 섬겼다. 38바로 그때에 이 여인이 와서 하나님에게 감사를 드리고, 예루살렘의 구원을 기다리는 모든 사람들에게 이 아기에 대해 말했다. 39주의 율법에 따라 모든 일을 마치고, 그들은 갈릴리로 돌아가서, 그들의 고향 나사렛으로 갔다. 40그리고 아기는 자라서 튼튼해지고 지혜가 충만했다. 하나님의 은혜가 그 아기에게 임했다.

13 동방박사들이 예수를 경배하기 위해 옴
(마태복음 2:1-12)

1헤롯왕a) 때에, 유대 땅 베들레헴b)에서 예수께서 태어나신 후, 동방으로부터 동방박사들c)이 예루살렘에 와서, 2말했다. "유대인의 왕으로 태어난 분이 어디 계십니까? 우리는 그분의 별이 떠오르는 것을 보고, 그 분에게 경배하기 위해 왔습니다."

3헤롯왕은 이 말을 듣고 고통스러워했으며, 그와 함께 있는 모든 예루살렘 주민들도 그러했다. 4헤롯왕은 대제사장들과 백성의 서기관들을 불러, 그들에게 그리스도가 어디서 태어나기로 되어 있었느냐고 물었다. 5그들이 그에게 이렇게 말했다. "유대 땅 베들레헴입니다. 이는 예언자들이 이렇게 예언했기 때문입니다. 곧,

6'유대 땅에 있는 베들레헴아,
너는 유대의 통치자들 중에서 결코
가장 작은 것이 아니다.
이는 너로부터 내 이스라엘 백성을 목양牧羊할
한 통치자가 나올 것이기 때문이다.'"

7그러자 헤롯왕이 비밀리에 박사들을 불러, 그들에게서 그 별이 나타난 때를 알아냈다. 8그리고 왕은 그들을 베들레헴으로 보

---

a) 로마황제에 의해 임명된 유대 왕, 일반적으로 '헤롯' 또는 '헤롯 대왕'으로 불렸다. 그가 유대를 통치하는 동안(B.C.37-A.D. 4), 그는 예루살렘 성전을 복원하고 그 밖에 많은 건물을 건축했다.
b) 예루살렘 남쪽 약 10km 지점에 있는 성읍
c) 점술, 해몽, 요술 등을 행하는 사람

내면서 이렇게 말했다. "가서, 그 아기를 샅샅이 찾아라. 그리고 아기를 찾는 대로 내게 알려라. 그러면 나도 가서 아기에게 경배할 수 있을 것이다." 9박사들이 왕의 말을 듣고 떠났다. 그들이 동방에서 보았던 별이 그들보다 앞서 가서 아기가 있는 장소의 위에서 멈춰 섰다. 10그들이 별을 보고 크게 기뻐했다. 11그들은 집에 들어가서 아기가 그의 어머니 마리아와 함께 있는 것을 보았다. 그리고 그들은 엎드려 아기에게 경배했다. 그런 후 그들은 보물 상자를 열어 아기에게 금과, 유향과, 몰약을 선물로 주었다. 12 그리고 그들은 꿈에 헤롯에게 돌아가지 말라는 경고를 받았기 때문에, 다른 길을 통해 그들의 나라로 돌아갔다.

14 예수, 이집트로 피신
(B.C. 6년 말 - B.C. 5년 초, 베들레헴 - 이집트)(마태복음 2:13-15)

13박사들이 떠난 후에, 꿈에 주의 천사가 요셉에게 나타나서, 말했다. "일어나라, 아기와 아기의 어머니를 데리고 이집트로 피하여라. 그리고 내가 네게 떠나라고 할 때까지 그 곳에 머물러 있으라. 헤롯이 아기를 찾아, 죽이려고 하기 때문이다." 14그래서 요셉은 일어나, 아기와 그의 어머니를 데리고 밤에 이집트로 향해 떠났다.[a] 15요셉은 헤롯이 죽을 때까지 그 곳에 머물렀다. 이 일은 주께서 예언자를 통해 말씀하신 것을 이루기 위해 일어났던 것이다. 곧, "내가 이집트로부터 내 아들을 불러냈다."

---

a) 베들레헴에서 이집트 국경까지는 약 150km

15 헤롯의 사내아이 대학살
(마태복음 2:16-18)

16한편 헤롯은 박사들이 그를 속인 것을 깨닫고 격분하여, 그들이 그에게 말해준 때를 기준으로 베들레헴과 그 부근에 있는 두 살 이하의 사내아이들을 다 죽이도록 명령했다. 17이렇게 하여 선지자 예레미야를 통해 하신 말씀이 이루어진 것이다. 곧,

18"소리가 라마[a]에서 들리니,
슬피 울며, 크게 애곡哀哭 하는 소리라.
라헬이 그녀의 자녀들을 위해 우는 것이다.
라헬이 위로받기를 거절하니,
이는 아이들이 더 이상 살아있지 않기 때문이다."[b]

16 예수, 이집트에서 나사렛으로
(B.C. 6년 말 - B.C. 5년 초, 이집트-나사렛)(마태복음 2:19-23)

19헤롯이 죽었을 때, 주의 천사가 이집트에 있는 요셉에게 꿈에 나타나, 20이렇게 말했다. "일어나라. 아기와 그의 어머니를 데리고 이스라엘 땅으로 가라. 아기를 죽이려 했던 자들이 다 죽었기 때문이다." 21그래서 요셉은 일어나, 아기와 그의 어머니를 데리고 이스라엘 땅으로 돌아갔다.

---

a) 예루살렘 북쪽 8km 지점에 있는 성읍. 야곱은 그의 둘째 부인 라헬이 아들 베냐민을 출산하는 중에 사망하여 그녀를 이곳에 묻고 슬퍼했다. 예언자 예레미야는 라헬이 아들을 잃은 슬픔을 이스라엘 백성이 멀리 포로로 잡혀가는 것에 비유했다.
b) 예레미야 31:15

Ⅰ. 예수의 유년시절과 숨겨진 삶

22그러나 요셉은 아켈라오가 그의 아버지 헤롯의 뒤를 이어 유대의 왕이 되었다는 소식을 듣고, 그 곳으로 가는 것을 두려워했다. 요셉은 꿈에 경고를 받고, 갈릴리 지방으로 들어갔다. 23그는 나사렛이라고 하는 동네에 정착했다. 이렇게 하여 예언자들을 통해 하신 말씀, 곧 "그는 나사렛 사람이라고 불릴 것이다."라는 말씀이 이루어질 수 있었다.

17 예수, 열두 살에 학자들을 놀라게 함
(B.C. 5 - A. D. 7, 예루살렘)(누가복음 2:41-50)

41예수의 부모는 해마다 유월절 축제 때에는 예루살렘으로 갔다. 42그가 열 두 살 되었을 때, 그들은 이 축제의 관습에 따라 예루살렘으로 갔다. 43그들이 축제의 날들을 끝내고 돌아갔을 때에도, 소년 예수는 예루살렘에 머물러 있었다. 요셉과 예수의 어머니는 이것을 알지 못했다. 44그들은, 그가 일행 중에 있는 것으로 생각하면서 하룻길을 가다가, 그들의 친척과 친지들 가운데서 그를 찾으려고 했다. 45그들이 예수를 찾지 못하자, 그들은 그를 찾기 위해 예루살렘으로 돌아왔다. 46그들은 사흘 후에 성전에서 그를 찾았다. 그는 율법 선생들 가운데 앉아 그들의 말을 듣기도 하고, 그들에게 질문을 하기도 했다. 47그의 말을 들은 사람들은 모두 그의 지혜와 답변에 놀랐다. 48그래서 그의 부모가 그를 보고 놀랐다. 그의 어머니가 그에게 말했다. "아들아, 네가 어찌하여 우리에게 이런 일을 했느냐? 네 아버지와 내가 너를 걱정하면서 찾았다." 49그가 그의 부모에게 말했다. "왜, 나를 찾으셨습니까? 내가 내 아버지[a]의 집에 있어야 한다는 것을 알지 못하셨습니까?" 50그러나 예수의 부모는 그가 그들에게 말한 이야기를 이해하지 못했다.

18 다시 나사렛으로 오신 예수
(누가복음 2:51-52)

51예수께서 부모와 함께 떠나, 나사렛에 도착하여 그들에게 순종했다. 그러나 예수의 어머니는 이 모든 것을 자신의 마음에 간직했다. 52그리고 예수는 지혜와 키가 자랐고, 하나님과 사람들의 호감을 받았다.

---

a) 하나님 아버지

II

예수의 공생애 公生涯
(A.D.27년 10월 – A.D. 30년 4월)

A. 공생애의 시작

19 세례자 요한의 예수의 사역을 위한 준비
(A.D. 27. 10월, 사해인근 요단강)

19-1 세례자 요한이 사역을 시작함
(누가복음 3:1-6, 마태복음 3:1-6, 마가복음 1:1-6)

1디베리우스 시저 로마 황제의 통치 제 십 오년에, 본디오 빌라도가 유대의 총독으로, 헤롯이 갈릴리의 분봉왕分封王으로, 그의 동생 빌립이 이두매와 드리고닛 지방의 분봉왕으로, 루사니아가 아빌리네의 분봉왕으로 있었을 때, 2한편 안나스와 가야바가 대제사장으로 있었을 때, 하나님의 말씀이 광야에서 사가랴의 아들 요한에게 왔다. 3요한은 요단강 주위의 모든 지역으로 가서 죄의 용서를 받기 위한 회개의 세례를 전파했다. 4이것은 예언자 이사야의 책에 기록된 것과 같은 것으로서, 책에는 이렇게 기록되어 있다.

"광야에서 외치는 자의 소리가 있다.
'주의 길을 준비하라. 그분을 위한 길을 곧게 하라.
5모든 골짜기는 메워질 것이고, 모든 산과 언덕은
낮아질 것이다 .
굽은 길은 곧게 될 것이며, 험한 길은 순탄해질 것이다.
6모든 육체는 하나님의 구원을 볼 것이다.'"(이사야 40:3-5)

19-2 세례자 요한이 회개를 설교함
(마태복음 3:7-10, 누가복음 3:7-9)

7그러나 요한은 바리새파 사람들과 사두개파 사람들이 그가 세례를 주고 있는 곳으로 오고 있는 것을 보고 그들에게 말했다. "독사의 자식들아! 누가 다가올 진노를 피하라고 너희에게 경고했느냐? 8계속 회개하여 열매를 맺어라. 9그리고 '아브라함이 우리의 조상이다.'라고 너희 스스로에게 말하려고 생각하지 마라라. 이는 내가 말하지만, 하나님은 이 돌들로부터 아브라함에게 자손을 일으킬 수 있기 때문이다. 10이미 도끼가 나무뿌리에 놓여 져 있다. 그러므로 좋은 열매를 맺지 않는 나무는 다 잘려 불속에 던져질 것이다."(이사야 40:3-5)

19-3 요한: 의무를 다하라고 권면함
(누가복음 3:10-14)

10그래서 사람들은 요한에게 이렇게 말하며 물었다. "그러면 우리가 무엇을 해야 합니까?" 11요한이 그들에게 대답해 말했다. "옷 두벌을 가진 사람은 하나도 가지지 못한 사람에게 주어라. 먹을 것을 가진 사람도 그렇게 하여라."

12세리稅吏들도 세례를 받기 위해 와서 요한에게 말했다. "선생님, 우리가 무엇을 해야 합니까?" 13요한이 그들에게 말했다. "너희에게 정해진 것 이상으로 거두지 마라라." 14군인들도 이와 같이 물었다. "우리가 무엇을 해야 합니까?" 그래서 요한이 그들에게 말했다. "사람들로부터 강탈하지 말고, 사람을 거짓으로 고발하지 말며, 너희 급여로 만족하여라."

19-4 세례자 요한, '그리스도가 가까이 계시다'
(누가복음 3:15-18, 마태복음 3:11-12, 마가복음 1:7-8)

15이제 사람들이 기대에 차 있었기 때문에, 그들 모두는 그들의 마음에 요한에 관해, 그가 그리스도인지 아닌지를 생각했다. 16요한이 그들에게 대답해 말했다. "나는 너희에게 물로 세례를 준다. 그러나 나보다 더 큰 능력을 가지신 분이 오신다. 나는 그분의 신발 끈을 풀어드릴 가치도 없는 사람이다. 그분은 너희에게 성령과 불로 세례를 주실 것이다. 17그분은 손에 키를 들고, 그분의 타작마당을 깨끗하게 치우시고, 알곡은 그분의 곳간에 모아드리고, 쭉정이는 꺼지지 않는 불에 태우실 것이다." 18그리고 요한은 그 밖에도 여러 권고로 그들에게 기쁜 소식을 전했다.

19-5 세례자 요한이 예수에게 세례를 줌
(마태복음 3:13-17, 마가복음 1:9-11, 누가복음 3:21-23, 요한복음 1:29-34)

13그 때 예수께서 요한에게서 세례를 받기 위해 갈릴리로부터 요단강으로 오셨다. 14그러나 요한이 예수님을 말리며 말했다. "내가 선생님에게서 세례를 받아야 하는데, 선생님께서 내게 오십니까?" 15그러나 예수께서 대답하여 그에게 말씀하셨다. "지금 하는 방식대로 하자. 이것이 우리가 모든 일을 충족하는 것이 되는 것이다." 그래서 요한이 그분의 말씀을 받아드렸다.

16예수께서 세례를 받으시고 바로 물에서 나오셨다. 보라. 하늘 문이 그분에게 열렸으며, 예수께서 하나님의 성령이 비둘기처럼 내려와서 그분 위에 있는 것을 보셨다. 17그리고 하늘에서 소리가 와서 말하기를, "이는 내가 매우 기뻐하는 나의 사랑하는 아들이다."

20 예수, 사탄으로부터 시험을 받음
(AD 28, 1월, 사해인근 광야)(마태복음 4:1-11, 마가복음 1:12-13, 누가복음 4:1-13)

1그 후에 예수께서 성령에 의해 광야로 인도되어 마귀로부터 시험을 받게 되었다. 2예수께서는 40일을 밤낮으로 금식하셔서 배가 고프셨다. 3유혹하는 자가 예수께로 와서 말했다. "만일 네가 하나님의 아들이라면, 이 돌들에게 빵이 되라고 명령해 보라."
4그러나 예수께서 이렇게 말씀하셨다. "성경에 기록되기를,

'사람이 빵으로만 사는 것이 아니요,
하나님의 입에서 나오는 모든 말씀으로 사는 것이다.'"(신명기 8:2)

5그러자 마귀는 예수를 거룩한 성으로 데리고 가서, 성전의 뾰족탑 위에 세웠다. 6마귀가 말했다. "네가 하나님의 아들이면, 뛰어 내려라! 성경에 이렇게 기록되어 있기 때문이다.
'그분이 너를 위해 그분의 천사들에게 명령하실 것이다.
그리고
천사들이 그들의 손으로 너를 붙들어
네 발이 돌에 부딪히지 않게 할 것이다.'"(시편 91편)

7예수께서 마귀에게 말씀하셨다.

"그러나 성경에 또 기록되기를
'네 주 하나님을 시험하지 마라라.'"(신명기 6:16)

8그러자 마귀는 다시 예수를 아주 높은 산꼭대기로 데리고 가서, 세상의 모든 나라들과 그들의 영광을 그분에게 보여주었다. 9그리고 마귀가 그분에게 말했다. "만일 네가 나에게 엎드려 경배하면, 내가 이 모든 것을 네게 줄 것이다." 10그때에 예수께서 마귀에게 말씀하셨다. "사탄아, 물러가라. 성경에 기록되기를,

'너희는 주 너희 하나님을 경외하여라.
너희는 그분을 섬기고
그분의 이름에 의지하여 맹세하여라.'"(신명기 6:13)

11그러자 마귀는 예수를 떠나갔으며, 천사들이 와서 그분을 돌보았다.

21 세례자 요한의 자신에 대한 증언
(AD 28, 2월, 사해인근 요단강변)(요한복음 1:19-28)

19유대인들이 예루살렘에서 제사장들과 레위인들을 요한에게 보내어 그에게 "당신이 누구요?"라고 물었을 때, 요한의 증언은 이러했다. 20요한은 고백했다. 그는 부인하지 아니하고, "나는 그리스도가 아니오." 라고 고백했다. 21그리고 그들이 그에게 물었다. "그러면 무엇이요? 당신이 엘리야요?" 그가 대답했다. "나는 아니오." "당신이 그 예언자[a]요?" 그리고 그가 대답했다. "아니요."

---

a) 예수 그리스도를 의미

22그러자 그들이 그에게 말했다. "당신이 누구요? 우리를 보낸 사람들에게 우리가 가서 말할 필요가 있소. 당신은 자기 자신을 무엇이라고 하시오?" 23요한이 말했다. "나는 '주님께서 오실 길을 곧게 하라.'고 광야에서 외치는 사람의 소리이오. 이것은 예언자 이사야가 말한 것이오."(이사야 40:3)

24(그들은 바라새파 사람들로부터 보냄을 받은 사람들이었다.) 25그들이 또 요한에게 물었다. "당신이 그리스도도 아니요, 엘리야도 아니요, 예언자도 아닌데, 어찌하여 세례를 주시오?"

26요한이 대답했다. "나는 물로 세례를 주지만, 당신들 가운데는 당신들이 알지 못하는 한 사람이 서 있소. 27그 분은 내 뒤에 오시는 분이지만, 나는 그 분의 신발 끈을 풀어 드릴 자격도 없는 사람이오." 28이 모든 일은 요한이 세례를 주던 요단강 건너편 베다니에서 일어난 일이었다.

22 세례자 요한, '하나님의 어린 양을 보시오'
(요한복음 1:29-34)

29다음날 요한은 예수께서 자기에게로 다가오시는 것을 보고 말했다. "하나님의 어린 양[a]을 보십시오. 그 양은 세상의 죄를 없애시는 분이십니다. 30이 분이, 내가 전에 '나보다 뒤에 오시는 분이 나보다 앞선 것은 그분이 나보다 먼저 계셨기 때문이오.' 라고 말한 바로 그 분이십니다. 31내 자신도 그분을 알지 못했습니다. 그러나 그분께서 이스라엘에 들어나지셔야 하기 때문에, 그러므

---

a) 구약성경에서 이스라엘 백성은 어린 양을 제물로 바쳤다. 예수 그리스도는 하나님께서 세상의 모든 죄를 위해 희생제물로 하나님께 바친 어린 양이다(이사야 52:13-53:12).

로 내가 와서 물로 세례를 주는 것입니다.

32그리고 요한은 이렇게 증언하여 말했다. "내가 보니 성령이 비둘기 같이 하늘로부터 내려와서 그분 위에 머물렀습니다. 33나는 그분을 알지 못했습니다. 그러나 나를 보내어 물로 세례를 주라고 하신 분이 내게 이렇게 말했습니다. '어떤 사람 위에 성령이 하늘에서 내려와서 머무는 것을 네가 보면, 바로 그 사람이 성령으로 세례를 주실 분이시다.' 34나는 이것을 보았으며, 그래서 내가 이 분이 하나님의 아들이라고 증언하는 것입니다."

23 예수의 첫 제자들
(요한복음 1:35-51, 마태복음 4:18-22, 마가복음 1:16-20, 누가복음 5:2-11)

안드레와 시몬

35다음 날 요한이 그의 두 제자와 함께 그곳에 있었다. 36요한이 예수께서 지나가시는 것을 보고, 그가 말했다. "보라, 하나님의 어린 양을!" 37요한이 이렇게 말하는 것을 그의 두 제자가 듣고, 예수를 따라갔다. 38예수께서 돌아서 그들이 따라오는 것을 보시고 물으셨다. "너희가 무엇을 원하느냐?" 그들이 그분께 말했다. "랍비여(랍비는 번역하면 '선생'이다), 어디에 머물고 계십니까?" 39예수께서 대답하셨다. "와서 보아라. 그러면 알 것이다." 그래서 그들이 가서 예수께서 계신 곳을 보고, 그날을 예수와 함께 지냈다. 때는 열시 쯤 되었었다. 40요한이 말한 것을 듣고, 예수를 따라간 두 사람 중의 한 사람은 시몬 베드로의 형인 안드레이었다. 41안드레가 먼저 그의 형제 시몬을 찾아 말했다. "우리가 메시아를 만났다." (메시아는 번역하면 '그리스도'이다.)

42그리고 안드레는 시몬을 예수께로 데리고 갔다. 예수께서 시몬을 보시고 말씀하셨다. "네가 요한의 아들 시몬이구나. 그러나 너는 게바라고 불릴 것이다."(게바는 번역하면 '베드로'이다.)

빌립과 다니엘

43이튿날 예수께서 갈릴리로 가시기를 원하셨다. 예수께서 빌립을 보시고 말씀하셨다. "오너라. 나를 따르라." 44빌립은 안드레와 베드로와 같이 한 동네인 벳새다 사람이었다. 45빌립이 나다나엘을 보고 말했다. "모세가 율법에 기록했고, 여러 예언자들이 기록한 그 분을 우리가 만났으니, 곧 요셉의 아들, 곧 나사렛 예수이다."

46나다나엘이 빌립에게 물었다. "나사렛에서 무슨 좋은 것이 나올 수 있겠는가?" 그가 말했다. "와서, 보라." 47예수께서 나다나엘이 자기에게 다가오는 것을 보시고 그를 가리켜 말씀하셨다. "여기 참 이스라엘 사람이 있구나, 그에게는 속임이 없구나." 48나다나엘이 예수께 물었다. "어떻게 나를 아십니까?" 예수께서 그에게 말씀하셨다. "빌립이 너를 부르기 전에, 네가 무화과나무 아래에 앉아 있는 것을 내가 보았다."

49그러자 나다나엘이 예수께 대답했다. "랍비여, 당신께서는 하나님의 아들이시오, 당신께서는 이스라엘의 왕이십니다." 50예수께서 그에게 대답하셨다. "내가 무화과나무 아래에 있는 너를 보았다고 말했기 때문에, 네가 이것을 믿느냐? 네가 이런 것들보다 더 큰 일들을 볼 것이다." 51예수께서 또 그에게 말씀하셨다. "내가 진실로진실로 너희에게 말한다. 이후에는 하늘이 열리고, 하나님의 천사들이 인자人子[a] 위에 오르락내리락 하는 것을 너희가 볼 것이다."

24 예수의 가나에서의 첫 번째 기적
(AD 28. 3월, 가나, 가버나움) (가나의 혼인잔치)(요한복음 2:1-12)

1사흘째 되던 날, 갈릴리에 있는 가나에서 혼인잔치가 있었다. 예수의 어머니도 거기에 계셨다. 2예수도 그의 제자들과 함께 혼인잔치에 초청을 받았다. 3포도주가 떨어지자, 예수의 어머니가 예수에게 말했다. "그들에게 포도주가 없다." 4예수께서 그녀에게 말했다. "여자여, 그것이 나와 무슨 상관이 있습니까? 나의 때가 오지 아니했습니다." 5예수의 어머니가 하인들에게 말했다. "무엇이든지 그가 말하는 대로 하여라."

6거기에는 유대인들의 정결의식에 따라, 돌로 만든 여섯 개의 물 항아리가 있었는데, 한 항아리마다 물 두세 통을 담을 수 있었다. 7예수께서 하인들에게 말씀하셨다. "항아리들을 물로 채워라." 그들이 물을 아귀까지 채웠다. 8예수께서 그들에게 말씀하셨다. "이제 물을 좀 떠서 연회 책임자에게 갖다 주어라." 그들이 그렇게 했다. 9연회 책임자는 포도주로 변한 물을 맛보고도 그것이 어디서 왔는지를 알지 못했다. (그러나 물을 퍼서 떠온 하인들은 알았다.) 10연회 책임자가 신랑을 불러, 그에게 말했다. "누구든지 먼저 좋은 포도주를 내놓다가 손님들이 취한 후에는 덜 좋은 포도주를 내놓는 것인데, 당신은 지금까지 좋은 포도주를 남겨두

---

a) 메시아에게 주어지는 명칭으로, 예수께서 자신을 '인자'로 부르시기를 좋아하셨다. (마태복음 8:20)

었습니다." 11예수께서 이 첫 번째 표적을 갈릴리 가나에서 행하셨으며, 그분의 영광을 나타내셨다. 그리고 그의 제자들이 그를 믿었다.

12그 후에 예수께서 그의 어머니와 그의 형제들과 함께, 가버나움으로 내려가셨다. 그러나 그들은 거기서 여러 날 있지는 아니했다.

B. 유다, 사마리아, 갈릴리에서의 초기 사역

25 예수, 유월절을 위해 예루살렘으로…
(AD 28, 3월, 가버나움 - 예루살렘)(요한복음 2:13-25, 마태복음 21:12-13, 마가복음 11:15-19, 누가복음 19:45-48)

13유대인의 유월절이 가까워 오자, 예수께서 예루살렘으로 올라가셨다. 14예수께서 성전 뜰 안에서 소와, 양과, 비둘기를 파는 사람들과 또 환전하는 사람들이 장사하는 것을 보셨다. 15예수께서 노끈으로 채찍을 만들어 양과 소를 다 성전 밖으로 내 쫓으시고, 환전하는 사람들의 돈은 흩으시고 상을 엎으셨다. 16예수께서 비둘기를 파는 사람들에게 말씀하셨다. "이것들을 여기서 치워라. 내 아버지의 집을 장사하는 집으로 만들지 마라라." 17예수의 제자들은 "주의 집을 위한 열정이 나를 삼킬 것이다."라고 성경에 기록된 것을 기억했다. (시편69:9)

18그러자 유대인들이 예수께 대답해 말했다. "당신이 이런 일을 할 수 있다는 것을 증명하기 위해, 어떤 표적이라도 우리에게 보여줄 수 있소?" 19예수께서 그들에게 대답하셨다. "당신들이 이 성전을 파괴하시오. 그러면 내가 사흘 안에 다시 세울 것이오."ᵃ⁾ 20유대인들이 그분께 말했다. "이 성전을 짓는데 46년이 걸렸소. 그런데 당신이 이것을 3일 만에 지을 수 있다고요?"

21그러나 예수께서 말씀하신 성전은 자신의 몸을 가리켜 말씀하신 것이었다. 22그러므로 예수께서 죽은 자 가운데서 살아나셨을 때에야, 그의 제자들은 예수께서 전에 하신 이 말씀을 기억했다. 그리고 그들은 성경과 예수께서 전에 하신 말씀을 믿었다.

23예수께서 유월절에 예루살렘에 계시는 동안, 많은 사람들이 그분이 행하신 표적들을 보고, 그분의 이름을 믿었다. 24그러나 예수께서는 자신을 사람들에게 의탁하지 아니하셨다. 이는 그분께서는 모든 사람을 알고 계셨으며, 25또 사람에 대하여 어떤 사람의 증언도 들을 필요가 없었기 때문이었다. 이는 또한 그분은 사람의 마음속에 있는 것을 아시고 계셨기 때문이었다.

26 예수와 니고데모
(AD 28. 4월, 예루살렘)(요한복음 3:1-21)

1그런데 바리새파 사람들 중에 유대인의 통치자의 한 사람으로 니고데모라고 하는 사람이 있었다. 2그가 밤에 예수께 와서 물었다. "랍비여, 우리는 당신이 하나님께로부터 오신 선생이신 줄 알고 있습니다. 이는 하나님께서 함께 하지 아니하시면, 누구도 선생님께서 행하시고 있는 것과 같은 표적을 행할 수 없기 때문입

---

a) 이것은 예수께서 자신의 몸이 하나님의 성전인 것과 자신이 고난을 당하신 후 3일 만에 부활하실 것이라는 것을 처음으로 말씀하신 것이다.

예수님의 공생애 지도

니다." 3예수께서 그에게 대답해, 말씀하셨다. "내가 진실로진실로 네게 말한다. 사람이 다시 태어나지 않으면, 하나님의 나라를 볼 수 없다." 4니고데모가 예수께 물었다. "사람이 늙었는데 어떻게 다시 태어날 수 있습니까? 사람이 두 번째 그의 모태로 들어가서 태어날 수 있습니까?"

5예수께서 대답하셨다. "내가 진실로진실로 네게 말한다. 사람이

물과 성령으로 태어나지 아니하면, 하나님 나라에 들어갈 수 없다. 6육에서 태어난 것은 육이요, 영에서 태어 난 것은 영이다. 7그러므로 '너희는 거듭 태어 나야한다.' 고 내가 말한 것을 너희가 놀랍게 여기지 마라라. 8바람은 바람이 불고 싶은 대로 분다. 네가 바람 소리는 들어도, 바람이 어디서 오는지, 어디로 가는지를 너는 말할 수 없다. 성령으로 태어나는 사람도 모두 그렇다."

9니고데모가 예수께 대답해, 말했다. "어찌 이런 일이 있을 수 있습니까?" 10예수께서 그에게 대답해, 말씀하셨다. "너는 이스라엘의 선생인데, 이러한 것 들을 네가 알지 못하느냐? 11내가 진실로진실로 너희에게 말한다. 우리는 우리가 아는 것을 말하며, 또 우리가 본 것을 증언한다. 그러나 너희는 아직도 우리의 증언을 받아들이지 않고 있다. 12내가 세상일을 말했는데도, 너희가 믿지 아니한다면, 하물며 내가 하늘의 일을 말한다면, 너희가 어떻게 믿겠느냐? 13하늘에서 내려오신 그 분, 곧 인자를 제외하고는 하늘에 올라가 본 사람은 없다. 14마치 모세가 광야에서 뱀을 들어 올린 것 같이,[a] 인자도 들어 올려 져야한다.[b] 15이는 누구든지 그분을 믿는 사람은 영생을 얻을 수 있도록 하기 위한 것이다.

16"하나님께서 세상을 이처럼 사랑하시어, 자신의 독생자를 주셨으니, 이는 누구든지 그분을 믿는 자는 멸망하지 않고, 영생을 얻게 하기 위한 것이다. 17이는 하나님께서 세상을 정죄하기 위해 그분의 아들을 세상에 보내신 것이 아니고, 그분을 통해 세상이 구원될 수 있도록 하기 위한 것이기 때문이다.

---

a) 민수기 21:8-9
b) 십자가 위에서의 죽음을 의미

18"그분을 믿는 자는 누구든지 정죄를 받지 않는다. 그러나 그분을 믿지 않는 자는 이미 정죄를 받은 것이다. 이는 그가 하나님의 독생자의 이름을 믿지 아니했기 때문이다. 19그 정죄는 이런 것이다. 곧 빛이 세상에 왔으나, 사람들이, 그들의 행위가 악하기 때문에, 빛보다는 어둠을 더 사랑한 것이다. 20이는 누구든지 악을 행하는 자는, 자신의 행위가 들어나지 않도록 하기 위해, 빛을 미워하여 빛으로 나오지 않기 때문이다. 21그러나 누구든지 진리를 따라 사는 자는 빛으로 나아온다. 이리하여 그가 행한 것은 하나님 안에서 행하여진 것이라는 것이 분명히 나타내 보이게 된다."

27 예수는 하나님의 나타나심이다
(A.D. 28. 4월, 예루살렘)(요한복음 3:31-36)

31"위로부터 오시는 분[a]은 만물 위에 계시고, 땅에서 난 자는 땅에 속하여 땅에 속한 것을 말한다. 하늘에서 오시는 분은 만물 위에 계신다. 32그분은 친히 보고 들은 것을 증언하시나, 그분의 증언을 받아드리는 사람이 없다. 33누구든지 그분의 증언을 받아드리는 사람은 하나님이 참된 분이시라는 사실에 그의 도장을 찍은 것이다. 34이는 하나님께서 보내신 분은, 하나님이 성령을 한없이 주시기 때문에, 하나님의 말씀을 말하시기 때문이며, 35아버지께서는 아들을 사랑하셔서 만물을 그의 손에 주셨다. 36누구든지 아들을 믿는 자는 영생을 가지나, 누구든지 아들에게 순종하지 않는 자는 생명을 보지 못할 것이다. 오히려 하나님의 진노가 그 사

---

a) 예수 그리스도

람 위에 머물러 있을 것이다."

28 세례자 요한의 예수에 대한 마지막 증언…
(A.D. 28. 4월, 요단강 건너편 베다니)(요한복음 3:22-30)

22그 후에 예수께서 제자들과 함께 유대 땅으로 가셨다. 그곳에서 예수께서 얼마동안 제자들과 함께 머무시면서, 세례를 베푸셨다. 23요한도 살림Salim에 가까운 애논에서 세례를 주고 있었다. 24그곳에는 물이 많았기 때문이었다. 사람들이 계속 그곳으로 와서 세례를 받았다. 이는 아직 요한이 감옥에 갇히기 전이기 때문이었다.

25그런데 요한의 제자들과 유대인들 중 몇 사람 간에 정결예식 문제를 두고 논쟁이 벌어졌다. 26그들이 요한에게 와서 말했다. "랍비여, 요단강 저편에서 선생님과 함께 있었던 그 사람, 곧 선생님이 증언하셨던 그 사람이 세례를 주고 있습니다. 그리고 모든 사람들이 그분에게로 가고 있습니다."

27요한이 대답해, 말했다. "하늘에서 주시지 않으면, 사람은 아무것도 받을 수 없다. 28내가 전에 '나는 그리스도가 아니요, 그분보다 앞서 보냄을 받은 사람이다.'라고 말한 것을 증언할 수 있는 자는 너희들이다. 29신부를 가지는 사람은 신랑이다.

그러나 신랑의 친구는 옆에 서서 신랑의 음성을 듣고, 신랑의 음성에 크게 기뻐한다. 그러므로 나는 지금 이러한 나의 기쁨으로 충만하다. 30그분은 더욱 흥해야 하고, 나는 더 쇠하여야 한다."

29 세례자 요한의 투옥과 예수, 유대를 떠남
(누가복음 3:19-20, 요한복음 4:1-3, 마가복음 4:17, 마태복음 4:12)

누가복음 3:19그러나 분봉 왕 헤롯은 그의 동생의 아내 헤로디아의 일과 그가 행한 모든 악한 일 때문에 요한에게서 책망을 받았으며, 20이 모든 것을 합쳐서, 그는 요한을 감옥에 가두었다.

요한복음 4:1예수께서 요한보다 더 많은 사람을 제자로 삼고 세례를 베푸시고 있다는 소식을 바리세파 사람들이 들었다는 것을 예수께서 아시고 2(그러나 사실은 세례는 예수께서 베푸신 것이 아니고, 그분의 제자들이 준 것이다.), 3예수께서 유대를 떠나, 다시 갈릴리로 향해 가셨다.

30 예수와 사마리아 여인
(A.D. 28. 5월, 사마리아)(요한복음 4:4-42)

4그러나 예수께서 사마리아를 지나가셔야만 했다. 5그래서 예수께서 사마리아에 있는 수가라고 하는 동네에 이르셨다. 이곳은 야곱이 그의 아들 요셉에게 준 땅과 가까운 곳이었다. 6거기에는 야곱의 우물이 있었다. 여행길에 피곤하셨던 예수께서는 우물곁에 앉으셨다. 때는 여섯시[a]쯤 되었었다.

7한 사마리아 여인이 물을 기르기 위해 왔다. 예수께서 그 여인에게 말씀하셨다. "내게 물을 좀 다오." 8이는 예수의 제자들은 먹을 것을 사기 위해 동네로 들어가고 없었기 때문이었다. 9그 사마리아 여인이 예수께 말했다. "유대인인 당신이 사마리아 여인인

---

a) 정오

나에게 물을 달라고 하니 어찌된 일입니까?" 이는 유대인은 사마리아 사람과는 아무런 거래도 지 안했기 때문이었다.

10예수께서 그 여인에게 대답해, 말씀하셨다. "만일 네가 하나님의 선물[a]을 알고, '나에게 물을 달라.'고 네게 말한 사람이 누구인줄을 알았더라면, 네가 그분에게 구했을 것이고, 그분이 네게 살아있는 물[b]을 주셨을 것이다." 11여인이 예수께 말했다. "주여, 당신께서는 물을 기를 만한 것을 아무 것도 가진 것이 없고, 이 우물은 깊습니다. 당신께서 어디서 그 살아있는 물을 얻으시겠습니까? 12당신이 우리의 조상 야곱보다 더 크신 분이십니까? 그분은 우리에게 우물을 주셨고, 그분 자신은 물론 그의 아들들과 가축들도 이 우물에서 물을 마셨습니다."

13예수께서 여인에게 대답해, 말씀하셨다. "누구든지 이 물을 마시는 사람은 다시 목마를 것이다. 14그러나 누구든지 내가 주는 물을 마시는 사람은 영원히 목마르지 아니할 것이다. 내가 주는 물은 그 사람 안에서 솟아나는 샘물이 되어 영생에 이르도록 솟아날 것이다."

15여인이 예수께 말했다. "선생님, 그런 물을 내게 주셔서 내가 목마르지 않게 하시고, 또 물을 기르기 위해 여기 오지 않도록 하십시오." 16예수께서 그녀에게 대답하셨다. "가서 네 남편을 불러, 이리로 오너라." 17여자가 대답해, 말했다. "나는 남편이 없습니다." 18예수께서 여인에게 말씀하셨다. "네가 '나는 남편이 없습니다.' 라고 말했다. 이는 전에 네게 남편 다섯이 있었고, 지금 있는

---

a) '성령'을 의미
b) '성령'을 의미

남자도 네 남편이 아니기 때문이다. 그러니, 네 말이 옳다."

19여자가 예수께 말했다. "선생님, 나는 당신이 예언자라고 생각합니다. 20우리 조상들은 이 산에서 예배를 들였습니다. 그러나 당신께서는 사람이 예배를 들여야 할 곳은 예루살렘에 있다고 말씀하셨습니다." 21예수께서 여인에게 말씀하셨다. "여자여, 나를 믿으라. 너희가 이 산도 아니고, 예루살렘도 아닌 곳에서 아버지께 예배를 드릴 때가 오고 있다. 22너희 사마리아 사람들은 너희가 알지 못하는 것을 예배한다. 우리 유대인은 우리가 아는 것을 예배한다. 이는 구원이 유대인들로부터 오기 때문이다. 23그런데 참된 예배자들이 영과 진리로 아버지께 예배드릴 때가 오고 있는데 지금이 그 때이다. 이는 아버지께서는 그분을 예배하는 사람을 찾으시기 때문이다. 24하나님은 영이시다. 그분에게 예배드리는 사람은 영과 진리로 예배를 드려야 한다."

25여인이 예수께 말했다. "메시아, 곧 그리스도라고 하시는 분이 오시고 계시는 것을 내가 알고 있습니다. 그분이 오시면 우리에게 모든 것을 말해 주실 것입니다." 26예수께서 그녀에게 말씀하셨다. "네게 말하고 있는 내가 그 분이다."

추수할 때가 되었다

27이 때 제자들이 돌아와서 예수께서 여인과 말씀하시는 것을 보고 이상히 생각했다. 그러나 누구도 "선생님, 무엇을 찾으십니까?" 또는 "어찌하여 당신께서 이 여인과 말씀하십니까?"라고 물어 보지 아니했다. 28그러자 여인이 물동이를 내버려 두고, 마을로 돌아가서 동네 사람들에게 말했다. 29"와서 어떤 한 사람을 보십시오. 그 사람이 내가 한 일을 모두 말했습니다. 그 사람이 그리스도일 수 있습니까?" 30그들이 동네를 떠나 예수에게로 갔다. 31그 사이에 제자들이 예수께 재촉하며 말했다. "랍비여, 드십시오." 32그러나 예수께서 그들에게 말씀하셨다. "나에게는 너희가 알지 못하는 먹을 양식이 있다." 33그래서 제자들이 서로에게 "누가 그분께 드실 것을 벌써 갖다 드렸지?" 라고 말했다.

34예수께서 제자들에게 말씀하셨다. "내 양식은 나를 보내신 분의 뜻을 행하고, 그분의 일을 온전히 이루는 것이다. 35너희는 '넉 달이 지나야 추수할 때가 이를 것이다.' 라고 말하지 아니했느냐? 그런데 내가 너희에게 말한다. 너희 눈을 들어 밭을 보아라! 이는 이삭이 익어 희어져서 추수하게 되었기 때문이다. 36추수하는 사람은 이미 자기 삯을 받고, 영생을 위한 곡식을 거두어들인다. 그래서 씨를 뿌린 사람과 거두어들이는 사람이 함께 즐거워할 수 있는 것이다. 37이는 '한 사람은 심고, 한 사람은 거둔다.' 라는 말이 옳은 말이기 때문이다. 38나는 너희가 노력하지 않은 것을 거두도록 너희를 보냈다. 다른 사람들이 수고를 했고, 너희는 그들의 수고의 결실을 거두었다."

세상의 구원자

39그 동네의 많은 사마리아 사람들은 예수를 믿게 되었다. 이는 그 여인이 '그분이 내가 행한 일들을 도두 내게 말씀하셨다' 고 증언했기 때문이었다. 40그래서 사마리아 사람들이 예수에게로 와서 그들과 함께 머무시기를 청했다. 예수께서는 거기서 이틀을 머무셨다. 41그리고 더 많은 사람들이 그분의 말씀 때문에 그분을 믿게 되었다. 42그들이 그 여인에게 말했다. "이제 우리가 예수를 믿는 것은 더 이상 당신이 말한 것 때문이 아니고, 우리가 우리 스스로 들었기 때문이다. 그리고 우리는 그분이 참으로 세상의 구세주라는 것을 알게 되었다."

31 고관의 병든 아들을 고치심
(A.D. 28. 5월, 가나)(요한복음 4:43-54)

갈릴리에서 영접을 받은 예수

43이틀 후에 예수께서 갈릴리로 떠나셨다. 44이는 예수께서 전에 예언자는 자기 자신의 고향에서는 존경을 받지 못한다고 말씀하셨기 때문이었다. 45예수께서 갈릴리에 이르시자, 갈릴리 사람들은, 전에 유월절 축제 때, 예루살렘에서 예수께서 행하신 모든 일을 보았기 때문에, 그분을 환영했다. 이는 그들도 유월절 행사에 갔었기 때문이었다.

가나에서의 두 번째 기적

46예수께서 다시 갈릴리에 있는 가나에 도착하셨다. 이곳은 전에 예수께서 물을 포도주로 변화시킨 곳이다. 인근에 있는 가버나움에 왕의 한 신하가 있었는데 그의 아들이 병을 앓고 있었다. 47이 신하가 예수께서 유대로부터 갈릴리로 오셨다는 말을 듣고 그분에게 가서, 내려오셔서 죽어가고 있는 그의 아들을 고쳐주실 것을 청했다. 48예수께서 그에게 말씀하셨다. "너희가 표적과 기사奇事를 보지 않으면, 결코 믿지 아니할 것이다."

49신하가 예수께 말했다. "내 아이가 죽기 전에 내려오십시오." 50예수께서 그에게 말씀하셨다. "가보아라. 네 아이가 살아 있을 것이다." 신하가 예수께서 하신 말씀을 믿고 떠났다. 51신하가 아직도 집으로 가고 있을 때, 그의 종들이 와서 "당신의 아들이 살아 있다."고 그에게 전했다. 52신하가 종들에게 그의 아들의 병이 나은 시간을 물었더니, 그들이 "열이 어제 일곱 시에 아이에게서 떠났다"고 그에게 말했다.

53그러자 그 아이의 아버지는 그 때가 바로 예수께서 그에게 "네 아들이 살아 있을 것이다." 라고 말씀하신 바로 그 때라는 것을 알았다. 그리고 그와 그의 온 집안이 그렇게 믿었다. 54이것은 예수께서 유대로부터 갈릴리로 오신 후, 그분께서 행하신 두 번째 표적이었다.

32 하늘 나라천국에 대한 설교의 시작
(A.D. 28. 5월, 가버나움)(마태복음 4:13-17, 마가복음 1:14-15, 누가복음 4:14-15)

13예수께서 나사렛을 떠나, 스불론과 납달리 지역에 있는 해변도시인 가버나움으로 가서 사셨다. 14이는 예언자 이사야가 말한 것을 이루기 위한 것이었다. 이사야가 말하기를,

15"스불론 땅과, 납달리 땅, 요단강 건너편,
해변을 향한 땅, 이방인들의 갈릴리 -
16어둠 속에 앉아 있던 사람들이 큰 빛을 보았다.
죽음의 그림자가 드리워진 땅에 앉아 있던
사람들에게 빛이 비쳤다."(이사야 8:23-9:1,2)

17그 때부터 예수께서 말씀을 전파하기 시작하셨다. 말씀하시기를, "회개하라. 하늘 나라The Kingdom of Heaven가 가까이 왔기 때문이다."

33 시몬 베드로의 고기잡이와 새 제자들
(누가복음 5:1-11, 마가복음 1:19-20, 마태복음 4:18-22)

누가복음 5:1하루는 예수께서, 하나님의 말씀을 듣기 위해 그분 주위에 몰려온 사람들과 함께 게네사렛 호수 가에서 계셨을 때, 2두 척의 배가 해안에 있는 것을 보셨다. 그러나 어부들은 배를 떠나서 그물을 씻고 있었다. 3예수께서 두 배 중 하나의 배, 곧 시몬의 배에 올라타시고, 그에게 배를 해안에서 조금 떼어 놓으라고 말씀하셨다. 그리고 예수께서는 배에 앉으셔서 무리를 가르치셨다.

4예수께서 말씀을 마치시고 시몬에게 이르셨다. "물이 깊은 곳으로 나가서 그물을 던져 고기를 잡아라." 5그러나 시몬이 대답했다. "선생님, 우리가 밤새도록 힘껏 애썼지만, 한 마리도 잡지 못했습니다. 그러나 선생님의 말씀대로 내가 그물을 내리겠습니다." 6그들이 그렇게 하여 많은 고기를 잡았다. 그리고 그들의 그물이 찢어지기 시작했다. 7그래서 그들은 다른 배에 있는 동료들에게 손짓을 하여, 와서 도와 줄 것을 청했다. 그들이 와서 두 배에 고기를 가득 채우자 배가 가라앉기 시작했다. 8시몬 베드로가 이것을 보고 예수의 무릎에 엎드려 말했다. "주여, 내게서 떠나십시오. 나는 죄인입니다."

9이는 베드로와 그와 함께 있던 사람들이 그들이 잡은 고기를 보고 놀랐기 때문이었다. 10세베대의 아들들이며 시몬의 동료인 야고보와 요한도 또한 놀랐다. 예수께서 시몬에게 말씀하셨다. "두려워하지 마라. 너는 지금부터는 사람을 낚을 것이다." 11그들은 배를 해안에 올려놓고 모든 것을 버리고 예수를 따라갔다.

마가복음 1:19예수께서 조금 더 가시다가 세베대의 아들 야고보와 그의 동생 요한이 배에서 그물을 깁고 있는 것을 보셨다. 20예수께서 곧 바로 그들을 부르셨다. 그러자 그들도 그들의 아버지 세베대를 품꾼들과 함께 배에 버려두고 예수를 따라갔다.

34 가버나움 회당에서의 가르치심
(마가복음 1:21-28, 누가복음 4:31-47)

21그들은 가버나움으로 갔다. 예수께서 안식일에 회당에 들어가서 가르치기 시작하셨다. 22그러자 사람들이 예수의 가르침에 놀랐다. 이는 예수께서 율법학자와 같이 가르치지 아니하시고, 권위 있는 자와 같이 가르치셨기 때문이었다.

23바로 이때, 그들의 회당에 한 더러운 귀신 들린 사람이 있었다. 그 사람이 소리쳐 말하기를, 24"나사렛 예수여, 우리를 내버려 두십시오. 우리가 당신과 무슨 상관이 있습니까? 당신이 우리를 망하게 하려고 오신 것입니까? 나는 당신이 누구이신 줄 압니다. 당신은 하나님의 거룩한 분이십니다." 25그러나 예수께서 그 사람을 꾸짖으시며 말씀하셨다. "조용히 하여라. 그 사람에게서 나오라." 26그러자 더러운 귀신이 그 사람에게 경련을 일으키게 하고 큰 소리를 지르며, 그 사람에게서 나왔다. 27그러자 그들이 모두 놀라서 서로에게 묻기를, "어찌된 일인가? 새로운 가르침이구나. 그가 더러운 귀신에게 권능으로 명령을 하고, 귀신이 그에게 복종하다니!" 28예수에 관한 소문이 온 갈릴리 지방에 순식간에 퍼졌다.

35 시몬의 장모의 열병의 치유
(마가복음 1:29-31, 8:16-17 누가복음 4:38-39)

29그들은 회당을 떠나 야고보와 요한과 함께 시몬과 앙드레의 집으로 갔다. 30시몬의 장모가 열병으로 누워 있었다. 사람들이 이 여인에 관해 예수께 말했다. 31예수께서 이 여인에게로 오셔서 여인의 손을 잡고 일으키셨다. 열이 그 여인에게서 떠났으며, 여인은 바로 그들에게 시중을 들기 시작했다.

36 가버나움에서 사람들의 병을 고치심
(누가복음 4:40-41, 마가복음 1:32-34, 마태복음 8:16-17)

40해 질 무렵에 사람들이 온갖 병으로 앓고 있는 사람들을 예수께로 데리고 왔다. 예수께서 병자들 한사람, 한사람에게 손을 얹어 그들을 고치셨다. 41또한 귀신들이 많은 병자들로부터 나오면서, "당신은 하나님의 아들이십니다."라고 소리쳤다. 그리고 예수께서 귀신들을 꾸짖으시며, 귀신들이 말하는 것을 허락하지 않으셨다. 이는 귀신들이 예수께서 그리스도이신 것을 알고 있었기 때문이었다.

37 기도하기 위해 가버나움을 떠나심
(마가복음 1:35-38, 누가복음 4:42-43)

35이른 새벽, 아직도 날이 어두울 때, 예수께서 일어나 한적한 곳으로 가서 기도하셨다. 36시몬과, 그리고 예수와 함께 있었던 사람들이 예수를 찾아갔다. 37그들이 예수를 보고는 "모두가 선생님을 찾고 있습니다." 라고 말했다. 38예수께서 그들에게 말씀하셨다. "다른 마을로 가자. 거기서도 말씀을 전하자. 내가 이 일을 하기 위해 왔기 때문이다."

38 온 갈릴리 지역을 다니심
(마태복음 4:23-25, 마가복음 1:39, 누가복음 4:44)

23예수께서 갈릴리 온 지역을 두루 다니시면서, 그들의 회당에서 가르치시고, 천국의 복음을 전파하시며, 또 사람들의 온갖 질병과 아픈 곳을 고쳐 주셨다. 24예수에 대한 소문이 온 시리아에 퍼졌다. 그곳 사람들이, 앓고 있는 모든 사람들, 곧 온갖 질병과 고통으로 고생하고 있는 사람들, 귀신들린 사람들, 간질병에 걸린 사람들과 중풍에 걸린 사람들을 모두 예수께로 데리고 왔다. 예수께서는 그들을 고치셨다. 25갈릴리와, 데가볼리와, 예루살렘과, 유대와, 요단강 건너편에서 큰 무리가 예수를 따랐다.

39 나병환자를 고치심
(마가복음 1:40-45, 마태복음 18:2-4, 누가복음 5:12-16)

40한 나병환자가 예수께 와서 무릎을 꿇고 애원했다. "선생님께서 원하시면, 저를 깨끗하게 하실 수 있습니다." 41예수께서 그를 불쌍히 여기시고 손을 내밀어 그에게 대고 말씀하셨다. "내가 원한다. 깨끗이 되어라." 42그러자 곧 나병이 그에게서 떠나고, 그는 깨끗하게 되었다. 43예수께서 바로 그를 떠나보내시면서 그에게 엄히 경고하시면서 44말씀하셨다. "이 일을 누구에게도 말하지 마라라. 다만 제사장에게 가서 네 몸을 보이고 네가 깨끗하게 된 것에 대해 모세가 명령한 대로 예물을 드려 사람들에게 증거가 되게 하여라."

45그러나 그 나병환자가 나가서 이 일을 마음대로 전파하여 널리 퍼지게 했다. 그래서 예수께서는 드러나게 동네에 들어가지 못하시고, 오직 마을 바깥 한적한 곳에 머무셨다. 그러나 사람들은 사방에서 예수께로 모여들었다.

C. 예수와 바리새파 사람들

40 중풍병 환자를 고치심
(마가복음 2:1-12, 마태복음 9:1-8, 누가복음 5:17-26)

1수일 후에 예수께서 다시 가버나움으로 돌아가셨다. 예수께서 돌아오셨다는 소문이 퍼졌다. 2바로 많은 사람들이 모여들어 그들을 받아들일 자리가 없었다. 대문 주위에도 자리가 없었다. 예수께서 그들에게 말씀을 선포하셨다. 3그때, 그들이 한 중풍병자를 들고 왔다. 그는 네 사람에 의해 들려왔다. 4그들이 군중들 때문에 예수께 가까이 갈 수가 없었다. 그래서 그들은 예수께서 계신 집의 지붕을 뚫어 구멍을 내고, 중풍환자가 누운 들것을 내려보냈다. 5예수께서는 그들의 믿음을 보시고 중풍환자에게 말씀하셨다. "이 사람아, 네 죄가 용서받았다." 6거기 앉아 있던 율법학자들이 속으로 이렇게 생각했다. 7"저 사람이 어떻게 이와 같이 하나님을 모독하는 말을 하는가? 하나님 외에 누가 죄를 용서할 수 있단 말인가?"

8그러나 바로 예수께서는 그들이 속으로 생각하고 있는 것을 심령으로 아시고, 그들에게 말씀하셨다. "너희가 어찌하여 이러한 생각을 하느냐? 9중풍환자에게 '네 죄가 용서받았다.' 고 말하는 것과 '일어나 자리를 들고 걸어가라.' 고 하는 말 중 어떤 말이 더 쉬우냐? 10그러나 인자a)가 이 세상에서 죄를 용서하는 권세를 가지고 있다는 것을 너희가 알 것이다."

예수께서 중풍환자에게 말씀하셨다. 11"내가 네게 말한다. 일어나 자리를 들고 가거라." 12중풍환자가 곧장 일어나 자리를 들고, 모든 사람들 앞에서 밖으로 나갔다. 사람들은 크게 놀라며 하나님께 영광을 돌리며 말했다. "우리는 결코 이런 일을 보지 못했다."

41 레위(마태)를 사도로 부르심
(마가복음 2:13-17, 마태복음 9:9-13, 누가복음 5:27-32)

13예수께서 다시 호숫가로 나가셨다. 큰 무리가 그분에게로 왔다. 예수께서 그들을 가르치셨다. 14그리고 예수께서 거기서 지나가시다가 알패의 아들 레위(마태)가 세관에 앉아 있는 것을 보시고 "나를 따르라." 고 그에게 말씀하셨다. 그러자 레위는 일어나서 예수를 따랐다. 15예수께서 레위의 집에서 음식을 드시고 계실 때, 많은 세리와 죄인들이 예수와 그분의 제자들과 함께 앉

---

a) 다니엘 서(7장)에서는 심판을 하기 위해 하늘에서 내려올 메시아를 인자人子 'Son of Man'이라는 명칭으로 부르고 있다. 예수께서는 자신을 인자라고 하시면서 기적을 행사함으로써 원래는 하나님에게만 속해 있는 죄를 용서하는 권능을 가지고 있다고 말씀하신다.

아 있었다. 이는 사람들이 많았고, 그들이 예수를 따랐기 때문이었다. 16서기관들과 바리세파 사람들이 예수께서 죄인들과 세리들과 함께 음식을 드시는 것을 보고, 예수의 제자들에게 물었다. "어찌하여 예수가 세리들과 죄인들과 함께 먹느냐?"

17예수께서 들으시고 그들에게 말씀하셨다. "건강한 사람에게는 의사가 필요 없으나, 병든 사람에게는 필요하다. 나는 의인을 부르기 위해 온 것이 아니고, 죄인을 부르기 위해 왔다."

42 금식에 관하여
(A.D. 28. 6월, 가버나움)(마가복음 2:18-22, 마태복음 9:14-17, 누가복음 5:33-39)

18요한의 제자들과 바리새파 사람들이 금식하고 있었다. 그런데 사람들이 예수께로 와서 물었다. "요한의 제자들과 바리새파 사람들이 금식하는데, 어찌하여 당신의 제자들은 금식하지 아니합니까?"

19예수께서 그들에게 말씀하셨다. "혼인 집 손님들이 신랑과 함께 있는데 어찌 그들이 금식할 수 있겠느냐? 하객賀客은 신랑과 함께 있는 동안에는 금식할 수 없는 것이다. 20그러나 하객이 신랑을 빼앗길 때가 올 것인데, 그때는 그들이 금식할 것이다. 21누구든지 새 베 조각을 낡은 옷에 꿰매어 붙이는 사람은 없다. 그렇게 하면 새 베 조각이 낡은 옷을 잡아당겨 더 크게 찢어지게 될 것이다. 22또한 누구든지 새 포도주를 낡은 가죽부대에 넣는 사람은 없다. 그렇게 하면 새 포도주가 낡은 부대를 터뜨려 포도주와 부대를 모두 버리게 될 것이다. 새 포도주는 새 부대에 넣어야 한다."

43 "안식일은 사람을 위한 것이다"
(마가복음 2:23-28, 마태복음 12:1-8, 누가복음 6:1-5)

23어느 안식일에 예수께서 밀밭 사이를 지나가고 계셨다. 그들이 지나가고 있을 때, 그분의 제자들이 밀 이삭을 자르기 시작했다. 24바리새파 사람들이 예수께 말했다. "보십시오. 그들이 어찌하여 안식일에 해서는 안 될 일을 합니까?"

25예수께서 대답하셨다. "다윗이, 그 일행과 더불어, 먹을 것이 없어 배가 고플 때, 어떻게 했는지를 너희가 읽어보지 못했느냐? 26다윗이, 아비아달이 대제사장이었을 때, 하나님의 성전에 들어가서 제사장 외에는 먹어서는 안 되는 제단의 빵을 먹고, 함께 한 사람들에게도 주지 아니했느냐?" 27그리고 예수께서 바리새파 사람들에게 말씀하셨다. "안식일은 사람을 위해 있는 것이지, 사람이 안식일을 위해 있는 것은 아니다. 그러므로 인자는 또한 안식일의 주인이기도 하다."

44 안식일에 손이 오그라든 사람을 고치심
(누가복음 6:6-11, 마태복음 12:9-13, 마가복음 3:1-5)

6또 다른 안식일에 예수께서 회당에 들어가서 가르치고 계실 때, 오른손이 오그라든 한 사람이 그 곳에 있었다. 7율법학자들과 바리새파 사람들은 예수께서 안식일에 병을 고치시는지를 보기 위해 그분을 지켜보고 있었다. 그래서 그들은 그분을 고소할 수 있기를 바랐다. 8그러나 예수께서는 그들이 무엇을 생각하고 있는지를 아시고, 손이 오그라든 사람에게 말씀하셨다. "이리 와서 여기에 서보라." 그러자 그는 일어나 섰다. 9그리고 예수께서는 율법학자들과 바리새파 사람들에게 말씀하셨다. "이제 내가 너희에게 물었다. 안식일에 선을 행하는 것과 악한 일을 행하는 것 중에서 어느 것이 합당하냐? 생명을 구하는 것과 생명을 파괴하는 것 중에서 어느 것이 합당하냐?"

10그리고 예수께서 주위에 있는 모든 사람들을 둘러보신 후, 손이 오그라든 사람에게 말씀하셨다. "손을 내 밀어 보라." 그가 손을 내 밀자, 손이 회복되었다. 11그러나 그들은 분이 차서, 그들이 예수를 어떻게 해야 할지 서로 의논했다.

45 병 고치는 일을 계속하심
(A.D.28. 6월, 가버나움)(마가복음 3:7-12, 마태복음 12:17-21, 4:24-25, 누가복음 6:17-19)

마가복음 3:7그러나 예수께서 제자들과 함께 바다로 물러가셨다. 많은 무리가 갈릴리와 유대로부터 따랐다. 8예루살렘과, 이두메와, 요단강 건너와, 두로와 시돈지역 주변에서 따랐다. 큰 무리가 예수께서 행하신 일을 듣고, 그분에게로 왔다. 9예수께서는 이 무리들 때문에, 그분을 위해 배를 한 척 준비하도록 제자들에게 말씀하셨다. 이것은 무리가 그분을 짓밟지 않도록 하기 위해서였다. 10이는 예수께서 많은 사람을 고치셨음으로, 병든 사람들이 모두 예수를 만지기 위해 그분에게로 밀려 왔기 때문이었다. 11그리고 더러운 귀신들이 어느 때든지 예수를 보면, 그 분 앞에 엎드려, "당신은 하나님의 아들이십니다." 라고 소리를 질렀다. 12그러나 예수께서는 귀신들이 그분이 누구인지를 알리지 않도록 하라고 그들에게 엄중히 경고하셨다.

마태복음 12:17이것은 예언자 이사야를 통하여 말씀하신 것을 이루기 위함이었다. 곧,

하나님이 택하신 종從

18"내a)가 선택한 내 종b)을 보라.

내 영이 매우 기뻐하는 내가 사랑하는 사람,

내가 내 영을 그에게 부어줄 것이고,

19그는 이방인들에게 정의를 선포할 것이다.

그는 싸우지 아니하고, 소리치지도 아니할 것이다.

어떤 사람도 길에서 그의 음성을 듣지 못할 것이다.

20그는 상한 갈대를 꺾지 아니할 것이며,

꺼져가는 심지를 끄지 아니할 것이다.

그가 정의를 승리로 이끌 때까지.

21이방인들이 그분의 이름에 희망을 둘 것이다."

(이사야 42:1-4)

46 열두 제자를 택하심
(누가복음 6:12-16, 마태복음 10:1-4; 마가복음 3:13-19)

12그 무렵에 예수께서 기도하시기 위해 산으로 올라가셨다. 예수께서 밤을 새워 하나님께 기도하셨다. 날이 밝자, 13예수께서는 제자들을 불러들여 그 중에서 열두 명을 뽑아, 그들을 사도라고 부르셨다. 14곧 예수께서 베드로라고 이름을 지으신 시몬과, 그의 동생 안드레, 야고보, 요한, 빌립, 바돌로매, 15마태, 도마, 알패오의 아들 야고보, 열심당원으로 불리는 시몬, 16야고보의 아들 유다, 그리고 배반자가 된 가룟 유다이다.

---

a) 하나님
b) 예수 그리스도

D. 산상설교[a]: 제자들을 위한 하늘 나라의 삶
(마태복음 5장 - 7장)

47 행복의 선언
(A.D. 28. 6월 가버나움 인근)(누가복음 6:17-20, 마태복음 5:3-12, 누가복음 6:21-26)

많은 군중이 모여들다

누가복음 6:17그리고 예수께서 제자들과 함께 산에서 내려와 평지에 서셨다. 거기에는 많은 무리의 제자들과, 그리고 유대의 전 지역과, 예루살렘과, 두로와, 시돈의 해안지방에서 온 많은 군중이 있었다. 18그들은 예수의 말씀도 듣고 그들의 병도 고치기 위해 온 사람들이었다. 더러운 영으로 고통을 받았던 사람들도 고침을 받았다. 19그리고 온 무리가 예수를 만져보려고 애썼다. 이는 예수에게서 능력이 나와 모든 사람을 고쳤기 때문이었다. 20 예수께서 눈을 들어 제자들을 보시고 말씀하셨다.

"복이 있다."The Beatitude[b]

마태복음 5:3"복이 있다. 마음이 가난한 사람은.

하늘 나라가 그들의 것이기 때문이다.

---

a) 산상설교는 예수께서 제자들에게 다섯 번에 걸쳐 행하신 주요 설교(5-7장, 10장, 13장, 18-20장, 24-25장) 중 첫 번 째 설교이다. 예수께서는 하나님 나라의 임재와 능력 안에서, 그러나 실제로는 일상적인 세상에서 살아가는 제자들에게 그들이 가야할 제도도弟子道의 실재를 설명하신다. 이 설교의 목적은 제자들이 온전히 그 가르침대로 살아가기를 기대하기는 어렵지만, 그들이 실천해야 할 윤리의 지침을 제공하는데 있다.

b) '복이 있다.'Blessed는 실제로는 '행복하다'를 의미한다. 그러나 이 행복은 일시적인 또는 상황적인 행복감 이상의 것으로 하나님과의 관계 속에 존재하는 행복한 상태를 의미한다. 이러한 행복은 예수님의 말씀에 호응하고 따르는 사람들에게만 속한 것이다.

4"복이 있다. 애통하는 사람은.
그들이 위로를 받을 것이기 때문이다.
5"복이 있다. 온유한 사람은.
그들이 땅을 유업으로 받을 것이기 때문이다.
6"복이 있다. 의義를 위해 굶주리고 목마른 사람은.
그들이 배부를 것이기 때문이다.
7"복이 있다, 자비로운 사람은.
그들에게도 자비가 베풀어질 것이기 때문이다.
8"복이 있다. 마음이 순결한 사람은.
그들이 하나님을 볼 것이기 때문이다.
9"복이 있다. 평화를 이루는 사람은.
그들이 하나님의 아들이라 불릴 것이기 때문이다.
10"복이 있다. 의를 위해 박해를 받는 사람은.
천국이 그들의 것이기 때문이다.
11"너희는 복이 있다.
나 때문에 사람들이 너희를 모욕하고,
너희를 박해하며, 너희를 거슬러 거짓으로
온갖 악한 말을 할 때,
복이 있다. 너희는.
12"기뻐하고 즐거워하여라.
하늘에서 받을 너희의 상이 크기 때문이다.
그들은 너희 전前에 있었던 예언자들을
이 같이 박해했기 때문이."

48 "너희는 세상의 소금이고 세상의 빛이다"
(마태복음 5:13-16, 마가복음 9:50, 누가복음 14:34,35)

13"너희는 세상을 위한 소금이다. 그러나 만일 소금이 그 맛을 잃으면, 어떻게 그것이 다시 짜게 되겠느냐? 더 이상 아무데도 쓸 모없이 되어, 바깥에 벌여져서 사람들의 발에 짓밟힐 것이다.

14"너희는 세상을 위한 빛이다. 산 위에 세워진 동네는 숨겨질 수 없다. 15사람들이 등불을 켜서 사발로 덮지 아니하고, 등잔대 위에 둔다. 그러면 그 빛이 집에 있는 모든 사람을 비춘다. 16너희 빛을 사람 앞에서 비치게 하여라. 그리하여 그들이 너희 선행을 보고, 하늘에 계신 너희 아버지를 영화롭게 하도록 하여라."

49 율법에 대한 예수의 입장
(마태복음 5:17-20)

17"내가 율법이나 예언자들을 폐하기 위해 온 것이라고 생각하지 마라. 나는 이것들을 폐하기 위해 온 것이 아니요, 이것들을 완성하기 위해 왔다. 18진실로 내가 너희에게 말한다. 천지가 없어지기 전에는 율법의 일점, 일획도 결코 없어지지 아니하고, 다 이루어 질 것이기 때문이다. 19그러므로 누구든지 이 계명 중에서 지극히 작은 것 하나라도 지키지 아니하고, 또 다른 사람에게 그렇게 하도록 가르치는 사람은 하늘 나라에서 가장 작은 사람이라고 불리어 질 것이다. 그러나 누구든지 계명을 지키고, 또 다른 사람에게 그렇게 하도록 가르치는 사람은 하늘 나라에서 큰 사람이라고 불리어 것이다. 20내가 너희에게 말하는데, 이는 너희 의義가 율법선생들이나, 바리새파 사람들의 의를 능가하지 아니하

면, 너희가 결코 하늘 나라에 들어가지 못할 것이기 때문이다."

50 "화를 내지 마라라"
(마태복음 5:21-26)

21'살인해서는 안 된다. 누구든지 살인하는 사람은 심판에 붙여질 것이다.' 라고 옛 사람들에게 타이른 말씀을 너희는 들었을 것이다. 22그러나 나는 너희에게 말한다. 누구든지 그의 형제에게 화를 내는 사람은 심판을 받을 것이다. 또 형제를 모욕하는 사람은 공회에 넘겨질 것이다. 그리고 '너는 바보다.' 라고 말하는 사람은 누구든지 지옥 불 속에 떨어질 것이다. 23그러므로 만일 네가 네 예물을 제단으로 가져왔는데, 거기서 네 형제가 너를 원망하고 있다는 것을 네가 기억나면, 24예물을 제단에 그대로 두고, 가서 먼저 네 형제와 화해하여라. 그리고 돌아와서 예물을 들여라.

25"네가 네 원수와 함께 길을 가고 있는 동안에, 그 원수와 서둘러 화해하여라. 그리하여 네 원수가 너를 재판관에게 넘겨주고, 재판관은 너를 형리刑吏에게 넘겨주어, 네가 감옥에 갇히지 않도록 하여라. 26내가 진실로 네게 말한다. 네가 마지막 한 푼까지 갚기까지는 결코 감옥에서 나오지 못할 것이다."

51 간음과 음욕에 대하여
(마태복음 5:27-30)

27'너희는 간음을 해서는 안 된다.'는 말이 있다는 것을 너희는 들었다. 28그러나 내가 너희에게 말하는데, 누구든지 음욕을 품고

여자를 쳐다보는 사람은 그의 마음으로 이미 간음한 것이다. 29만일 네 오른 눈이 너로 하여금 죄를 짓게 하면, 그 눈을 뽑아 던져 버려라. 이는 네 온 몸이 지옥에 던져지는 것보다 네 지체 중 하나가 없어지는 것이 네게 유익하기 때문이다. 30또한 만일 네 오른손이 너로 하여금 죄를 짓게 하면, 그 손을 잘라 내 버려라. 이는 네 온 몸이 지옥에 던져지는 것보다 몸의 한 지체가 없어지는 것이 네게 유익하기 때문이다."

52 이혼하지 마라: 결혼은 파기할 수 없다
(A.D. 28, 가버나움 인근)(마태복음 5:31-32, 19:9)

5:31"또 이런 말이 있다. 곧, '누구든지 자신의 아내와 이혼하는 사람은 이혼증명서를 그녀에게 주어야 한다.' 32그러나 내가 너희에게 말한다. 누구든지 음행한 경우를 제외하고 다른 이유로 아내와 이혼하면, 아내를 간음하게 만드는 것이다. 또 누구든지 이혼한 여자와 결혼하는 사람도 간음하는 것이다."

19:9내가 너희에게 말한다. 누구든지 간통이 아닌 이유로 그의 아내와 이혼하는 사람은 간통죄를 짓는 것이다."

53 맹세하지 마라
(마태복음 5:33-37)

33"또 우리 조상들이 '너는 거짓 맹세하지 마라라. 그리고 네가 주께 행한 맹세를 지켜라.'는 타이름을 받았다는 것을 너희는 들었다. 34그러나 내가 너희에게 말한다. 아예 맹세하지 마라라. 하늘을 두고도 하지 마라라. 하늘은 하나님의 보좌기기 때문이다. 35땅

을 두고도 하지 마라라. 땅은 하나님의 발판이기 때문이다. 그리고 예루살렘을 두고도 하지 마라라. 예루살렘은 위대한 왕의 도성都城이기 때문이다. 36또 네 머리로도 맹세하지 마라라. 이는 네가 머리카락 하나도 희게 하거나, 또는 검게 할 수 없기 때문이다. 37'예.' 할 것은 간단하게 '예.'라고 말하고, '아니요.' 할 것은 간단하게 '아니요.'라고 말하여라. 이 이상의 말은 악에서 나오는 것이다."

54 복수하지 마라
(마태복음 5:38-42, 누가복음 6:27-31)

38"너희는 '눈은 눈으로, 이齒는 이로.' 라는 말이 있다는 것을 들었다. 39그러나 내가 너희에게 말한다. 악한 사람에게 대항하지 마라라. 그러나 누구든지 네 오른 뺨을 때리는 자에게 다른 뺨도 그에게 내주어라. 40만일 누가 너를 고소하여 네 속옷을 가져가려 하면, 네 겉옷도 벗어주어라. 41또 만일 누가 네게 오리五里를 가자고 강요하면, 십리를 가거라. 42네게 달라고 하는 자에게는 주어라. 그리고 네게서 빌리려고 하는 사람을 거절하지 마라."

55 원수를 사랑하고 그들을 위해 기도하여라
(마태복음 5:438-48, 누가복음 6:27-28, 32-36)

38"너희는 '눈은 눈으로, 이齒는 이로.'라는 말을 들었다. 39그러나 내각 너희에게 말한다. 악한 사람에게 대항하지 마라라. 그러나 누구든지 네 오른쪽 뺨을 때리는 자에게는 네 왼쪽 뺨도 그에게 내주어라. 40만일 누구 너를 고소하여 네 속옷을 가지고 가려

하면, 네 겉옷도 벗어 주어라. 41또 만일 누가 네게 오리五里를 가자고 강요하면, 십리를 가거라. 42네게 달라고 하는 자에게는 주어라. 그리고 네게서 꾸고자하는 자로로부터 돌아서지 마라라.'

43'너희는 이웃을 사랑하여라. 그리고 네 원수를 미워하라.'는 말이 있다는 것을 들었다. 44그러나 내가 너희에게 말한다. 네 원수를 사랑하여라. 너희를 박해하는 사람을 위해 기도하여라. 45그리하면 너희가 하늘에 계신 너희 아버지의 자녀가 될 것이다. 이는 하나님께서는 악한 사람이나, 좋은 사람에게 그분의 해를 뜨게 하시고, 의로운 사람이나 불의한 사람에게 비를 내려주시기 때문이다. 46만일 너희가 너희를 사랑하는 사람만을 사랑한다면 너희가 무슨 상賞을 받겠느냐? 세리稅吏조차도 그 정도는 하지 않느냐? 47만일 너희가 너희 형제들에게만 인사한다면, 너희가 다른 사람보다 더 행하는 것이 무엇이냐? 이방인들조차도 그 정도는 하는 것이 아니냐? 48그러므로 하늘에 계신 너희 아버지께서 온전하신 것 같이, 너희도 온전하게 되어야 한다."

56 "오른손이 하는 일을 왼손이 모르게 하여라"
(마태복음 6:1-4)

1"사람들에게 보이기 위해 그들 앞에서 너희 의義를 행하지 않도록 조심하여라. 그리하면 하늘에 계신 너희 아버지로부터 상을 받지 못할 것이기 때문이다. 2그러므로 너희가 필요로 하는 사람에게 줄 때는, 위선자들이, 사람들의 칭찬을 받기 위해, 회당이나 거리에서 하는 것처럼, 너희 앞에서 나팔을 불지 마라라. 내가 진실로 너희에게 말한다. 그들은 이미 그들의 상을 받았다. 3그러나

너희가 필요로 하는 사람에게 줄 때에는, 네 옳은 손이 하는 일을 왼손이 모르게 하여라. 4그리하면 네가 주는 것은 은밀히 행하여질 것이다. 은밀히 보시는 너희 하나님께서 너희에게 갚아 주실 것이다."

57 너희 하나님에게 은밀히 기도하여라
(마태복음 6:5-6)

5"너희가 기도 할 때에는, 위선자들처럼 하지 마라라. 이는 그들은, 사람들이 그들을 볼 수 있도록, 회당이나 길모퉁이에 서서 기도하기를 좋아하기 때문이다. 내가 진실로 너희에게 말한다. 그들은 이미 그들의 상을 받았다. 6그러나 너희가 기도할 때에는, 너희 방에 들어가서 문을 닫고, 은밀한 곳에 계시는 너희 아버지께 기도하여라. 그러면 은밀히 보시는 하나님께서 너희에게 상을 주실 것이다."

58 기도할 때, 중언부언하지 마라라
(마태복음 6:7-8)

7"또 너희가 기도할 때에는 이방사람들처럼, 중언부언重言復言하지 마라라. 이는 그들은 말을 많이 해야 하나님께서 들으실 것이라고 생각하기 때문이다. 8그러므로 그들처럼 되지 마라라. 너희 아버지께서는 너희가 그분에게 구하기 전에 너희의 필요를 아시기 때문이다.

59 "위선으로 금식하지 마라"
(마태복음 6:16-18)

16"너희는 금식할 때, 위선자들처럼, 슬픈 기색을 보이지 마라라. 이는 그들이 금식하는 것이 다른 사람들이 볼 수 있도록 하기 위해, 그들이 그들의 표정을 침울하게 짓기 때문이다. 내가 진실로 너희에게 말한다. 그들은 이미 그들의 상을 받았다 17그러나 너희가 금식할 때에는, 머리에 기름을 바르고, 얼굴을 씻어라. 18그리하면, 너희 단식은 사람들이 볼 수 없고, 은밀한 곳에 계시는 너희 아버지께서 보실 것이다. 그리고 은밀히 단식하고 있는 것을 보시는 너희 아버지께서 네게 갚아 주실 것이다.

60 "보물을 하늘에 쌓아 두어라"
(마태복음 6:19-21)

19"너희를 위해 보물을 땅에 쌓아두지 마라라. 거기서는 좀과 녹이 이것을 못 쓰게 하며, 도둑이 들어와 훔쳐간다. 20그러나 너희를 위해 하늘에 보물을 쌓아두어라. 거기서는 좀과 녹이 이것을 못 쓰게 하지도 않으며, 도둑이 들어와 훔쳐가지도 않는다. 21이는 너희 보물이 있는 곳에 너희 마음도 있기 때문이다."

61 "너희 안에 빛이 필요하다"
(마태복음 6:22-23)

22"눈은 몸의 등불이다. 그러므로 만일 너희 눈이 좋으면, 너희 온 몸이 빛으로 가득찰 것이다. 23그러나 너희 눈이 나쁘면, 너희 온 몸이 어둠으로 가득 찰 것이다. 그러므로 너희 안에 있는 빛이

어둠이면, 그 어둠이 얼마나 크겠느냐?

62 "누구든지 두 주인을 섬길 수 없다"
(마태복음 6:24)

24"어떤 사람도 두 주인을 섬기지 못한다. 이는 그가 한 주인을 미워하고 다른 주인을 사랑하거나, 또는 그가 한 주인에게 충성하고 다른 주인을 경멸할 것이기 때문이다. 너희는 하나님과 재물을 함께 섬길 수는 없다."

63 "염려하지 마라"
(마태복음 6:25-34)

25"그러므로 내가 너희에게 말한다. 너희 생명을 위해, 무엇을 먹을까, 무엇을 마실까 염려하지 마라라. 너희 몸을 위해, 무엇을 입을까 염려하지 마라라. 생명이 음식보다 더 소중하고, 몸이 의복보다 더 소중하지 아니하냐? 26공중의 새를 보아라. 새는 심지도 않고, 거두지도 않고, 창고에 모아들이지도 않지만, 하늘에 계신 너희 아버지께서 그들을 먹이신다. 너희는 새들보다 더 귀하지 아니하냐? 27너희 중에 누가 염려한다고 해서 그의 삶의 기간을 한자라도 더할 수 있느냐? 28또 어찌하여 너희가 옷 걱정을 하느냐? 들판의 백합화가 어떻게 자라는지 생각해 보아라. 그들은 일하지도 않고, 옷감을 짜지도 않는다. 29그러나 내가 너희에게 말한다. 그 모든 영화를 누렸던 솔로몬조차도 이 꽃 하나만큼도 차려입지 못했다. 30하나님께서 오늘 있다가 내일 아궁이에 던져지는 들판의 풀도 그렇게 입히신다면, 그분께서 너희는 더 잘 입

히지 아니하시겠느냐? 이 믿음이 적은 사람들아.

31"그러므로 '무엇을 먹을까?' 또는 '무엇을 마실까?' 또는 '무엇을 입을까?' 라고 말하면서 염려하지 마라라. 32이는 모두 이방사람들이 구하는 것이기 때문이다. 그리고 하늘에 계신 너희 아버지께서는 너희가 이러한 것을 모두 필요로 한다는 것을 아신다. 33먼저 그분의 나라와 그분의 의를 구하여라. 그러면 이 모든 것이 또한 너희 것이 될 것이다.

34그러므로 내일을 염려하지 말아라. 이는 내일이 내일의 일을 걱정할 것이기 때문이다. 한 날의 고통은 한 날로 족하다."

64 비판하지 마라
(마태복음 7:1-6, 누가복음 6:37-42)

1"비판하지 마라라. 그러면 너희도 비판받지 아니할 것이다. 2이는 너희가 비판하는 그 비판으로 너희도 비판을 받을 것이며, 또한 너희가 저울질하는 그 저울로 너희도 저울질 당할 것이기 때문이다. 3어찌하여 너희는 너희 형제의 눈 속에 있는 티는 보고, 네 눈 속에 있는 들보는 보지 못하느냐? 4네 자신의 눈에 들보가 있는데, 어떻게 네 형제에게 '나로 하여금 네 눈 속에 있는 티를 빼게 하라.'고 말할 수 있느냐? 5이 위선자야, 먼저 네 눈에서 들보를 빼내어라. 그러면 네가 명확하게 볼 것이며, 네 형제의 눈에서 티를 빼낼 수 있을 것이다.

6"거룩한 것ᵃ⁾을 개ᵇ⁾에게 주지 말고, 너희 진주ᶜ⁾를 돼지ᵈ⁾에게 던지지 마라라. 그리하여 그들이 이것들을 발로 밟고, 돌아서 너희를 물어뜯어 조각 내지 않도록 하여라."

65 "구하여라, 그러면 주어질 것이다"
(마태복음 7:7-11)

7"구하여라. 그러면 너희에게 주어질 것이다. 찾아라. 그러면 네가 찾을 것이다. 문을 두드리라. 그러면 문이 너희에게 열릴 것이다. 8구하는 자마다 받을 것이요, 찾는 자마다 찾을 것이요, 두드리는 자에게는 문이 열릴 것이기 때문이다. 9너희 가운데 누가, 그의 아들이 빵을 달라고 하는데, 돌을 줄 사람이 있겠느냐? 10아들이 생선을 달라고 하는데, 뱀을 줄 사람이 있겠느냐? 11너희가, 비록 악할 지라도, 아들에게 어떻게 좋은 것을 줄줄 아는데, 하늘에 계신 너희 아버지께서 그분에게 구하는 자에게 좋은 것을 얼마나 더 주시겠느냐?

66 황금율 黃金律 Golden Rule
(마태복음 7:12)

12"그러므로 너희가, 무엇이든지 다른 사람이 너희에게 해주기

---

a) 하늘 나라의 메시지를 상징
b) 유대인들은 개를 불결한 동물로 취급했으며, 유대인 공동체에 속하지 않은 사람들을 비유적으로 표현하는 데 사용했다.
c) 하늘 나라의 메시지를 상징
d) 유대인들은 돼지도 불결한 동물로 취급했으며, 유대인 공동체에 속하지 않은 사람들을 비유적으로 표현하는 데 사용했다.

를 바라는 것을, 너희도 그들에게도 해주어라. 이것이 율법이며, 예언자이기 때문이다."

67 "좁은 문으로 들어가라"
(마태복음 7:13-14)

13"좁은 문으로 들어가라. 이는 멸망으로 인도하는 문은 넓고, 그 길은 평탄하여, 넓은 문으로 들어가는 사람들이 많기 때문이다. 14생명으로 인도하는 문은 좁고[a], 그 길은 험해서, 좁은 문을 찾는 사람은 많지 않기 때문이다."

68 "거짓 예언자를 조심하여라"
(마태복음 7:15-20, 누가복음 6:43-45)

15"거짓 예언자[b]를 조심하여라. 그들은 양의 옷을 입고 너희에게 다가오지만, 속은 몹시 굶주린 여우이다. 16너희는 그들의 열매를 보고 그들을 알아볼 것이다. 가시나무에서 포도를 딸 수 있겠느냐? 또는 엉겅퀴에서 무화과를 딸 수 있겠느냐? 17이처럼 좋은 나무마다 좋은 열매를 맺고, 나쁜 나무는 나쁜 열매를 맺는다. 18좋은 나무가 나쁜 열매를 맺을 수 없고, 나쁜 나무가 좋은 열매를 맺을 수 없다. 19좋은 열매를 맺지 못하는 나무는 다 잘리워 불에 던져진다. 20그러므로 너희는 예언자의 열매를 보고 그들을 알아 볼 것이다.

---

a) 이는 오직 예수님을 통해서만 들어갈 수 있기 때문이다.
b) 자칭 예언자

69 "하나님의 뜻을 행하여라"
(A.D. 28, 7월, 가버나움)(마태복음 7:21-23, 누가복음 6:46)

21"나에게 '주님, 주님'이라고 말하는 사람이 다 하늘 나라에 들어가는 것은 아니다. 오직 하늘에 계신 너희 아버지의 뜻을 행하는 자만 하늘 나라에 들어간다. 22그 날[a]에 많은 사람들이 내게 이렇게 말할 것이다. '주님, 주님, 우리가 주님의 이름으로 예언하지 안 했습니까? 우리가 주님의 이름으로 귀신을 쫓지 안 했습니까? 우리가 주님의 이름으로 많은 기적을 일으키지 안 했습니까?' 23그 때 내가 그들에게 확실히 말할 것이다. 곧, '내가 너희를 알지 못한다! 나로부터 썩 물러나라. 이 불법을 행하는 자들아.'"

70 "반석 위에 너희 집을 지어라"
(마태복음 7:24-29, 누가복음 6;47-49, 7:1)

24"그러므로 나의 이 말을 듣고 그것을 행하는 자는 모두 반석 위에 그의 집을 지은 지혜로운 사람과 같을 것이다. 25비가 내려서 홍수가 나고, 바람이 불어 집을 내려쳐도, 그 집이 반석 위에 기초가 있기 때문에, 그 집이 무너지지 아니했다. 26그리고 내가 하는 말을 듣고도 그대로 행하지 아니하는 자는 모두 그의 집을 모래 위에 지은 어리석은 사람과 같을 것이다. 27비가 내려서 홍수가 지고, 바람이 불어 집을 내려쳐서 집이 무너졌다. 완전히 무너졌다."

28예수께서 이 말씀을 마치셨을 때, 사람들이 그분의 가르침에

---

a) 최후의 심판의 날

놀랐다. 29이는 예수께서 권위 있는 사람처럼 가르치시고, 율법학자들처럼 가르치지 아니하셨기 때문이었다.

E. 갈릴리 사역(계속)

71 백부장의 믿음에 놀라신 예수
(누가복음 7:1-10, 마태복음 8:1-8, 5:13)

1예수께서 사람들에게 들려주신 말씀을 모두 마치시고 가버나움으로 가셨다. 2백부장에게는 소중한 한 종이 있었는데, 그는 병이 들어 거의 죽게 되었다. 3백부장은 예수의 소문을 듣고 몇몇 유대인 장로들을 예수께 보내어, 예수께서 오셔서 그를 고쳐주실 것을 요청했다. 4장로들이 예수께 와서 간절히 호소했다. "백부장은 참으로 예수께서 그렇게 해주실만한 가치가 있는 사람입니다. 5이는 그가 우리 민족을 사랑하고, 우리를 위해 회당도 지어주었기 때문입니다."

6그래서 예수께서 그들과 함께 가셨다. 예수께서 백부장의 집에서 멀지 않은 곳에 도착하셨을 때, 백부장은 친구들을 예수께 보내어 이렇게 말하게 했다. "주여, 애쓰시지 마시기 바랍니다. 저는 당신을 제 집 지붕 아래로 오시게 할 가치가 없는 사람입니다. 7그래서 저는 당신에게로 갈 생각조차 아니 했던 것입니다. 다만 말씀만 해 주시기 바랍니다. 그러면 제 종이 나을 것입니다. 8저 역시 상관을 모시고 있습니다. 저는 부하도 거느리고 있습니다. 제가 부하에게 '가라.'고 하면 그는 가고, 다른 부하에게 '오라.'고 하면 그는 옵니다. 그리고 제 종에게 '이것을 하라.'고 하면 그가 합니다."

9예수께서 이 말을 듣고 백배부장을 놀랍게 생각하시고, 그분을 따라오던 무리에게 말씀하셨다. "내가 너희에게 말한다. 이스라엘에서조차 내가 그렇게 큰 믿음을 본적이 없다." 10그리고 백부장이 보냈던 사람들이 그의 집으로 돌아와서 보니, 그 종이 나아 있었다.

72 과부의 아들을 소생시킴
(누가복음 7:11-17)

11그 후에 예수께서 나인이라고 하는 마을로 가셨다. 그분의 제자들과 많은 군중이 그분과 함께 갔다. 12예수께서 마을 성문에 이르셨을 때, 이미 죽은 한 남자가 들려 나오고 있었다. 그는 그의 어머니의 외아들이었으며, 그 여인은 과부였다. 그리고 많은 마을사람들이 그 여인과 함께 있었다. 13주께서 그 여인을 보고 불쌍히 여기시며, 여인에게 "울지 마라"고 말씀하셨다. 14그리고 예수께서 가까이 가서 관을 만지셨다. 관을 메고 가던 사람들이 멈추어 서자 예수께서 말씀하셨다. "젊은이야, 내가 네게 말한다. 일어나라."

15그러자 죽은 자가 일어나서 말을 하기 시작했다. 예수께서 그를 그의 어머니에게 돌려주셨다. 16모든 사람들이 모두 두려움에 가득 차, 하나님께 영광을 돌리며 말했다. "위대한 예언자가 우리 가운데 나타나셨다. 하나님께서 자기 백성을 돕기 위해 오셨다." 17예수에 대한 이 이야기가 온 유대와 그 주변 지역에 퍼졌다.

73 예수와 세례자 요한의 제자들
(누가복음 7:18-23, 마태복음 11:2-6)

18요한의 제자들이 이 모든 일들을 그에게 알렸다. 19요한이 제자들 중 두 사람을 불러 주께 보내어 이렇게 말하도록 했다. "오시기로 되어 있는 그분이 선생님이십니까? 아니면 우리가 다른 사람을 찾아야 합니까?" 20그들이 예수께 와서 말했다. "세례자 요한이 우리를 선생님께 보내어 '선생님께서 오시기로 되어 있는 그 분이십니까? 아니면 우리가 다른 사람을 찾아야 합니까?' 라고 물어보게 했습니다."

21바로 그때 예수께서는 많은 병자들, 고통을 받고 있는 사람들, 그리고 악한 영을 가진 사람들을 고치시고, 보지 못하는 많은 사람들의 시력을 회복시켜 주셨다. 22예수께서 요한이 보낸 사람들에게 말씀하셨다. "가서 너희들이 보고 들은 것을 요한에게 전하여라. 곧, 보지 못하는 사람들이 다시 보게 되고, 다리를 저는 사람들이 걷고, 나병환자들이 깨끗해지고, 귀 먹은 사람이 듣고, 죽은 자가 살아나며, 가난한 자들에게 복음이 전파되었다고 전하여라. 23그리고 누구든지 나 때문에 넘어지지 않는 사람은 복이 있다."

74 세례자 요한에 대한 예수의 증언
(누가복음 7:24-35, 마태복음 11:7-19)

24요한에게서 온 사자使者가 돌아간 후에 예수께서 요한에 대하여 군중들에게 말씀하기 시작하셨다. "너희가 무엇을 보려고 광야에 나갔더냐? 바람에 흔들리는 갈대더냐? 25아니라면, 너희가 무엇을 보려고 나갔더냐? 부드러운 옷을 입은 사람이더냐?

그러나 화려한 옷을 입고 사치스럽게 사는 사람은 왕궁에 있다. 26그러면 너희가 무엇을 보려고 나갔더냐? 예언자냐? 그렇다. 내가 너희에게 말한다. 요한은 예언자보다 더 큰 사람이다. 27이 사람에 대해 성경에 이렇게 기록되어 있다.

'보라, 내a)가 네b) 면전에 내 사자c)를 보낸다.
그가 네 앞에서 네 길을 준비할 것이다.'d)

28"내가 너희에게 말한다. 여자에게서 태어난 사람 중에서 요한보다 더 큰 사람은 없다. 그러나 하나님의 나라에서는 가장 작은 자라도 요한보다 크다."

29예수의 말을 들은 모든 사람들, 심지어 세리들까지도 요한의 세례를 받음으로써, 하나님께서 의로우신 분이라는 것을 인정했다. 30그러나 바리새파 사람들과 율법학자들은 요한에게서 세례를 받지 아니했으며, 그들을 위한 하나님의 뜻을 거절했다.

31주께서 말씀하셨다. "그러므로 이 세대의 사람들을 내가 무엇에 비유할까? 그들은 무엇과 같은가? 32그들은 장터에 앉아서 서로에게 이렇게 말하는 아이들과 같다. 곧,

'우리가 너희를 위해 피리를 불어도,

---

a) 하나님
b) 장차오실 그리스도
c) 세례자 요한
d) 말라기 3:1 (예언자 말라기는 그리스도께서 오시기 약 500년 전에 하나님의 사자(세례자 요한)가 와서, 그분의 길을 예비할 것이라고 예언했다.

너희는 춤추지 않았고,
우리가 너희에게 통곡痛哭해도,
너희는 울지 않았다.'

33이는 세례자 요한이 와서 먹지도 않고, 포도주도 마시지도 아니했는데, 너희는 '그가 귀신이 들렸다'고 말했기 때문이다. 34인자가 와서 먹고 포도주를 마시니, 너희는 '보아라, 저자는 먹보와 술꾼이다. 세리와 죄인의 친구이다.' 라고 말한다. 35그러나 지혜는 이를 따르는 지혜의 자녀들[a]에 의해 그 옳은 것이 증명된다."

75 죄 지은 여인이 예수께 기름을 붓다
(A.D. 28. 8월, 가버나움)(누가복음 7:36-50)

36바리새파 사람들 중의 한 사람이 예수께 자기와 함께 식사를 할 것을 청했다. 예수께서 그 바리새파 사람의 집으로 들어가서 식탁에 앉으셨다. 37그 마을에 사는 죄인인 한 여인이 예수께서 그 바리새파 사람의 집에서 식탁에 앉아 계신다는 것을 알고, 향유가 담긴 옥합을 가지고 와서, 38예수의 등 뒤, 그분의 발 곁에 서서 울었다. 그리고 그 여인은 자신의 눈물로 예수의 발을 적시기 시작했다. 그리고 그 여인은 자신의 머리카락으로 그분의 발을 닦고, 그분의 발에 자신의 입을 맞추고, 향유를 부었다.

39예수를 초청한 그 바리새파 사람이 이것을 보고 스스로에게 말했다. "만일 이 사람이 예언자라면, 그를 만지는 그 여인이 누

---

a) 요한과 예수를 따르는 사람들

구이며, 그리고 그 여인이 어떤 여인인지를 알았을 것이다. 이는 그 여인이 죄인이기 때문이다."

40예수께서 그에게 말씀하셨다. "시몬아, 내가 네게 할 말이 있다." 그가 대답했다. "선생님, 말씀하십시오." 41예수께서 말씀하셨다. "어떤 채권자에게 빚진 사람이 두 사람 있었다. 한 사람은 오백 데나리온[a]을, 또 한 사람은 오십 데나리온[b]의 빚을 졌다. 42두 사람 모두 그에게 돌려줄 돈이 없게 되자, 채권자는 두 사람의 빚을 면제 해 주었다. 그러면 두 사람 중 누가 그 채권자를 더 사랑하겠느냐?" 43시몬이 대답했다. "채권자가 더 많은 빚을 면제해준 사람이라고 생각합니다." 예수께서 말씀하셨다. "네 판단이 옳다.

44예수께서 그 여인에게로 몸을 돌리시면서, 시몬에게 말씀하셨다. "네가 이 여인을 보느냐? 내가 네 집안으로 들어왔을 때, 너는 내 발을 씻을 물을 주지 아니 했다. 그러나 이 여인은 자신의 눈물로 내 발을 씻고, 머리카락으로 닦아주었다. 45너는 내게 입 맞추지도 안 했다. 그러나 이 여인은 내가 도착했을 때부터 내 발에 입 맞추기를 그치지 아니했다. 46너는 내 머리에 기름을 부어주지 안했다. 그러나 이 여인은 향료를 내 발에 부어주었다. 47그러므로 내가 네게 말한다. 이 여인의 죄가, 그 많은 죄가 용서를 받았다. 이는 이 여인이 많이 사랑했기 때문이다. 그러나 조금밖에 용서를 받지 못한 사람은 조금밖에 사랑을 하지 못한다."

48그리고 예수께서 그 여인에게 말씀하셨다. "네 죄가 용서 받았다." 49예수와 함께 식탁에 앉아 있던 사람들이 자기들 끼리 말

---

a) 약 20개월의 일꾼의 임금
b) 약 2개월의 일꾼의 임금

하기 시작했다. "죄를 용서해 주는 이 사람은 누구인가?" 50그리고 예수께서 그 여인에게 말씀하셨다. "네 믿음이 너를 구원했다. 평안히 가거라."

76 예수께서 오해와 의심을 받다
(마가복음 3:20-21)

20예수께서 집으로 가셨다. 또 다시 군중들이 모여들어 예수와 제자들이 음식을 먹을 수 없었다. 21예수의 가족들이 이것을 듣고, 예수를 붙들기 위해 나섰다. 이는 사람들이 "예수가 정신이 나갔다"고 말했기 때문이었다.

77 '갈라진 나라는 망한다'
(누가복음 11:14-23, 마태복음 12:22-30, 마가복음 3:22-27)

14예수께서 말 못하는 귀신을 쫓아내고 계셨다. 그 귀신이 나오자 그 말 못하는 사람이 말을 했다. 그래서 사람들이 놀랐다. 15그러나 그들 중 몇몇 사람이 말했다. "예수는 귀신의 왕인 바알세불 a)의 힘을 빌려서 귀신을 쫓아내고 있다."

16또 다른 사람들은 예수를 시험하려고, 예수에게 하늘에서 오는 표적을 보여 줄 것을 요구했다.

17그러나 예수께서는 그들의 생각을 아시고, 그들에게 말씀하셨다. "갈라져서 서로 대적對敵 하는 나라는 모두 황폐해지고, 갈라진 가정은 무너진다. 18만일 사탄이 갈라져서 서로 대적하면,

---

a) 사탄을 의미

사탄의 나라가 어떻게 설 수 있겠느냐? 내가 이렇게 말하는 것은 내가 바알세불의 힘을 빌려 귀신을 쫓는다고 너희가 주장하기 때문이다. 19만일 내가 바알세불의 힘을 빌려 귀신을 쫓아낸다면, 너희 백성들은 누구의 힘을 빌려 귀신을 쫓아내느냐? 그러므로 바알세불이 너희 재판관이 될 것이다. 20그러나 내가 하나님의 능력을 빌려 귀신을 쫓는다면, 하나님의 나라가 이미 너희에게 온 것이다. 21힘 센 사람이 완전 무장을 하고 자기 자신의 집을 지키면, 그의 재산은 안전하다. 22그러나 그 사람보다 더 힘 센 사람이 그를 공격해 와서 이기면, 힘 센 사람이 의지했던 모든 무기를 더 힘 센 사람이 탈취해 가서 전리품을 나누어 갖는다.

23"누구든지 나와 함께 있지 않는 사람은 나를 반대하는 사람이다. 또 나와 함께 모이지 않는 사람은 쫓겨난 사람이다."

78 성령 모독죄는 용서받지 못한다
(마태복음 12:31-37, 마가복음 3:2-30)

31"그러므로 내가 너희에게 말한다. 어떤 죄든지 또는 신성모독이라도, 사람은 용서를 받을 것이다. 그러나 성령을 모독하는 것은 용서를 받지 못할 것이다. 32누구든지 인자를 반대하는 말을 하는 사람은 용서를 받을 것이다. 그러나 누구든지 하나님의 성령을 거역하는 말을 하는 사람은 이 세대와 오는 세대에서도 용서를 받지 못할 것이다.

열매를 보고 알 수 있는 나무

33"좋은 나무를 만들어 그 열매도 좋게 하든지, 또는 나쁜 나무

를 만들어 그 열매도 나쁘게 하여라. 이는 나무는 그 열매를 보고 알기 때문이다. 34너희 독사의 자식들아. 너희가 악한 데, 어떻게 선한 것을 말 할 수 있겠느냐? 이는 입은 마음에 가득 찬 것을 말하기 때문이다. 35선한 사람은 그의 좋은 보물 가운데서 좋은 것을 내 놓고, 악한 사람은 그의 나쁜 보물가운데서 나쁜 것을 내놓는다. 36그러나 내가 너희에게 말한다. 심판 날에, 사람은 자신이 말하는 모든 부주의한 말에 대해 설명할 것이다. 이는 너희 말로 너희가 의롭게 될 수도 있고, 또 너희 말로 너희가 유죄로 판결 될 수 있기 때문이다."

79 쫓겨난 귀신의 비유
(마태복음 12:43-45, 누가복음 11:24-26)

43"더러운 귀신이 어떤 사람으로부터 나와, 마른 땅을 두루 다니며, 쉴 곳을 찾았지만 찾지 못했다. 44그러자 더러운 귀신이 자신에게 말하기를, '내가 떠나온 내 집으로 돌아가야겠다.' 귀신이 돌아와서 보니, 그 집이 비어 있었고, 청소도 되고, 정돈이 되어 있었다. 45그리고 더러운 귀신은 나가서 자기보다 더 악한 일곱 다른 귀신을 데리고, 그 집으로 와서 살았다. 이렇게 해서 결국 그 사람의 마지막 상태는 처음보다 더 나빴다. 이 악한 세대도 역시 그렇게 될 것이다."

80 예수의 참된 형제자매와 어머니
(A.D. 28. 9월, 가버나움)(마가복음 3:31-35, 누가복음 11:27-28, 마태복음 12;46-50)

마가복음 3:31그 때 예수의 어머니와 형제들이 찾아 왔다. 그들은 밖에 서서 사람을 시켜 예수를 불렀다. 32무리가 예수의 주위에 앉아 있었다. 그들이 예수께 말했다. "선생님의 어머니와 형제들이 밖에서 선생님을 찾고 있습니다." 33그러나 예수께서 그들에게 물으셨다. "누가 내 어머니이고 내 형제들이냐?" 34그리고 예수께서 주위에 앉아 있는 사람들을 보시며 말씀하셨다. "보아라, 여기에 내 어머니와 형제들이 있다. 누구든지 하나님의 뜻을 행하는 사람은 내 형제요, 자매요, 어머니이기 때문이다."

누가복음 11:27예수께서 이런 말씀을 하고 계실 때, 군중들 속에서 어떤 여인이 목소리를 높여 소리 질렀다. "당신을 잉태孕胎했던 태와 당신에게 젖을 먹인 가슴은 복이 있습니다." 28그러나 예수께서 말씀하셨다. "오히려 하나님의 말씀을 듣고 이를 지키는 사람들이 더 복이 있다."

81 몇몇 여인들이 예수를 섬기다
(누가복음 8:1-3)

1이 일이 있은 후에 예수께서 마을과 고을을 두루 다니시면서 하나님의 나라의 복음을 선포하셨다. 열 두 제자들이 그분과 함께 있었다. 2악한 영과 질병으로부터 고침을 받은 몇몇 여인들도 예수와 함께 있었다. 곧, 전에 그녀에게서 일곱 귀신이 떠나간 막달라라고 하는 마리아와, 3헤롯의 청지기인 구사의 아내 요안나와, 수산나이다. 그리고 그 밖에 많은 여인들이 있었다. 그들은 자신들의 재산으로 예수의 일행을 섬겼다.

F. 하늘 나라[a]의 비유

82 씨 뿌리는 사람의 비유
(마태복음 13:1-9, 마가복음 4:1-9, 누가복음 8:4-8)

1같은 날 예수께서는 집에서 나와 호숫가에 앉으셨다. 2큰 무리가 예수의 주위에 모여들었기 때문에 예수께서는 배에 올라가서 앉으시고, 사람들은 호숫가에 서 있었다.

3예수께서 그들에게 많은 것을 비유로 말씀하셨다. 말씀하시기를, "씨를 뿌리는 사람이 씨를 뿌리려고 밖으로 나갔다. 4그가 씨를 뿌리는데, 어떤 씨는 길가에 떨어져서, 새들이 와서 먹어버렸다. 5어떤 씨는 흙이 많지 않은 돌밭에 떨어졌다. 흙이 깊지 아니하여 싹이 바로 나왔지만, 6해가 올라오자 그 싹은 시들어 벌였다. 또 그 뿌리도 깊지 아니하여 말라 벌였다. 7또 어떤 씨는 가시덤불 가운데 떨어져, 가시덤불이 자라서 싹을 시들게 했다. 8그러나 어떤 씨는 좋은 땅에 떨어져 곡식을 생산해 내었는데, 어떤 것은 100배, 어떤 것은 60배 또 어떤 것은 30배나 더 생산했다. 9듣는 귀를 가진 사람들, 그들로 하여금 듣게 하여라.

83 비유로 가르치시는 이유의 설명
(A.D. 28. 10월, 가버나움)(마태복음 13:10-17, 마가복음 4:10-12, 누가복음 8:9-10)

---

a) 예수께서 하늘 나라의 The kingdom of heaven 신비를 여러 가지 비유로 설명하신다. 하늘 나라는 예수의 가르침의 핵심적인 주제의 하나이다. 그곳은 하나님이 다스리시는 영적인 영역으로 의와 평화와 영생과 기쁨이 있는 곳이다.
예수께서는 도덕적인 또는 영적인 교훈을 가르치셨을 때는, 유추類推의 형식을 빌려 이야기 형태의 비유로 설명하셨다.

10그 때 제자들이 와서 예수께 말했다. "어찌하여 선생님은 사람들에게 비유로 말씀하십니까?"

11예수께서 제자들에게 대답하여 말씀하셨다. "천국의 비밀을 아는 것이 너희에게는 허락되었으나, 그들에게는 허락되지 아니했기 때문이다. 12이는 가진 자에게는 더 많은 것이 주어져서, 그가 풍족하게 가질 것이나, 가지지 못한 자는 그가 가진 것조차도 빼앗길 것이기 때문이다. 13그러므로 내가 그들에게 비유로 말하는 이유는 그들이 보지마는 보지 아니하고, 그들이 듣지마는 듣지 아니하며, 깨닫지도 아니하기 때문이다. 14그리고 이사야의 예언이 그들에게서 이루어진 것이다. 곧,

'너희는 듣기는 들어도, 이해하지 못할 것이며,
너희는 보기는 보아도 깨닫지 못할 것이다.
15이는 이 백성의 마음이 굳어져서
그들의 귀로 그들은 듣지 못하며,
그들은 그들의 눈을 감았기 때문이다.
이렇게 함으로써
그들은 눈으로는 보지 않고, 귀로는 듣지 않으며,
마음으로는 이해하지 않으며, 그리고
돌아서지 아니함으로써,
내가 그들을 고칠 수 없게 하려는 것이다.'(이사야 6:9-10)

16그러나 너희 눈은 보기 때문에, 너희 눈은 복이 있다. 너희 귀는 듣기 때문에, 너희 귀는 복이 있다. 17이는 내가 진실로 너희에

게 말한다. 많은 예언자들과 의인들이 너희가 보는 것을 보기를 원했지만 그것을 보지 못했으며, 또 너희가 듣는 것을 듣기를 원했지만, 그것을 듣지 못했다.

84 씨 뿌리는 사람의 비유에 대한 설명
(A.D. 28. 10월 말 -11월 초, 가버나움)(마태복음 13:18-23, 마가복음 4:13-20, 누가복음 8:11-15)

18"그러므로 씨 뿌리는 사람의 비유가 무엇을 의미하는지 들어 보아라. 곧, 19누구든지 하늘 나라에 관한 말씀을 듣고, 그것을 깨닫지 못했을 때에는, 악한 자가 와서 그의 마음에 심어진 것을 낚아채 간다. 이것은 길가에 뿌려진 씨앗이다. 20돌밭에 심어진 씨에 관해서는, 이것은 하늘 나라에 대한 말씀을 듣고, 즉시 이 말씀을 기쁨으로 받아드리는 사람이다. 21그러나 이러한 사람은 뿌리가 깊지 않아서 오직 한동안만 견디어 낸다. 그리고 하늘 나라에 대한 말씀으로 인하여 고난이나 핍박이 일어나면, 그는 바로 넘어진다. 22가시덤불 가운데 심은 씨에 관해서는, 이것은 하늘 나라의 말씀을 듣지만, 세상에 대한 염려와 부富에 대한 유혹이 그 말씀을 질식시킨다. 그리하여 그는 열매를 맺지 못한다. 23좋은 땅에 뿌려진 씨에 관해서는, 이것은 하늘 나라의 말씀을 듣고, 이것을 깨닫는 사람이다. 그는 진실로 열매를 맺어서 수확을 내며, 한번은 100배, 다른 한번은 60배, 또 다른 한번은 30배 수확을 얻는다."

85 등잔과 되의 비유
(마가복음 4:21-25, 누가복음 8:16-18)

21예수께서 그들에게 말씀하셨다. "사람이 상자 아래에나 침상 아래에 두기 위해 등불을 안으로 가지고 오겠느냐? 등잔대 위에 놓기 위한 것이 아니겠느냐? 22이는 어떠한 것도 드러나지 않고 숨겨져 있는 것은 없을 뿐 아니라, 어떠한 것도 빛에 드러나지 않고 비밀에 붙여져 있는 것은 없기 때문이다. 23누구든지 들을 귀를 가진 사람은 들으라."

24예수께서 또 그들에게 말씀하셨다. "너희가 듣는 것에 주의를 기울이라. 곧, 너희는 너희가 사용하는 그 되a)로 너희도 되질 해 받을 것이고 너희에게 더 주어질 것이다. 25이는 누구든지 무엇이든지 가진 자에게는 더 주어질 것이오, 아무 것도 가진 것이 없는 자는 그들이 가진 것까지도 빼앗길 것이기 때문이다."

86 스스로 자라는 씨의 비유
(마가복음 4:26-29)

26예수께서 또 말씀하셨다. "하나님 나라The Kingdom of God은 사람이 씨를 땅에 뿌리고, 27밤에는 자고, 낮에는 깨어 있으며, 그리고 씨는 싹이 터서 자라는데, 그 사람 자신은 어떻게 그렇게 된 것인지를 모르는 것과 같다. 28이는 땅이 스스로 곡식을 생산해 내기 때문이다. 처음에는 싹이요, 다음에는 이삭이요, 그리고 이삭에 알곡이다. 29그러나 곡식이 익으면 씨를 뿌린 사람은 곧 낫을 가지고 온다. 추수 때가 되었기 때문이다."

---

a) 곡식의 양을 재는 도구, 여기서는 예수님의 말씀을 받아드리는 태도를 의미

87 가라지의 비유
(마태복음 13:24-30)

24예수께서 무리들 앞에 다른 비유를 내놓으셨다. 말씀하시기를, "하늘 나라는 자기 밭에 좋은 씨를 뿌린 사람에 비교할 수 있다. 25그러나 그의 일꾼들이 잠자는 동안에 그의 원수가 와서, 밀 사이에 가라지를 덧뿌리고 가버렸다. 26그래서 밀이 싹이 트고, 밀알이 생겨났을 때, 가라지도 나타났다. 27그래서 주인의 종들이 주인에게 와서 이렇게 말했다. '주인님, 당신께서 당신의 밭에 좋은 씨를 뿌리지 아니했습니까? 그런데 밭에 어떻게 가라지가 있습니까?' 28주인이 종들에게 말했다. '원수가 이렇게 했구나.' 종들이 주인에게 '그러면 주인께서 우리가 가서 가라지를 뽑기를 원하십니까?'라고 말했다. 29그러나 주인이 이렇게 말했다. '아니다. 너희가 가라지를 뽑다가 가라지와 함께 밀까지도 함께 뽑을까 염려된다. 30추수 때까지 둘 다 함께 자라게 내버려두어라. 그리고 추수 때에 내가 추수꾼들에게 '먼저 가라지를 뽑아, 단으로 묶어서 불에 태우고, 밀은 모아 내 곳간에 넣어라'라고 말할 것이다."

88 겨자씨의 비유
(마태복음 13:31-32, 마가복음 4:30-32, 누가복음 13:18-19)

31예수께서는 또 다른 비유를 그들에게 내놓으셨다. "하늘 나라는 사람이 그의 밭에 가져다 심은 한 겨자씨와 같다. 32겨자씨는 모든 씨 중에서는 가장 작은 씨다. 그러나 그것이 자랐을 때에는, 목초보다 커져서 나무가 된다. 그러면 공중의 새들이 와서 그 가지에 보금자리를 만든다."

89 누룩의 비유
(마태복음 13:33, 누가복음 13:20- 21)

33예수께서 또 그들에게 다른 비유를 말씀하셨다. "하늘 나라는 누룩과 같은 것, 곧 여자가 누룩을 가져다가, 밀가루 서3 말 속에 넣어서, 가루반죽이 부풀어질 때까지 그 속에 숨겨둔 누룩과 같다.

90 비유의 의미
(마태복음 13:34-35, 마가복음 4:33-34)

34예수께서 무리에게 이 모든 것을 비유로 말씀하셨다. 예수께서 비유를 쓰지 않고는 그들에게 아무 말씀도 하지 않으셨다. 35이것은 예언자를 통해 이미 말씀하신 것을 이루기 위한 것이었다. 곧,

"내가 입을 열어 비유로 말할 것이다.
내가 창세 이후 감추어져 있는 것들을 말할 것이다."
(시편 78:2)

91 가라지의 비유에 대한 설명
(마태복음 13:36-43)

36그 후 예수께서 무리를 떠나, 집으로 들어가셨다. 제자들이 예수께 다가와서 말하기를, "밭에 있는 가라지의 비유를 저희에게 설명해 주십시오."

37예수께서 그들에게 대답해 말씀하셨다. "좋은 씨를 뿌리는 사람은 인자人子이다. 38밭은 세상이다. 좋은 씨는 그 나라의 자녀들이다. 가라지는 악한 자의 자녀들이다. 39가라지를 뿌린 원수

는 마귀요, 추수는 이 세상의 끝이요, 그리고 추수꾼들은 천사들이다. 40그러므로 가라지가 거두 워 져 불에 태워지듯이, 이 세상의 끝에도 그렇게 될 것이다. 41인자가 그분의 천사들을 보낼 것이다. 그러면 천사들이 사람들로 하여금 죄를 짓게 하는 모든 것들과 율법을 범하는 모든 사람들을 그분의 나라에서 가려내 모아서, 42불 아궁이에 집어 던질 것이다. 거기에 슬피 우는 소리와 이를 가는 소리가 들릴 것이다. 43그때 의인들은 그들의 아버지의 나라에서 해같이 빛날 것이다. 누구든지 듣는 귀 있는 자는 다 듣게 하여라.

92 숨겨 놓은 보물과 값진 진주의 비유
(A.D. 28, 12월, 가버나움)(마태복음 13:44-46)

숨겨 놓은 보물의 비유

44하늘 나라는 밭a)에 숨겨져 있는 보물과 같다. 그 보물은 어떤 사람이 이것을 밭에서 발견하고, 다시 밭에 숨겨둔 것이다. 그 사람은 이 보물을 기뻐하며 가서 그가 가지고 있는 것을 모두 팔고 그 밭을 샀다.

값진 진주의 비유

45또 하늘 나라는 좋은 진주를 찾아 나선 상인과 같다. 46그는 매우 값진 진주를 발견하고, 가서 그가 가진 것을 보두 팔고 그 진

---

a) 고대 이스라엘서는 땅에 파묻혀 있는 보물이 발견된 경우, 그 소유권은 발견한 자에 있지 않고, 보물의 주인에게 있다. 그러나 보물의 발견자가 이를 땅에 다시 묻어두고 밭을 사면, 그 보물도 발견자, 곧 밭의 매입자의 것이 된다.

주를 샀다.

93 그물의 비유
(마태복음 13:47-50)

47또 하늘 나라는 바다에 던져 온갖 물고기를 잡는 그물과 같다. 48어부들은 그물이 가득 차는 대로 그물을 해변으로 끌어 올리고 앉아서 좋은 물고기는 바구니에 담고, 나쁜 고기는 버린다. 49세상의 종말에도 이렇게 될 것이다. 천사들이 와서 의인들 가운데서 악인을 가려내어, 50불 아궁이에 던져버릴 것이다. 거기에 슬피 우는 소리와 이를 가는 소리가 들릴 것이다.

94 비유의 설명의 결미結尾
(마태복음 13:51-52)

51예수께서 그들에게 말씀하셨다. "너희가 이 모든 것을 이해했느냐?" 그들이 그분께 말했다. "예, 주님." 52예수께서 그들에게 말씀하셨다. 그러므로 하늘 나라에 관해 가르침을 받은 모든 율법학자들은 그의 집 곳간에서 새것과 옛것[a]을 다 꺼내오는 집 주인과 같다.

---

a) 구약에 나타난 하늘 나라에 관한 진리와 신약의 비유들에 나타난 진리를 지칭; 새것과 옛것을 다 아는 율법학자는 다른 사람을 가르칠 수 있다는 의미.

G. 갈릴리에서의 기적과 나사렛에서의 실패

95 풍랑을 잠재우시다
(A.D. 28, 12월. 가버나움, 갈릴리 바다)(마가복음 4:35-41. 마태복음 8:8, 18:8, 18:23-27, 누가복음 8:22-25)

35그날 저녁이 되었을 때, 예수께서 제자들에게 말씀하셨다. "호수 저편으로 건너가자." 36제자들은 무리를 뒤에 두고 떠나서, 배 안에 계신 예수를 모시고 갔다. 다른 배들도 예수를 따라 갔다. 37그때 사나운 광풍이 일어나서 파도가 배 안으로 들이쳤다. 그래서 배에 이미 물이 차고 있었다. 38그러나 예수께서는 배 뒤편에서 베개를 베고 주무시고 계셨다. 제자들이 예수를 깨우며 말했다. "선생님. 저희가 죽어가고 있는데도 선생님께서는 걱정하지 않으십니까?"

39예수께서 깨어나 바람을 꾸짖으시며, 바다에게 말씀하셨다. "잠잠하라! 고요하라!" 그랬더니 바람이 그치고 무거운 적막이 찾아왔다. 40예수께서 그들에게 말씀하셨다. "너희가 왜 그렇게 무서워하느냐? 아직도 너희에게 믿음이 없느냐?" 41제자들은 크게 두려워하며 서로에게 말했다. "그분이 누구시기에 바람과 바다까지도 그분에게 복종하는가?"

96 귀신 들린 사람의 치유
(갈리라, 거라사)(마가복음 5:1-20, 마태복음 8:28-34, 누가복음 8:26-39)

1예수와 제자들은 호수 건너편 거라사 인근 지방으로 갔다. 2예수께서 배에서 내리시자, 더러운 귀신 들린 사람이 무덤들 사이에서 나와 예수를 만났다. 3그 사람은 무덤들 사이에서 살았는데 누구도 그를 묶지 못했으며, 쇠사슬로도 묶지 못했다. 4이는 그가 전에는 자주 손과 발이 쇠사슬로 묶긴 일이 있었지만 그는 쇠사슬을 끊고 발에 찬 쇠고랑을 부셔버렸기 때문이었다. 누구도 그를 길들일 수 없었다. 5밤낮으로 항상 그는 산들과 무덤들에 있으면서 소리 내어 울며, 돌로 자기 몸을 찢었다.

6그가 멀리서 예수를 보자, 달려와서 그 분 앞에 엎드려 절을 했다. 7그리고 그는 큰 소리로 울부짖으며 말했다. "지극히 높으신 하나님의 아들 예수여, 내가 당신과 무슨 관계가 있습니까? 하나님의 이름으로 내가 당신에게 간청합니다. 당신께서 나를 괴롭히지 마십시오."

8이는 예수께서 전에 그에게 "더러운 귀신아, 그 사람에게서 나오라!" 라고 말씀하시고 계셨기 때문이었다. 9예수께서 귀신에게 물으시기를, "네 이름이 무엇이냐?" 그가 대답했다. "제 이름은 여단[a]입니다. 우리는 그 수가 많기 때문입니다." 10그리고 그는 예수께서 그들을 그 지방에서 쫓아내지 않으시기를 그분에게 간청했다.

11그때 큰 돼지 떼가 거기 산 곁에서 먹이를 먹고 있었다. 12더러운 귀신들이 예수께 애원했다. "우리를 저 돼지들에게로 보내어 그들 안으로 들어가게 해 주십시오." 13그래서 예수께서 허락하셨다. 그러자 더러운 귀신들이 나와서 돼지들 안으로 들어갔다. 그러자 약 2천 마리나 되는 돼지 떼가 바다를 향해 비탈길을

---

a) 로마군대의 가장 큰 부대 단위(6,000명)로 수가 많다는 의미

달려 내려가 바다에 빠져 죽었다.

14돼지를 치던 사람들이 도망가서 마을과 주변 동네에 이 사실을 알렸다. 그랬더니 사람들이 무슨 일이 일어났는지를 보기 위해 왔다. 15그리고 그들이 예수에게로 와서, 귀신이 들렸던 사람, 곧 여단을 가졌던 그 사람이 옷을 입고 온전한 정신으로 거기 앉아 있는 것을 보았다. 그들은 겁이 났다. 16그리고 먼저 이 일을 본 사람들이 귀신 들렸던 사람과 돼지들에게 어떤 일이 일어났었는지를 마을 사람들에게 말했다. 17그러자 사람들이 예수에게 이 지방에서 떠나달라고 간청했다.

18예수께서 배에 오르시고 있었을 때, 그 귀신 들렸던 사람이 예수와 함께 있을 수 있도록 해 줄 것을 그분에게 간청했다. 19그러나 예수께서 그에게 허락하지 아니하시고, 그에게 이렇게 말씀하셨다. "집으로 돌아가서 네 친구들에게 주께서 너를 위해 얼마나 많은 것을 해 주셨는지, 또 네게 어떻게 자비를 베푸셨는지를 말해주어라." 20그가 가서 예수께서 자기에게 얼마나 많은 것을 해 주셨는지를 데가볼리스[a]에서 전파했다. 모든 사람이 놀랍게 생각했다.

97 야이로, 그의 딸을 살려줄 것을 예수께 간청
(A.D. 28, 12월말 - A.D.29 1월초, 거라사, 가버나움)(마가복음 5:21-24, 마태복음 9:18-19, 누가복음 8:40-42)

21예수께서 다시 배를 타시고 호수 건너편으로 건너가셨다. 큰

---

a) 갈릴리 바다 동쪽과 남쪽에 있는 성읍, 열 개의 도시라는 뜻

무리가 그분 주위에 모여들었다. 예수께서는 바닷가에 계셨다. 22그때 회당會堂 의 장長 중의 한 사람인 야이로라고 하는 사람이 예수에게로 와서 그분 발아래 엎드려, 그분께 간절히 애원했다. 23"제 어린 딸이 죽게 되었습니다. 오셔서 당신의 손을 제 딸 위에 얹어주십시오. 그러면 제 딸의 병이 나아, 살게 될 것입니다." 24그래서 예수께서 그와 함께 가셨다. 많은 무리가 그분을 따라가며 그분을 둘러싸고 밀쳤다.

98 혈루병 걸린 여인의 믿음의 보상
(거라사 - 가버나움)(마가복음 5:25-34, 마태복음 9:20-22, 누가복음 8:43-48)

25그들 가운데는 열두 해를 혈루병으로 앓고 있던 한 여인이 있었다. 26그녀는 많은 의사들에게서 큰 괴로움을 받았으며, 그녀가 가진 것도 다 허비했으나, 낫지 않고 오히려 악화되었다. 27그녀는 예수의 소문을 듣고 무리들 가운데서 예수의 뒤를 따라와서 그분의 옷자락에 손을 댔다. 28그녀는 "내가 예수의 옷자락을 만지기만 해도, 내 병이 나을 것이다." 라고 생각했기 때문이었다. 29그러자 바로 출혈의 근원이 말라버렸으며, 그녀는 자신의 병이 나은 것을 자신의 몸으로 느낄 수 있었다. 30예수께서는 병을 고치는 능력이 자신에게서 나간 것을 스스로 느끼시고, 바로 무리를 돌아보시면서 "누가 내 옷을 만졌느냐?"고 물으셨다.

31제자들이 예수께 말했다. "사람들이 선생님을 밀어붙이는 것을 보시면서 '누가 내게 손을 댔느냐?' 고 물으십니까?" 32그러나 예수께서는 옷을 만진 사람이 누구인지를 찾기 위해 사방을 둘러보셨다. 33그러자 자기 몸에 어떤 일이 일이 일어났는지를 알고 있는 이 여인이 두려워하며 떨면서, 예수 앞으로 와서 엎드려 모든 진실을 그분에게 말했다. 34예수께서 그 여인에게 말씀하셨다. "딸아, 네 믿음이 너를 구원했다. 이제 평안히 가거라. 네 병이 나았다."

99 야이로의 딸의 생명을 소생시킴
(마가복음 5:35-43, 마태복음 9:23-26, 누가복음 8:49-56)

35아직도 예수께서 말씀하시고 있는 중에, 회당장의 집에서 사람들이 와서 회당장에게 말했다. "당신의 딸이 죽었습니다. 36어찌하여 예수를 아직도 괴롭히십니까?" 예수께서 그들이 말한 것을 엿듣고 회당장에게 말씀하셨다. "두려워하지 마라라. 믿기만 하여라." 37그리고 예수께서 베드로와, 야고보와, 야고보의 동생 요한 외에는 아무도 그분을 따라오는 것을 허락하지 않으셨다. 38그들이 회당장의 집에 도착했을 때, 예수께서 떠드는 소리와 울며 통곡하는 사람들을 보셨다. 39예수께서 집안으로 들어가서 그들에게 말씀하셨다. "너희가 어찌하여 떠들며 우느냐? 이 아이가 죽은 것이 아니고 자고 있다."

40그러자 사람들이 예수를 비웃었다. 그러나 예수께서 그들을 밖으로 내보신 후에 아이의 부모와 그분과 함께 있었던 사람들을 데리고 아이가 누워있는 곳으로 들어가셨다. 41그리고 예수께서 손으로 그 아이의 손을 잡으시고 그 아이에게 말씀하셨다. "달리다 쿰." 이 말은 "소녀야 내가 네게 말한다. 일어나라!" 는 뜻이다. 42소녀가 곧 일어나서 걷기 시작했다. 이는 그녀가 열두 살이었기 때문이었다. 사람들이 모두 정신을 잃고 크게 놀랐다. 43예수께서 이 일을 누구에게도 알려서는 안 된다고 엄히 명령하시고, 그 소녀에게 먹을 것을 주라고 말씀하셨다.

100 두 맹인의 눈을 뜨게 하심
(마태복음 9:27-31)

27예수께서 그 곳을 떠나가시는데 눈먼 두 사람이 그분을 따라오며 울면서 말했다. "다윗의 자손이여, 우리들에게 자비를 베푸십시오." 28예수께서 집으로 들어가시자, 눈 먼 사람들이 따라왔다. 예수께서 그들에게 물으시기를, "내가 그러한 일을 할 수 있다고 너희가 믿느냐?" 그들이 예수께 대답했다. "그렇습니다. 주님." 29이에 예수께서 그들의 눈에 손을 대시고 말씀하시기를, "너희 믿음대로 너희에게 되게 하여라." 30그러자 그들의 시력이 회복되었다. 예수께서 그들에게 엄중히 경고하셨다. "이 일을 누구도 알지 않도록 하여라." 31그러나 그들은 나가서 예수에 관한 소문을 그 지역 온 사방에 퍼뜨렸다.

101 귀신들린 벙어리의 치유
(마태복음 9:32-34)

32그들이 떠난 후에, 사람들이 귀신들린 벙어리 한 사람을 예수께로 데리고 왔다. 33귀신이 쫓겨나가자 벙어리가 말을 했다. 그리고 사람들이 놀랐다. 사람들이 말하기를, "이스라엘에서 이러한 일이 일어났던 적은 결코 없었다." 34그러나 바리새파 사람들은 말하기를, "예수는 귀신의 왕에 의지하여 귀신을 쫓아낸다."

102 나사렛에서 설교하시고 쫓겨나심
(나사렛)(누가복음 4:16-30, 마태복음13:53-58, 마가복음 6:1-6)

16예수께서 자신이 자란 나사렛으로 오셨다. 그분께서 늘 하시던 습관대로 안식일에 회당으로 들어가서 성경을 읽기 위해 일어서셨다. 17예언자 이사야의 두루마리가 그분께 건네졌다. 예수께서 두루마리를 펼치시고, 이렇게 기록된 부분을 찾으셨다. 곧,

18"주의 영이 내게 내리셨다.
이는 가난한 사람들에게 복음을 전파하기 위해,
주께서 내게 기름을 부으셨기 때문이다.
사로잡힌 사람들에게 자유를 선포하고,
눈먼 사람을 다시 보게 하고,
억눌린 사람을 해방시키기 위해,
주께서 나를 보내셨다.
19주의 은혜의 해를 선포하기 위해 나를 보내셨다."
(이사야 6:1-2)[a]

20예수께서 두루마리를 말아서 시중드는 사람에게 돌려주고 앉으셨다. 그러자 회당 안에 있는 모든 사람들의 눈이 예수에게로 집중되었다. 21예수께서 그들에게 말씀하기 시작하셨다. "오늘 이 성경 말씀이 그대들이 듣는 가운데 이루어졌소." 22그러자 모든 사람들이 예수에 관해 좋게 말하고, 그분의 입에서 나오는 은혜로운 말씀에 놀랐다. 그리고 그들은 이렇게 말했다. "이 사람

---
a) 이사야 6:1-2는 장차오실 그리스도의 말씀이다.

은 요셉의 아들이 아닌가?"

23예수께서 그들에게 말씀하셨다. "그대들은 틀림없이 '의사야, 네 병이나 고쳐라.'고하는 속담을 나에게 말하면서, '우리가 가버나움에서 당신이 행한 일들을 들었는데, 이제 이 일들을 당신의 고향에서도 해 보시오.'라고 할 것이오." 24그리고 예수께서 말씀하셨다. "그렇소. 내가 진실로 그대들에게 말하오. 어떤 예언자도 자기 고향에서는 인정받지 못하오. 25그러나 내가 진실로 그대들에게 말하오. 엘리야 시대에 이스라엘에 많은 과부가 있었소. 그때는 3년 반 동안 하늘 문이 닫혔으며, 온 땅에 큰 기근이 있었소. 26그러나 하나님은 이들 과부들 중에서 어느 누구에게도 엘리야를 보내지 아니하셨으며, 오직 시돈에 있는 사렙다 마을에 거주하는 한 과부에게만 보내셨소. 27그리고 엘리사 시대에는 이스라엘에 많은 나병환자들이 있었소. 그러나 어느 누구도 고침을 받지 못하고, 오직 시리아 사람 나아만 만 고침을 받았소."

28그래서 회당에 있던 사라들은 이 말을 듣고 몹시 화가 났다. 29그들은 일어나서 예수를 동네 밖으로 내쫓았다. 그리고 그들은 그분을 벼랑 밑으로 던지기 위해, 그들의 마을이 세워져 있는 산 벼락으로 그분을 끌고 갔다. 30그러나 예수께서는 사람들 한가운데를 지나 걸어서 갈 길을 가셨다.

H. 사도들의 파송 – 이스라엘은 결단해야 한다

103 추수할 일꾼
(A.D. 29, 1월, 나사렛 - 가버나움)(마태복음 9:35-38, 10:1-15, 마가복음 6:6-11)

큰 추수

9:35예수께서 모든 마을과 동네를 두루 다니시면서 회당에서 가르치시고, 하늘 나라의 복음을 전파하시고, 또 온갖 병과 아픔을 고치셨다. 36예수께서 무리를 보시고, 이들을 불쌍히 여기셨다. 이는 그들이 목자 없는 양과 같이 시달리고 기운이 빠져 있었기 때문이었다. 37그때 예수께서 제자들에게 말씀하셨다. "추수할 것은 많으나,[a] 일꾼이 적구나. 38그러므로 추수의 주님께 그 분의 추수를 거둬드릴 일꾼을 보내달라고 기도하여라."

열두 제자를 부르시다

10:1예수께서 열두 제자를 불러, 그들에게 더러운 귀신을 쫓아내는 권능과 온갖 질병과 아픔을 고치는 권능을 주셨다. 2열두 제자의 이름은 이러하다. 베드로라고 하는 시몬을 비롯하여 그의 형제 안드레와 세베데의 아들 야고보와 그의 형제 요한, 3빌립과 바돌로매, 도마와 세리 마태, 알패오의 아들 야고보와 다대오. 4열혈당원 시몬, 그리고 가룟 유다, 곧 예수를 배반한 자이다.

---

a) 하늘 나라의 복음을 받아드리려고 하는 사람들을 의미

열두 사도의 파송

5예수께서 이 열두 제자를 보내시면서 이렇게 명령하셨다. "이방인들의 길로 들어가지 말 것이며, 사마리아의 마을에도 들어가지 마라라. 6오히려 이스라엘의 집의 잃어버린 양에게로 가거라. 7그리고 너희가 가면서 '하늘 나라가 가까이 왔다.'고 선포하여라. 8아픈 사람을 고치고, 죽은 자를 일으키고, 나병환자를 깨끗하게 하며, 귀신을 내쫓아라. 너희가 거저 받았으니, 거저 주어라. 9너희는 금도, 은도, 동銅도 허리에 차지 마라라. 10여행을 위한 보따리나, 여벌 옷이나, 신발이나, 또는 지팡이도 가지고 가지 마라라. 이는 일꾼은 자신이 먹을 음식을 받을 자격이 있기 때문이다.[a]

11"너희가 어떤 마을이나 동네에 들어갈 때는 그곳에서 마땅한 사람을 찾아서 너희가 그 곳을 떠날 때까지 그 집에 머물러라. 12너희가 그 집에 들어갈 때는, 그 집에 인사하여라. 13만일 그 집이 합당하면, 평화가 그 집에 머물게 하고, 만일 그렇지 않으면, 평안을 네게로 거두어 들여라. 14그러나 만일 누구든지 너희를 환영하지 않거나, 또는 너희 말을 듣지 않으면 너희가 그 집이나 그 마을을 떠날 때, 너희 발에 묻은 먼지를 털어버려라. 15내가 진실로 너희에게 말한다. 심판 날에 소돔과 고무라 땅이 그 마을보다 더 견디기 쉬울 것이다.

---

[a] 사역하는 사람은 그가 섬기는 사람의 재정(물질)적 지원을 받는 것이 당연하다는 의미

104 세계를 향한 장기 선교에 대한 가르침
(A .D. 29, 2월, 나사렛 - 가버나움)(마태복음 10:16-42, 마가복음 13:9-13, 누가복음 21:12-17)

박해를 받을 것이다

16"보아라. 내가 늑대 속으로 양을 보내는 것처럼 너희를 보낸다. 그러므로 너희는 뱀처럼 지혜롭고, 비둘기처럼 순결하여라. 17사람들을 경계하여라. 그들이 너희를 법정에 넘겨 회당에서 너희를 매질 할 것이기 때문이다. 18그리고 너희는 나 때문에 총독들과 왕들 앞에 끌려가서 그들과 이방인들 앞에서 증언할 것이다. 19그러나 그들이 너희를 넘겨줄 때, 어떻게 너희가 말할까, 또는 무엇을 말할까 염려하지 마라. 이는 그 때가 되면, 너희가 무엇을 말할 것인지가 너희에게 주어질 것이기 때문이다. 20이는 말하는 사람은 너희가 아니고 너희를 통해 말씀하시는 너희 아버지의 영이시기 때문이다.

21"형제가 형제를, 아버지가 자식을 죽음에 내 줄 것이다. 자식들이 부모를 배반하여 그들을 죽음으로 몰아넣을 것이다. 22너희는 내 이름 때문에, 모든 사람들로부터 미움을 받을 것이다. 그러나 끝까지 견디는 사람은 구원을 받을 것이다. 23사람들이 이 마을에서 너희를 박해할 때, 다른 마을로 피하여라. 이는 내가 진실로 너희에게 말하는데, 인자人子가 오기 전에는, 너희가 이스라엘의 모든 마을을 두루 다니지 못할 것이기 때문이다. 영혼과 몸을 함께 파멸시키는 하나님을 두려워하여라.

24"제자가 스승보다 높지 못하고, 종이 주인보다 높지 못하다. 25제자가 그의 스승같이 되고, 종이 그의 주인같이 되면 족하다.

만일 그들이 집주인[a]을 바알세불[b]이라고 불렀다면, 그들이 그 집주인의 사람들[c]을 얼마나 더 그렇게 불렀겠는가?

밝은데서 두려움 없이 말 하여라

26"그러므로 그들을 두려워하지 마라라. 비추어 진 것이 드러나지 않을 것이 없고, 숨겨진 것이 알려지지 않을 것이 없기 때문이다. 27내가 어두운 데서 너희에게 이야기한 것을 밝은데서 말하여라. 네 귀로 들은 것을 지붕 위에서 선포하여라. 28몸은 죽여도 영혼은 죽일 수 없는 그들을 두려워하지 마라라. 영혼과 몸을 다 같이 지옥에서 파멸시킬 수 있는 그분을 두려워하여라. 29참새 두 마리가 동전 한 냥에 팔리지 않느냐? 참새 한 마리도 너희 아버지의 뜻을 떠나서 땅에 떨어지지 않을 것이다. 30그러나 네 머리카락도 모두 세어져 있다. 31그러므로 두려워하지 마라라. 너희는 많은 참새들보다 더 귀하다.

모든 사람들 앞에서 그리스도를 시인하여라

32"그러므로 누구든지 사람들 앞에서 나를 시인하면, 나도 하늘에 계신 내 아버지 앞에서 그를 시인 할 것이다. 33그러나 누구든지 사람들 앞에서 나를 부인하면, 나도 하늘에 계신 내 아버지 앞에서 그를 부인할 것이다.

---

a) 예수
b) 사탄
c) 예수의 제자들

II. 예수의 공생애 公生涯

예수 때문에 생기는 분열

34"내가 세상에 평화를 가져오기 위해 왔다고 생각하지 마라라. 나는 평화가 아니고, 칼을 가지고 왔다.[a] 35이는 내가 온 것은 '아들이 아버지에게 대항하게 하며, 딸이 어머니에게 대항하게 하며, 며느리가 시어머니에게 대항하게 하려고 온 것이기 때문이다. 36그리고 '사람의 원수는 자기 자신의 집안 식구가 될 것이다.'"[b]

자신을 버리고 예수를 따르라

37"누구든지 나를 사랑하는 것보다 자기 부모를 더 사랑하는 사람은 내게 합당하지 아니하다. 그리고 나보다도 자기 자녀를 더 사랑하는 사람은 내게 합당하지 아니하다. 38또 자기 십자가를 지지 않고 나를 따르는 사람도 내게는 합당하지 아니하다. 39누구든지 자기 생명을 찾는 사람은 이를 잃을 것이다. 그러나 자기 생명을 잃는 사람은 이를 찾을 것이다.

상을 받을 사람

40"누구든지 너희를 영접하는 사람은 나를 영접하는 사람이요, 또 누구든지 나를 영접하는 사람은 나를 보내신 분을 영접하는 사람이다. 41예언자를 그가 예언자이기 때문에 영접하는 사람은 예언자가 받는 상을 받을 것이다. 또 의인을 그가 의인이기 때문에 영접하는 사람은 의인이 받는 상을 받을 것이다. 42그리고 만

---

a) 그리스도를 믿는 사람과 믿지 않는 사람간의 분파와 불화를 의미
b) 미가 7:6(모든 시대를 통해 크리스천을 실망케 한 사람은 그들의 가장 가까운 사람들이었다. 예수자신도 유다의 배신과 베드로의 부인을 경험하셨다.)

일 누구든지 이 작은 사람들 중 한 사람에게, 그가 제자이기 때문에, 찬 물 한잔이라도 주는 사람은, - 진실로 내가 너희에게 말한다. - 그는 결코 그의 상을 놓치지 않을 것이다.

105 예수와 열두 제자의 갈릴리에서의 가르침
(A .D. 29. 2월, 나사렛 - 가버나움)(마태복음 11:1, 마가복음 6:12-13, 누가복음 9:6)

1예수께서 열두 제자에게 가르치시기를 마치시고, 그들의 여러 마을에서 가르치고 전도하시기 위해 그곳을 떠나셨다.

106 분봉 왕 헤롯이 예수 때문에 당황하다
(누가복음 9:7-9, 마태복음 14:1-2, 마가복음 6"14-16)

7분봉 왕 헤롯은 진행되고 있는 이 모든 일을 듣고 당황했다. 이는 어떤 사람들은 요한이 죽은 자 가운데서 살아났다고 말하고, 8또 어떤 사람들은 엘리야가 나타났고 말하고, 또 다른 사람들은 옛 예언자들 중 한 사람이 다시 살아났다고 말했기 때문이었다. 9헤롯이 말했다. "내가 이미 요한의 목을 베었다. 그런데 그자에 관해 내게 이런 일들이 들리고 있으니, 그자가 누구냐?" 그리고 헤롯은 예수를 보려고 했다.

107 세례자 요한의 순교
(A.D. 29. 2월 말 - 3월 초, 사해인근)(마가복음 6:17-29, 마태복음 14:3-12)

17이는 헤롯이 그의 동생 빌립의 아내 헤로디아와 결혼했기 때문에, 그가, 그녀를 위해, 전에 사람을 보내 요한을 체포하여 감옥에 가두었기 때문이었다. 18그리고 요한이 헤롯에게 이렇게 말했기 때문이었다. "왕이 왕의 동생의 아내와 결혼하는 것은 합법적이지 않습니다."

19그래서 헤로디아가 요한에게 원한을 품고 그를 죽이려고 했다. 그러나 헤로디아는 그렇게 하지 못했다. 20이는 헤롯이 요한을 의롭고 거룩한 사람으로 알고 두려워하여 그를 보호했기 때문이었다. 헤롯은 요한의 말을 듣고 크게 괴로워했다. 그러나 그는 요한의 말을 기쁘게 들었다. 21헤롯이 그의 생일에 대신들과 천부장들과, 갈릴리의 귀인들을 위해 잔치를 베풀었을 때, 마침내 좋은 기회의 날이 왔다. 22헤로디아의 딸이 들어와서 춤을 추어 헤롯과 그의 손님들을 즐겁게 했다. 왕이 그녀에게 말했다. "무엇이든지 네가 원하는 것을 내게 말하여라. 내가 그대에게 다 주겠다."

23헤롯은 그녀에게 맹세했다. "네가 무엇을 원하든지 내가 그대에게 주겠다. 심지어 내 나라의 절반이라도 그대에게 주겠다." 24그러자 그녀가 나가서 그녀의 어머니에게 물었다. "내가 무엇을 달라고 할까요?" 그녀의 어머니가 말했다. "세례자 요한의 머리를 달라고 하여라." 25그녀가 서둘러 왕에게 가서 요구하며 말했다. "지금 당장 왕께서 세례자 요한의 머리를 쟁반에 담아서 내게 주십시오."

26왕은 심히 근심했으나, 그가 행한 맹세와 손님들을 생각하여 그녀의 요구를 거절하기를 원하지 아니했다. 27그래서 왕은 곧바로 집행관 한 사람을 보내, 요한의 목을 가져오도록 명령했다. 집행관이 가서 옥에서 요한의 목을 베어 28그의 머리를 쟁반에 담아 돌아와서 그것을 그녀에게 주었고, 그녀는 다시 이것을 그녀의 어머니에게 주었다. 29요한의 제자들이 이 소식을 듣고 와서 그 시체를 가져가서 무덤에 묻었다.

I. 빵의 기적과 성찬의식

108 첫 번째 빵의 기적: 오천 명을 먹이심
(가버나움, 갈릴리)(마가복음 6:30-44, 마태복음 14:13-21, 누가복음 9:10-17)

30사도들이 예수께 돌아와서 그들이 행한 것과 가르친 것을 모두 그분에게 말씀드렸다. 31그래서 예수께서 그들에게 말씀하셨다. "너희는 너희대로 한적한 곳으로 가서 좀 쉬어라." 이는 너무도 많은 사람들이 오고, 갔기 때문에 그들은 음식을 먹을 시간이 없었기 때문이었다.

32그래서 그들은 배를 타고 그들대로 한적한 곳으로 갔다. 33그러나 큰 무리가 그들이 떠나가는 것을 보았으며, 그들을 알아보았다. 그리고 그들은 여러 마을에서 그곳으로 달려가서 사도들보다 먼저 그곳에 도착했다. 34예수께서 나오셔서 많은 무리를 보시고 그들이 목자 없는 양과 같았기 때문에, 그들을 불쌍히 여기셨다. 그리고 예수께서 그들에게 많은 것을 가르치기 시작하셨다. 35날이 많이 저물자, 제자들이 와서 예수께 말했다. "이 곳은 빈 들판이고 날도 이미 저물었습니다. 36사람들을 보내 그들이 주위의 마을이나 동네로 가서 스스로 빵을 사먹도록 하시기 바랍니다."

37그러나 예수께서 그들에게 말씀하셨다. "너희가 그들에게 먹을 것을 주어라." 사도들이 예수께 말했다. "저희가 가서 200 데나리온[a] 어치의 빵을 사서 그들에게 주어 먹게 할까요?" 38그러나

---

a) 화폐 단위: 한 사람의 하루 품삯에 해당되는 금액

예수께서 그들에게 말씀하셨다. "너희에게 빵이 몇 개나 있느냐? 가서 보아라." 그들이 알아보고 말했다. "빵 다섯 개와 물고기 두 마리가 있습니다."

39그러자 예수께서 사도들에게 명령하여 모든 사람이 무리를 지어 푸른 풀밭에 앉도록 하셨다. 40그래서 사람들은 100명씩, 50명씩 무리를 지어 앉았다. 41예수께서 빵 다섯 개와 물고기 두 마리를 들고 하늘을 우러러 보시고 감사기도를 드린 후, 빵을 떼어 사도들에게 주어 사람들에게 나누어 주게 하시고, 물고기 두 마리도 모든 사람들에게 나누어 주셨다. 42그들이 모두 먹고 배가 불렀다. 43그리고 제자들이 남은 빵 조각과 물고기를 열 두 바구니에 가득 차게 거두었다. 44빵을 먹은 남자의 수만 5천명이었다.

109 그분을 왕으로 세우려고 하는 자들을 피하심
(A .D. 29, 3월, 가버나움, 갈릴리)(요한복음 6:14-15, 마태복음 14:22-23, 마가복음 6:45-46)

14그러자 예수께서 행하신 표적을 본 사람들이 말했다. "이 분은 참으로 세상에 오실 그 예언자임에 틀림없다." 15예수께서는 그들이 와서 자신을 강제로 그들의 왕으로 삼으려고 한다는 것을 아시고, 다시 혼자 산으로 올라가셨다.

110 바다 위를 걸어가심
(A. D. 29. 3월, 갈릴리바다)(마태복음 14:22-32, 마가복음 6:47-52, 누가복음 6:16-21)

22그리고 곧 바로 예수께서 제자들을 배에 오르게 하여 자신보다 먼저 건너편으로 가게 하셨다. 그 사이에 예수께서 무리를 돌려 보내셨다. 23예수께서 무리를 돌려보내신 후, 기도하기 위해 혼자 산으로 올라가셨다. 밤이 찾아왔고, 예수께서는 그곳에 혼자 계셨다. 24그러나 이 때 배는 육지에서 멀리 떨어져 있었으며, 맞바람에 부디 쳐 파도에 흔들렸다. 25밤 제4경[a]에 예수께서 바다 위로 걸어 제자들에게로 오셨다. 26제자들이 예수께서 바다 위를 걸어오시는 것을 보고 겁이 나서, "유령이다."하고 소리를 질렀다. 그리고 그들은 두려워 울었다.

27그러나 곧 바로 예수께서 그들에게 말씀하여, 이르시기를, "용기를 내어라. 나다. 두려워하지 마라라." 28베드로가 예수께 대답해 말했다. "주님, 만일 당신이시면, 내게 명하여 물 위를 걸어 당신에게 오게 하십시오. 29그래서 예수께서 "오너라."고 말씀하셨다. 베드로가 예수에게로 가기 위해 배에서 나와서 물 위를 걸었다. 30그러나 그가 바람을 보고 무서워했다. 그리고 가라앉기 시작하자, 그는 "주여, 나를 구하소서." 라고 소리를 질렀다. 31예수께서 곧바로 손을 펼쳐서 그를 붙들었다. 그리고 그에게 말씀하셨다. "이 믿음이 없는 자여, 어찌하여 네가 의심했느냐?" 32그들이 배에 오르자, 바람이 그쳤다. 그러자 배에 타고 있던 사람들이 "당신은 진실로 하나님의 아들이십니다."라고 말하면서 예수께 절했다.

111 게네사렛에서의 병자의 치유
(게네사렛)(마태복음 14:34-36, 마가복음 6:53-56)

34그들이 바다를 건너 게네사렛 땅에 도착했다. 35그곳 사람들

---

[a] 오전 3시에서 6시 사이

이 예수를 알아보고 주위의 모든 지역으로 사람을 보내, 병든 사람들을 그분에게로 데리고 왔다. 36그리고 그들은 예수의 옷자락만이라도 만질 수 있기를 그분께 간청했다. 옷자락을 만지는 사람은 다 온전히 나았다.

112 "나는 하늘에서 내려온 생명의 빵이다"
(가버나움)(요한복음 6:22-71)

가버나움 설교

22이튿날, 바다 건너편에 서 있던 무리는 그 곳에는 배 한척만 있었다는 것과, 또한 예수께서 제자들과 함께 그 배에 타지 않으셨고, 제자들만 따로 갔다는 것을 알았다. 23그 때에 디베랴에서 다른 배들이, 주께서 감사를 드린 후 여러 사람이 빵을 먹었던 곳 가까이에, 와서 닿았다. 24무리가 배 안에 예수님도 계시지 않고 제자들도 없는 것을 보고, 곧 배를 나누어 타고 예수를 찾아 가버나움으로 갔다. 25무리가 바다 건너편에서 예수를 발견하고 그분께 "랍비여, 언제 여기 오셨습니까?"라고 말했다.

26예수께서 그들에게 대답해, 말씀하셨다. "내가 진실로 진실로 너희에게 말한다. 너희가 나를 찾는 것은 표적을 보았기 때문이 아니고, 빵을 먹고 배가 불렀기 때문이다. 27썩는 음식을 위해 일하지 말고, 영원한 삶에 이르기까지 견디어내는 양식을 위해 일하여라. 이 양식은 인자가 너희에게 줄 것이다. 이는 아버지 하나님께서 인자에게 도장을 찍으셨기[a] 때문이다."

---

a) 인정했다는 의미

28그러자 무리가 예수께 말했다. "우리가 하나님의 일을 하기 위해 무엇을 해야 합니까?" 29예수께서 그들에게 말씀하셨다. "이 것이 하나님의 일을 행하는 것이다. 곧, 너희가 하나님이 보내신 분을 믿는 것이다." 30그러자 무리가 예수께 말했다. "우리가 그것을 보고 당신을 믿을 수 있도록, 당신께서 어떤 표적을 행하시겠습니까? 어떤 일을 당신께서 행하시겠습니까? 31기록된 대로 우리 조상들은 광야에서 만나를 먹었습니다. 그 분은 하늘로부터 그들에게 먹을 빵을 주셨습니다."

32예수께서 그들에게 말씀하셨다. "내가 진실로 진실로 너희에게 말한다. 하늘에서 빵을 내려 주신 분은 모세가 아니다. 오직 내 아버지께서 하늘에서 너희에게 참 빵을 내려 주신다. 33이는 하나님의 빵은 하늘에서 내려오셔서 세상에 생명을 주시는 분이시기 때문이다." 34그들이 예수께 말했다. "주님, 이 빵을 항상 우리들에 주십시오."

35그러자 예수께서 그들에게 말씀하셨다. "나는 생명의 빵이다. 누구든지 내게 오는 자는 결코 배고프지 아니 할 것이요, 누구든지 나를 믿는 자는 결코 목마르지 아니할 것이다. 36그러나 너희는 나를 보았는데도 믿지 않는다고 내가 너희에게 말했다. 37아버지께서 내게 주시는 것은 모두 내게로 올 것이다. 그리고 누구든지 내게 오는 자는 내가 결코 내쫓지 아니할 것이다. 38이는 나는 내 자신의 뜻을 행하기 위해서가 아니고, 나를 보내신 분의 뜻을 행하기 위하여 하늘에서 내려왔기 때문이다. 39나를 보내신 분의 뜻은 이것이다. 곧, 그분께서 내게 보내신 자 중에서 한 사람도 내가 잃지 아니할 것이며, 마지막 날에 내가 그들을 다시 살리는 것이다. 40이는 아들을 알아보고[a] 그를 믿는 자는 누구나 반드시 영생을 얻게 될 것이고, 또 내가 그들을 마지막 날에 살릴 것이라는 것이 내 아버지의 뜻이기 때문이다."

41예수께서 "나는 하늘에서 내려온 빵이다." 라고 말씀하셨기 때문에, 유대인들은 그분에 대해 수군거리기 시작했다. 42유대인들이 말했다. "이 사람은 요셉의 아들 예수가 아니냐? 그의 부모를 우리가 알지 않는가? 그런데 어찌하여 그가 지금 '내가 하늘에서 내려왔다.'고 말할 수 있는가?"

43예수께서 그들에게 대답해, 말씀하셨다. "너희는 서로 수군거리지 마라. 44나를 보내신 아버지께서 이끌지 않으시면, 누구도 내게 올 수 없다. 그리고 내가 그를 마지막 날에 다시 살릴 것이다. 45예언자의 글에 이렇게 기록되어 있다. '그리고 그들은 모두 아버지로부터 가르침을 받을 것이다.' 아버지로부터 듣고 아버지로부터 배우는 사람은 다 내게로 온다. 46그렇다고 하나님으로부터 오신 분을 제외하고는 어느 누구도 아버지를 보았다는 것은 아니다. 하나님으로부터 오신 그분은 아버지를 보았다. 47내가 진실로 진실로 너희에게 말한다. 믿는 사람은 영생을 얻을 것이다.

생명의 빵을 먹는 사람은 영원히 살 것이다

48"나는 생명의 빵이다. 49너희 조상들은 광야에서 만나를 먹었다. 그리고 그들은 죽었다. 50이것은 하늘에서 내려온 빵이다. 그래서 사람이 이 빵을 먹고 죽지 않는다. 51나는 하늘에서 내려온

---

[a] 아들이 진실로 아버지께서 보내신 아들이라는 것을 믿는 것을 의미

살아 있는 빵이다. 누구든지 이 빵을 먹으면, 그는 영원히 살 것이다. 그리고 내가 세상의 생명을 위해 줄 빵은 내 살이다."a) 52그러자 유대인들이 자기들끼리 논쟁을 시작했다. "이 사람이 어떻게 자기 살을 우리에게 주어서 먹게 한단 말인가?"

53예수께서 그들에게 말씀하셨다. "내가 진실로 진실로 너희에게 말한다. 너희가 인자의 살을 먹지 아니하고, 인자의 피를 마시지 아니하면, 너희 속에 생명이 없다. 54누구든지 내 살을 먹고, 내 피를 마시는 사람은 영생을 가진다. 그리고 내가 마지막 날에 그를 살릴 것이다. 55이는 내 살은 참 양식이요, 내 피는 참 음료이기 때문이다. 56누구든지 내 살을 먹고 내 피를 마시는 사람은 내 안에 있고, 나는 그 사람 안에 있다. 57살아계신 하나님께서 나를 보내셨으며, 내가 아버지 때문에 사는 것 같이, 나를 먹는 사람도 나 때문에 살 것이다. 58이것은 하늘에서 내려온 빵이다. 너희 조상들이 먹고 죽었던 것과 같은 빵이 아니다. 누구든지 이 빵을 먹는 사람은 영원히 살 것이다." 59예수께서 이 말씀을 가버나움 회당에서 가르치실 때 하셨다.

영원한 생명의 말씀

60여러 제자들이 이 말씀을 듣고 말했다. "이것은 어려운 말씀이다. 누가 이것을 들을 수 있나?" 61제자들이 이 말씀에 대해 수군거리는 것을 예수께서 아시고, 그들에게 말씀하셨다. "이 말이 너희에게 거슬리느냐? 62그러면 인자가 전에 있었던 곳으로 올라

---

a) 예수께서는 하나님의 말씀이시며, 또한 그분의 육신과 피는 세상의 생명을 위해 제물로 바쳐졌기 때문에, 예수는 참 빵이시다.

가는 것을 너희가 본다면, 어떻게 하겠느냐? 63생명을 주는 것은 성령이다. 육신은 무익한 것이다. 내가 너희에게 한 말씀은 영이고, 생명이다. 64그러나 너희 중에는 믿지 않는 자가 있다." 이는 예수께서는 믿지 않는 자가 누구이며, 그리고 자기를 넘겨줄 자가 누구인지를 처음부터 아시고 하신 말씀이었다. 65예수께서 또 말씀하셨다. "그러므로 내가 전에, 너희에게 아버지께서 허락하지 않으시면, 누구도 나에게 올 수 없다고 말했었다." 66이때부터 예수의 제자들 중에서 많은 사람이 돌아서고 더는 그분과 함께 가지 아니했다.

베드로의 신앙고백

67그리고 예수께서 열두 제자에게 말씀하셨다. "너희도 떠나려고 하느냐?" 68시몬 베드로가 예수께 대답했다. "주님, 누구에게로 우리가 가겠습니까? 주님에게는 영생의 말씀이 있습니다. 69그리고 우리는 또한 주님께서는 살아계신 하나님의 아들이라는 것을 믿었으며, 알고 있습니다." 70그러자 예수께서 그들에게 대답하셨다. "내가 너희 열둘을 택하지 아니했느냐? 그러나 너희 중 한 사람은 마귀이다." 71이것은 그분께서 시몬의 아들 가룟 유다를 두고 하신 말씀이었다. 이는 열두 제자 중 한 사람인 그가 나중에 예수를 배반했기 때문이었다.

J. 오순절을 위해 예루살렘에 오신 예수

113 베데스다 연못가에서의 병자의 치유
(A.D. 29, 3월, 예루살렘)(요한복음 5:1-18)

1그 후에 유대인의 절기[a]가 있어 예수께서 예루살렘으로 가셨다. 2예루살렘에 있는 양문羊門 인근에 히브리 말로 베데스다라고 하는 못이 있었는데 그 주위에는 지붕이 있는 다섯 개의 주랑柱廊이 있었다. 3거기에는 많은 병자들, 눈먼 사람들, 다리 저는 사람들, 그리고 중풍환자들이 물이 움직이는 것을 기다리고 있었다. 4이는 주의 천사가 가끔 못에 내려와서 물을 휘저어 움직이게 했기 때문이었다. 물이 움직인 후에 누구든지 가장 먼저 물에 들어가는 사람은 그가 어떤 병에 걸려 있든지 나았다. 5거기에는 38년 동안 병을 앓고 있는 사람이 있었다. 6예수께서 그가 누워 있는 것을 보시고, 그가 이미 오랫동안 병을 앓아 온 것을 아셨다. 예수께서 그에게 말씀하셨다. "네가 낫고자 하느냐?"

7병자가 예수께 대답했다. "주여, 물이 휘저어질 때, 나를 못에 밀어 넣어줄 사람이 없습니다. 내가 가는 동안에 다른 사람이 나보다 먼저 내려갑니다." 8예수께서 그에게 말씀하셨다. "일어나라. 네 자리를 들고 걸어가라." 9그 사람이 곧 나아서 자리를 들고 걸어갔다.

그런데 이 날은 안식일이었다. 10그래서 유대인들이 병이 나은 사람에게 말했다. "오늘은 안식일임으로 당신이 자리를 들고 가

---

a) 유월절 절기

는 것은 율법에 어긋나는 일이다." 11그러나 그 사람이 그들에게 대답했다. "나를 낫게 한 그 사람이 내게 '네 자리를 들고 걸어가라.'고 말했습니다." 12그래서 유대인들이 또 그에게 물었다. "자리를 들고 걸어가라고 네게 말한 그 사람이 누구냐?" 13그러나 병이 나은 사람은 그 사람이 누구인지 알지 못했다. 이는 예수께서 거기에 있던 많은 사람들 속으로 살아지셨기 때문이었다.

14그 후에 예수께서 그 병 나은 사람을 성전에서 발견하고 그에게 말씀하셨다. "이제 보니 네가 나았구나. 다시는 죄를 짓지 마라라. 그러면 더 나쁜 일이 네게 일어나지 않을 것이다." 15그 사람이 떠나가서 유대인들에게 자기를 고친 사람은 예수였다고 말했다.

16이 이유로 유대인들이 예수를 박해하고 있었다. 이는 예수께서 안식일에 이런 일들을 하셨기 때문이었다. 17그러나 예수께서 그들에게 말씀하셨다. "내 아버지께서는 지금까지 일하고 계시고, 나도 일하고 있다."

하나님과 동등하신 예수

18이 일 때문에, 유대인들은 더욱 예수를 죽이려고 했다. 이는 그분이 안식일을 어겼을 뿐 아니라, 하나님을 그분의 아버지라고 부르며, 자신을 하나님과 동등하게 하셨기 때문이었다.

114 예수, 아들의 권능을 변호하심
(A.D. 29, 4월, 예루살렘)(요한복음 5:19-30)

19예수께서 그들에게 대답해, 말씀하셨다. "내가 진실로 진실로 너희에게 말한다. 아들은 자기 스스로의 뜻으로는 아무 것도 할 수 없다. 아들은 아버지께서 하시는 일을 보는 것만을 할 수 있다. 이는 무엇이든지 아버지께서 하시는 일은 아들도 그렇게 하기 때문이다. 20이는 아버지께서 아들을 사랑하셔서 그분 자신이 행하시는 모든 일을 아들에게 보여 주시기 때문이다. 그리고 아버지께서는 또 이것보다 더 큰 일을 아들에게 보여 주실 것이다. 그래서 너희가 놀랄 것이다. 21이는 아버지께서 죽은 자를 일으켜서 생명을 주신 것 같이, 아들도 자기가 원하는 사람에게 생명을 주기기 때문이다. 22이는 아버지께서는 누구도 심판하지 아니하시고, 아들에게 모든 심판을 맡기셨기 때문이다. 23그렇게 함으로써, 모든 사람이 아버지를 공경하는 것 같이, 아들을 공경할 수 있게 되었다. 아들을 공경하지 아니하는 자는 그분을 보내신 아버지도 공경하지 아니한다.

24"내가 진실로 진실로 너희에게 말한다. 내 말을 듣고, 또 나를 보내신 분을 믿는 사람은 영생을 얻는다. 그는 심판을 받지 않는다. 그는 사망에서 생명으로 옮겨간 것이다.

25"진실로 진실로 내가 너희에게 말한다. 죽은 자들[a]이 하나님의 아들의 음성을 들을 때가 오고 있으며, 바로 이때가 그 때이다. 그리고 이 음성을 듣는 자는 살 것이다. 26이는 아버지께서 아들 안에 생명을 가지고 계신 것 같이, 아버지께서는 아들에게도 그분 안에 생명을 가지도록 허락하셨기 때문이다. 27그리고 하나님은, 아들이 인자人子기이 때문에, 그분에게 심판할 수 있는 권

---

a) 영적으로 죽은 사람들

능을 주셨다. 28이것을 놀랍게 여기지 마라라. 이는 무덤 속에 있는 자들이 모두 아들의 음성을 듣고, 29선善을 행한 자는 생명의 부활로, 악한 일을 행한 자는 심판의 부활로 나올 것이기 때문이다. 30나는 아무 것도 내 스스로는 할 수 없다. 나는 하나님에게서 듣고, 심판한다. 그리고 내 심판은 의로운 판단이다. 이는 나는 내 자신의 뜻을 구하지 않고, 나를 보내신 분의 뜻을 구하기 때문이다.

115 예수에 대한 다섯 증언
(A .D. 29. 5월, 예루살렘)(요한복음 5:31-47)

예수의 증언

31"만일 내가 나 홀로 내 자신에 대해 증언한다면, 그 증언은 진실이 아니다.

세례자 요한의 증언

32나에 대해 증언하는 다른 사람이 있다. 그리고 나는 나에 대한 그의 증언이 참된 증언인 것을 알고 있다. 33너희가 요한에게 사람을 보냈을 때, 그가 진실을 증언했다. 34내가 받은 증언이 사람에게서 왔다는 것이 아니다. 그러나 나는 너희가 구원을 받을 수 있도록 하기 위해 이 말들을 하는 것이다. 35그는 불타면서 빛을 발하는 등불이었다. 그리고 너희는 한동안 그 빛 안에서 즐거워했다.

예수께서 하시는 일들의 증언

36그러나 나는 요한이 증언한 것보다 더 큰 증언을 가지고 있다. 이는 아버지께서 내게 주셔서 완성하도록 하신 일들, 곧 지금 바로 내가 하고 있는 일들이 아버지께서 나를 보내셨다는 것을 증언하고 있기 때문이다.

아버지의 증언

37"그리고 나를 보내신 아버지께서도 친히 나에 대해 증언하셨다. 너희는 그분의 음성을 들은 일이 없고, 그분의 형체를 본 일도 없다. 38그리고 그분의 말씀이 너희 안에 있지도 않다. 이것은 너희가 아버지께서 보내신 아들을 믿지 아니하기 때문이다.

성경의 증언

39"너희는 성경 안에서 영생을 얻을 것이라는 생각을 하기 때문에 성경을 뒤진다. 그러나 성경이 증언하고 있는 것은 나에 관해서이다. 40그런데도 너희는 영생을 얻기 위해 내게로 오는 것을 거절하고 있다. 41나는 사람으로부터는 영광을 받아들이지 않는다. 42그러나 나는 하나님을 사랑하는 마음이 너희 마음속에 없다는 것을 알고 있다. 43나는 내 아버지의 이름으로 왔다. 그런데 너희는 나를 영접하지 아니했다. 그러나 만일 다른 사람[a]이 자기 자신의 이름으로 온다면, 너희가 그를 받아 드릴 것이다. 44너희가 서로 서로에게서 영광을 주고받으면서도, 유일하신 하나님으로부터

---

a) 거짓 그리스도. 예수께서는 거짓 그리스도들이 많이 나타날 것이라고 예언하셨다(마태복음 24:24).

오는 영광은 구하려고 하지 않으니, 어찌 믿을 수 있겠느냐?

45"그러나 내가 너희를 하나님에게 고발한다고 생각하지는 마라. 너희를 비난하는 사람이 있다. 곧 너희가 희망을 가지고 있는 모세이다. 46이는 만일 너희가 모세를 믿었다면, 너희는 나도 믿었을 것이기 때문이다. 그는 나에 관해 성경에 기록했기 때문이다. 47그러나 너희가 그가 기록한 것을 믿지 않는다면, 어떻게 너희가 내 말을 믿을 것이냐?"

K. 예수, 다시 갈릴리로

116 정결과 부정不淨에 대하여
(A.D. 29, 5월, 갈릴리)(요한복음 7:1, 마가복음 7:1-16, 마태복음 15:12-20)

요한복음 7:1이 일이 있은 후에, 예수께서 갈릴리 지역을 다니셨다. 이는 유대인들이 그분을 죽이려고 했기 때문에, 예수께서 유대 지방을 다니는 것을 원하지 않으셨기 때문이었다.

마가복음 7:1바리새파 사람들이 예루살렘으로부터 올라 온 몇몇 율법학자들과 함께 와서 예수에게로 모였다. 2그들은 예수의 제자들 중 몇 사람이 부정한 손, 곧 씻지 아니한 손으로 빵을 먹는 것을 보았다. 3(바리새파 사람들과 모든 유대인들은 장로들의 전통을 지켜, 의식에 따라 손을 씻지 않으면 음식을 먹지 아니했다. 4그리고 그들은 장터에서 돌아왔을 때도 손을 씻지 않으면 먹지 아니했다. 그리고 그들은 그 외에도 잔과, 단지와, 놋그릇을 씻는 등 여러 다른 전통을 가지고 있었다.) 5그래서 바리새파 사람들과 율법학자들이 예수께 물었다. "어찌하여 당신의 제자들은 장로들의 전통을 지키지 아니하고, 씻지 않은 손으로 빵을 먹습니까?"

6예수께서 그들에게 대답하셨다. "이사야가 너희 위선자들에 대하여 잘 예언했다. 성경에 이렇게 기록되어 있다.

'이 백성이 입술로는 나를 공경하나,
그들의 마음은 내게서 멀리 떠나있다.
7그들이 사람의 계명을 교훈인 것 같이 가르치니,
나에 대한 그들의 예배가 헛된 일이다.'

8너희는 하나님의 계명은 제쳐두고 사람의 전통을 붙잡고 있다." 9예수께서 또 그들에게 말씀하셨다. "너희가 너희 자신들의 전통을 지키기 위해 하나님의 계명을 잘도 저버린다. 10모세는 '네 부모를 공경하라.' 고 하고, 또 '누구든지 자기 아버지와 어머니를 저주하는 사람은 반드시 죽을 것이다.' 라고 말했기 때문이다. 11그러나 너희는 이렇게 말한다. 곧, 만일 사람이 그의 아버지나 그의 어머니에게 '아버지나 어머니께서 내게서 받은 도움은 고르반(곧, 하나님께 드리는 예물)입니다'라고 말하기만 하면, 12너희는 그 사람이 자기 아버지나 어머니를 위해 더 이상 아무 일도 하지 아니해도 된다고 말한다. 13이렇게 하여 너희는 너희가 물려받은 전통으로 하나님의 말씀을 헛되게 하고 있다. 또 너희들은 이러한 일들을 많이 하고 있다."

14예수께서 다시 무리를 불러 그들에게 말씀하셨다. "너희는 모두 내 말을 듣고 깨달으라. 15사람 몸 밖에서 안으로 들어가서 그 사람을 더럽힐 수 있는 것은 아무 것도 없다. 오히려 사람에게서 나오는 것이 사람을 더럽히는 것이다. 16누구든지 귀를 가진 사람은 듣도록 하여라."

마태복음 15:12그 때 예수의 제자들이 와서 그분께 말했다. "바리새파 사람들이 이 말씀을 듣고 기분이 상했습니다." 13예수께서 말씀하셨다. "하늘에 계신 내 아버지께서 심지 아니한 나무는 다 뿌리가 뽑힐 것이다. 14그들을 내버려 두어라. 그들은 맹인들의 눈먼 안내자들이다. 만일 눈 먼 사람이 눈 먼 사람을 인도하면, 둘 다 구덩이에 빠질 것이다." 15그러자 베드로가 예수께 대답해 말했다. "이 비유를 우리에게 말씀해 주십시오."

16그래서 예수께서 말씀하셨다. "너희도 아직 깨닫지 못하느냐? 17너희는 아직도 무엇이든지 입으로 들어가는 것은 배로 들어가서 밖으로 배출되는 것을 알지 못하느냐? 18그러나 입에서 나오는 것들은 마음에서 나오는 것이며, 이것들이 사람을 더럽힌다. 19이는 마음에서 악한 생각과, 살인과, 간음과, 성적 불륜과, 도둑질과, 거짓 증언과, 비방이 나온다. 20이러한 것들이 사람을 더럽히는 것들이다. 그러나 씻지 않은 손으로 먹는 것이 사람을 더럽히는 것이 아니다."

117 가나안 여인의 청을 들어주심
(두로, 시돈)(마태복음 15:21-28, 마가복음 7:24-30)

21예수께서 그 곳을 떠나 두로와 시돈지방으로 가셨다. 22그 지역에 사는 한 가나안 여인이 예수께로 와서 울부짖으며, 말했다. "주, 다윗의 자손이시여, 저를 불쌍히 여기십시오. 제 딸이 심하게 귀신이 들렸습니다." 23그러나 예수께서는 그 여인에게 한 말씀도 하지 않으셨다. 그러자 제자들이 예수께 와서 청하여 말하기를, "그 여인을 돌려보내십시오. 여인이 따라오면서 울고 있습니다." 24예수께서 대답해, 말씀하셨다. "나는 이스라엘의 집의 잃어버린 양 이외에는 누구에게도 보냄을 받지 아니했다."

25그러나 여인이 와서 예수께 절하며, 말하기를, "주여, 저를 도와주십시오." 26예수께서 대답하여, 말씀하셨다. "아이들의 빵을 빼앗아 개들a)에게 던져주는 것은 옳지 않다." 27여인이 말하기를, "그렇습니다. 주여, 그러나 개들도 주인의 상에서 떨어지는 부스러기를 먹습니다."

28이에 예수께서 대답하시기를, "여자여 네 믿음이 크다. 네 소원대로 될 것이다." 그러자 여인의 딸이 바로 그 순간 나았다.

118 귀먹고 말 더듬는 사람을 고치심
(A.D. 29, 6월, 두로, 시돈, 갈릴리)(마가복음 7:31-37)

31예수께서 두로 지방에서 돌아오셔서 시돈을 거쳐 데가볼리 지방에 있는 갈릴리 바다로 가셨다. 32그 곳에서 사람들이 귀가 먹고 말을 잘 하지 못하는 한 사람을 예수께로 데리고 와서 그에게 손을 얹어 주실 것을 예수께 간구했다. 33예수께서 사람들을 떠나서 그 사람을 따로 데리고 가서 손가락을 그의 양 귀에 넣고, 자기 손에 침을 뱉어 그 사람의 혀에 갖다 대었다. 34예수께서 하

---

a) 유대인들은 이방인들을 '개'라고 부르며 멸시했다. 그러나 여기서 예수께서 말씀하시는 '개'는 집에서 키우는 개를 의미하며, 예수께서 그 여인에게 모욕을 주시려고 한 것이 아니고, 그 여인의 믿음을 시험한 것이다.

늘을 우러러 보시고 깊은 숨을 내쉬며, 그 사람에게 "에바다!" 라고 말씀하셨다. 이 말은 "열려라!" 라는 뜻이다.

35그러자 바로 그 사람의 귀가 열리고 혀의 맺힌 것이 풀려, 그가 분명하게 말을 했다. 36그리고 예수께서 사람들에게 이 일을 아무에게도 말하지 말라고 명령하셨다. 그러나 예수께서 그렇게 명령하시면 하실수록 사람들은 더 열심히 이 소식을 전했다.

37사람들이 크게 놀라 말했다. "예수께서 모든 일을 잘 행하셨다. 그분은 못 듣는 사람을 듣게 하시고, 말 못하는 사람을 말하게 하신다."

119 두 번째 빵의 기적 : 4천명을 먹이심
(A.D. 29, 7월, 가버나움, 벳세다)(마태복음 15:29-39, 마가복음 7:31-37, 8:1-10)

많은 사람을 고치시다

29예수께서 그곳을 떠나 갈릴리 호숫가로 가셨다. 그리고 산으로 올라가서 거기에 앉으셨다. 30그런데 큰 무리가 예수께로 왔다. 그들은 다리를 저는 사람과, 맹인, 지체 장애자와, 벙어리와, 또 다른 많은 사람들을 데리고 왔다. 그리고 그들은 예수의 발 앞에 그들을 엎드리게 했다. 예수께서 그들을 고치셨다. 31무리는, 벙어리가 말을 하고 장애인이 온전하게 되고 다리 저는 사람이 걷고, 맹인이 보는 것을 보고 깜짝 놀랐다. 그리고 무리는 이스라엘의 하나님께 영광을 돌렸다.

두 번째 빵의 기적: 4천명을 먹이시다

32예수께서 제자들을 불러 말씀하셨다. "내가 이 무리를 불쌍히 여긴다. 그들이 삼3일을 나와 함께 있었는데, 그들에게 먹을 것이 없었기 때문이다. 내가 그들을 굶겨 돌려보내고 싶지 않다. 그들이 가는 길에 쓰러질지도 모르기 때문이다." 33제자들이 예수께 말했다. "저희들이 이 빈 들에서 이렇게 큰 무리를 먹이는데 충분한 빵을 어디서 구하겠습니까?"

34예수께서 그들에게 말씀하셨다. "너희에게 빵이 얼마나 있느냐?" 그들이 말하기를, "일곱 개와 작은 물고기 몇 마리가 있습니다." 35그래서 예수께서 무리에게 땅에 앉으라고 말씀하셨다. 36예수께서 일곱 개의 빵과 물고기를 들고 감사기도를 드리고, 빵을 떼어 제자들에게 주셨다. 제자들은 이것을 무리에게 주었다. 37그들은 모두 먹고 만족했다. 그리고 제자들은 남은 조각을 일곱 바구니에 차게 거두었다. 38먹은 사람은 여자와 어린 아이들 외에도 남자가 4천 명이었다. 무리를 보내신 후, 예수께서는 배에 올라 마가단 지방으로 가셨다.

120 바리새파 사람들이 예수께 표적을 구함
(갈릴리 - 막달라)(마태복음 16:1-4, 마가복음 8:11-13)

1그 때에 바리새파 사람들과 사두개파 사람들이 와서 예수를 시험하기 위해, 하늘로부터 표적을 그들에게 보여줄 것을 그분에게 청했다. 2예수께서 그들에게 응답하셨다. "저녁이 되면, 너희는 '하늘이 붉기 때문에 내일은 날씨가 좋을 것이다.' 라고 말하고, 3아침에는 하늘이 붉고 흐리기 때문에 오늘은 날씨가 궂을 것이다.' 라고 말한다. 너희는 하늘의 징조는 분별할 줄 알지만, 시대의 표적은 분별할 줄 모르는구나. 4악하고 음란한 세대가 표적을 구하는

구나. 그러나 예언자 요나의 표적[a] 말고는 이 세대에 보여줄 어떤 표적도 없다." 그리고 예수께서는 그들을 떠나가셨다.

121 하늘로부터의 표적은 예수님 자신
(누가복음 11:29-36, 마태복음 12:38-42)

요나의 표적

29사람들이 주위로 모여들자 예수께서 말씀하기 시작하셨다. "이 세대는 악한 세대다. 그들이 표적을 요구하지만 요나의 표적[a] 외에는 아무 표적도 그들에게 줄 수 없다. 30이는 마치 요나가 니느웨 사람들에게 표적이 된 것과 같이, 인자가 이 세대의 표적이 될 것이기 때문이다. 31남쪽나라 여왕[b]이, 이 세대의 사람들을 심판할 때, 일어나서 그들을 정죄할 것이다. 이는 여왕이 솔로몬의 지혜를 듣기 위해 땅 끝에서 왔기 때문이다. 그리고 보아라, 여기에 솔로몬보다 더 큰 이[c]가 있다. 32니느웨 사람들은 이 세대를 심판할 때 일어나서, 그들을 정죄할 것이다. 이는 니느웨 사람들은 요나의 설교를 듣고 회개했기 때문이다. 그런데 여기에 있는 분은 요나보다 더 큰 분이다.

---

a) 요나가 큰 물고기 배속에서 3일 낮, 3일 밤을 보낸 것을 의미(마태복음 12:40). 이 표적은 예수께서 돌아가신 후 3일 만에 부활하실 것이라는 것을 예언하는 것이다. 요나의 표적은 또한 요나가 니느웨 사람들의 회개를 촉구하고 그들이 요나의 메시지에 응한 것을 의미하기도 한다.
b) 세바의 여왕(열왕기 상 10:1-13)
c) 예수

몸의 등불

33"누구든지 등불을 켜서 이를 숨겨진 곳에 두거나, 그릇 아래 두지 아니하고, 등경 위에 놓아, 들어오는 사람들이 빛을 볼 수 있게 한다. 34네 눈은 네 몸의 등불이다. 그러므로 네 눈이 건강하면, 네 온 몸이 빛으로 충만할 것이다. 그러나 네 눈이 나쁘면, 네 몸은 어둠으로 충만 할 것이다. 35그러므로 네 안에 있는 빛이 어둠이 되지 않도록 조심하여라. 36그래서 네 온 몸이 빛으로 충만하고 어두운 곳이 없으면, 환한 등불이 너를 환하게 비추는 것 같이 네 몸도 온전히 빛날 것이다."

122 바리새파 사람들의 누룩에 대한 경계
(가버나움, 벳세다)(마태복음 16:5-12, 마가복음 8:14-21)

5예수의 제자들이 호수 반대편으로 왔을 때, 그들은 빵을 가져오는 것을 잊었다. 6예수께서 그들에게 말씀하셨다. "경계하여라. 바리새파 사람들과 사두개파 사람들의 누룩을 조심하여라." 7제자들은 예수의 이 말씀은 "우리가 빵을 가져오지 안했기 때문이다."라고 그들 스스로 생각했다.

8그러나 예수께서 제자들의 생각을 아시고 그들에게 말씀하셨다. "이 믿음이 작은 자들아. 왜 너희는 빵을 가지고 오지 안했다는 것을 가지고 서로 논의 하느냐? 9너희는 아직도 깨닫지 못하느냐? 빵 다섯 개로 5천명을 먹이고도 몇 바구니를 채웠는지 너희는 기억하지 못하느냐? 10또 빵 일곱 개로 4천명을 먹이고, 몇 바구니를 너희가 거두었는지를 너희가 기억하지 못하느냐? 11내가 너희에게 빵에 대해 말하지 아니했다는 것을 너희가 어떻게 알지 못하느냐? 다만 바리새파 사람들과 사두개파 사람들의 누룩을 조심하여라. 12그때야 제자들은 예수께서 빵 만드는 누룩을 조심하라고 하신 말씀이 아니고, 그들의 가르침을 조심하라고 하신 말씀인 것을 알게 되었다.

123 벳세다에서의 맹인의 치유
(마가복음 8:22-26)

22그들은 벳세다에 도착했다. 사람들이 맹인 한 사람을 데리고 와서 예수께 그를 만져달라고 간청했다. 23예수께서 맹인의 손을 잡으시고 그를 마을 밖으로 데리고 나가셨다. 예수께서 맹인의 눈에 침을 뱉으시며 그에게 손을 얹으시고 "네가 무엇을 보느냐?" 하고 물으셨다. 24맹인이 쳐다보며 말했다. "내가 사람을 봅니다. 사람들이 나무가 걸어가는 것처럼 보입니다."

25그러자 예수께서 다시 맹인의 눈에 손을 올려놓으셨다. 그러자 그의 눈이 떠지고, 시력이 회복되었다. 그는 모든 것을 분명히 보았다. 예수께서 그를 집으로 보내면서 말씀하셨다. "동네로 들어가지 마라라."

124 베드로: '예수는 하나님의 아들, 그리스도'
(벳세다 - 빌립보, 가이사랴)(마태복음 16:13-20, 마가복음 8:27-30, 누가복음 9:18-21)

13예수께서 빌립보 가이사랴 지방으로 오셨을 때, 제자들에게 물으셨다. "인자가 누구라고 사람들이 말하느냐?" 14제자들이 말했다. "어떤 사람은 세례자 요한이라고, 어떤 사람은 엘리야라고, 또 어떤 사람은 예레미야 또는 예언자 중의 한 사람이라고 말합니다." 15예수께서 그들에게 말씀하셨다. "너희는 내가 누구라고 말하느냐?" 16시몬 베드고가 대답해 말했다. "주는 그리스도시오, 살아 계신 하나님의 아들이십니다."

17예수께서 그에게 대답해 말씀하셨다. "네가 복이 있다. 바요나 시몬아. 이는 혈육이 이것을 네게 알려 준 것이 아니고, 하늘에 계신 내 아버지이시기 때문이다.

'내가 반석 위에 교회를 세울 것이다'

18"내가 또 네게 말한다. 너는 베드로[a]이다. 내가 이 반석 위에 내 교회를 세울 것이다. 죽음의 세력이 이것을 이기지 못할 것이다. 19내가 하늘 나라의 열쇠를 네게 줄 것이다. 무엇이든지 네가 땅에서 묶는 것은 하늘에서도 묶일 것이요, 무엇이든지 네가 땅에서 푸는 것은 하늘에서도 풀릴 것이다.[b]" 20그리고 예수께서 제자들에게 명령하여 그분이 그리스도이라는 것을 누구에게도 말하지 않도록 하셨다.

125 예수, 자신의 수난과 죽음, 부활에 관해 말씀하심
(가이사라 빌립보, 가버나움)(마태복음 16:21-23, 마가복음 8:31-33, 누가복음 9:22)

21그때부터 예수께서는 자신이 예루살렘에 가야하며, 장로들과, 대제사장들과, 율법학자들로부터 많은 고통을 받아야 하며,

---

[a] 베드로는 반석Rock이라는 뜻이다. 그는 복음 전파를 통해, 하늘 나라에 들어가는 것을 허락하는 권한(열쇠)을 부여받았다.

[b] 베드로는 율법에 따라 교회 안에서 무엇이 허락되며, 무엇이 허락되지 않는지를 - 최후의 결정은 예수께 있으나(행1:18), - 결정하는 권한을 가졌다(마태복음 18:18, 요한복음 20:23).

또 죽임을 당할 것이지만, 3일 째 되는 날에 다시 살아나게 되실 것이라는 것을 제자들에게 밝히기 시작하셨다. 22그리고 베드로가 예수를 옆으로 모시고, "주님, 그것은 주님에게서 먼 일입니다. 이런 일이 결코 주님께 일어나지 않을 것입니다." 라고 말하면서 그분에게 항변하기 시작했다.

23그러나 예수께서 돌아서, 베드로에게 말씀하셨다. "사탄아, 내 뒤로 물러서라! 너는 나에게는 걸림돌이다. 이는 네가 하나님의 일에는 마음을 두지 않고, 사람의 일에 마음을 두기 때문이다."

126 예수를 따르는 조건
(A.D. 29. 8월 가버나움)(마태복음 16:24-28, 마가복음 8:34-37; 누가복음 9:23-25)

24그리고 예수께서 제자들에게 말씀하셨다. "누구든지 나를 따라오려면, 그로 하여금 자신을 부인하고, 자기 십자가를 지고, 나를 따르도록 하여라. 25이는 누구든지 제 목숨을 구원하려고 하면, 목숨을 잃을 것이요, 그러나 누구든지 나를 위해 제 목숨을 잃으려고 하면, 목숨을 찾을 것이기 때문이다. 26사람이 만일 온 천하를 얻고, 제 목숨을 잃으면, 그것이 그에게 무슨 유익이 되겠느냐? 또는 사람이 자기 목숨을 대신하여 무엇을 줄 수 있겠느냐? 27이는 인자가 그분의 아버지의 천사들과 함께 그분의 영광 속에서 올 것이기 때문이다. 그때 인자가 사람이 행한 대로 각자에게 갚아줄 것이다. 28내가 진실로 너희에게 말한다. 여기 서 있는 사람 중에서 몇몇 사람은, 그들이 인자가 그분의 나라에 오시는 것을 보기 전에는, 죽음을 경험하지 아니할 것이다.

127 예수의 영광스러운 변모
(가버나움 - 다보산)(마태복음 17:1-13, 마가복음 9:2-3, 누가복음 9:28-36)

1그리고 6일 후에 예수께서 베드로와, 야고보와, 야고보의 동생 요한을 데리고 따로 높은 산으로 올라가셨다. 2예수께서 그들 앞에서 모습을 바꾸셨다. 그분의 얼굴이 해같이 빛났고, 그 분의 옷은 빛과 같이 희게 되었다. 3그리고 보라, 모세와 엘리야가 그들에게 나타나서 예수와 얘기하고 있었다. 4베드로가 예수께 대답해, 말했다. "주여, 우리가 여기 있는 것이 좋습니다. 만일 주께서 원하시면, 나로 하여금 여기에 초막 셋을 짓게 하십시오. 하나는 주님을 위해, 하나는 모세를 위해, 그리고 하나는 엘리야를 위해서입니다."

5아직도 베드로가 말을 하고 있는 동안에, 보라, 밝은 구름이 그들을 에워쌌다. 그리고 구름에서 이런 소리가 들려 왔다. "이는 내가 사랑하는 아들이다. 나는 그를 매우 기뻐한다. 그분의 말을 들으라." 6제자들이 이 소리를 듣고 얼굴을 숙이고 엎드려 크게 놀랐다. 7그러나 예수께서 오셔서 그들에게 손을 대시고 말씀하셨다. "일어나라. 두려워하지 마라라." 8그래서 제자들이 눈을 떴을 때, 그들은 예수 외에는 아무도 보지 못했다.

9그들이 산에서 내려오고 있는데, 예수께서 그들에게 명령하시며 말씀하셨다. "인자가 죽은 자 가운데서 살아나기 전에는 너희들이 본 것을 누구에게도 말하지 마라라." 10제자들이 예수께 물었다. "그러면 어찌하여 율법학자들은 엘리야가 먼저 와야 한다고 말합니까?"

11예수께서 그들에게 대답해 말씀하셨다. "진실로 엘리야가 와서 모든 일을 회복시킬 것이다. 12그러나 내가 너희에게 말한다. 엘리야가 이미 왔으나, 사람들이 그를 알지 못하고, 무엇이든지 그들이 좋아하는 것을 그에게 행하였다. 이와 같이, 인자도 그들의 손에 고난을 받을 것이다." 13그때서야 제자들은 예수께서 그들에게 세례자 요한에 대하여 말씀하셨다는 것을 깨달았다.

128 귀신들린 아이의 치유
(다보산 - 가버나움)(마가복음 9:14-29, 마태복음 17:14-21, 누가복음 9:37-42)

14예수께서 제자들에게 돌아와서 보니, 큰 무리가 그들을 둘러싸고 있었고, 율법학자들이 그들과 논쟁을 하고 있었다. 15온 무리가 예수를 보자, 매우 놀라서 달려와서 그분을 맞이했다. 16예수께서 율법학자들에게 물으셨다. "너희가 그들과 무슨 일로 논쟁을 하고 있느냐?"

17그러자 무리 중의 한 사람이 대답해 말했다. "선생님, 내가 내 아들을 데리고 왔습니다. 이 아이는 말을 못하게 하는 더러운 귀신이 들려 있습니다. 18귀신이 이 아이를 사로잡기만 하면, 언제나 아이를 땅에 내 던집니다. 아이는 입에서 거품을 흘리고, 이齒牙를 갈면서 온 몸이 뻣뻣하게 굳습니다. 내가 선생님의 제자들에게 그 귀신을 내쫓아달라고 했으나, 그들이 하지 못했습니다."

19예수께서 그에게 대답하셨다. "이 믿음 없는 세대야! 내가 얼마나 오랫동안 너희와 함께 있어야 하겠느냐? 내가 얼마나 오래 동안 너희에게 참아야 하겠느냐? 그 아이를 내게로 데리고 오너라." 20그래서 사람들이 그 아이를 예수에게로 데리고 왔다. 귀신이 예수를 보자 곧 아이에게 경련을 일으키게 했다. 아이가 땅에 넘어져 뒹굴며 입에서 거품을 흘렸다. 21그래서 예수께서 아이의 아버지에게 물으셨다. "얼마나 오래 동안 이 일이 이 아이에게 일어나고 있느냐?" 그가 대답했다. "어릴 때부터입니다. 22귀신이 그 아이를 죽이려고 그 아이를 불 속이나 물속으로 집어던진 일도 있습니다. 그러나 당신께서 무엇이라도 하실 수 있으시면, 우리를 불쌍히 여기시고 도와주시기 바랍니다."

23예수께서 그에게 말씀하셨다. "당신께서 하실 수 있으면이라니? 믿는 자에게는 모든 일이 가능하다." 24그러자 곧 바로 아이의 아버지가 소리를 지르며 말했다. "내가 믿습니다. 내 믿음 없음을 도와주십시오!" 25예수께서 무리가 이 광경을 보고 달려오는 것을 보시고, 더러운 귀신을 꾸짖으셨다. "너 말 못하고 듣지 못하는 귀신아, 내가 네게 명하니 그 아이에게서 나오라. 그리고 다시는 그 아이에게로 들어가지 마라라." 26귀신이 소리를 지르며, 아이에게 심한 경련을 일으키고는 아이에게서 나왔다. 그 아이가 죽은 사람같이 거기에 누워 있었다. 그래서 많은 사람들이 "그가 죽었다."고 말했다. 27그러나 예수께서 아이의 손을 잡고 일으키셨다. 그랬더니 아이가 일어섰다.

28예수께서 집안으로 들어가신 후에 제자들이 그분께 조용히 물었다. "우리는 어찌하여 귀신을 쫓아낼 수 없었습니까?" 29예수께서 말씀하셨다. "이런 귀신은 기도와 금식 외에 다른 것으로는 쫓아낼 수 없다."

129 예수, 두 번째로 자신의 수난과 죽음, 부활을 예언하심
(A.D. 29, 8월, 다보산 - 막달라, 갈릴리)(마가복음 9:30-32, 마태복음 17:22, 23, 누가복음 9:43-45)

30그들은 그 곳을 떠나 갈릴리를 통과해 지나갔다. 예수께서는 누구도 이것을 아는 것을 원하지 아니하셨다. 31이는 예수께서 제자들을 가르치면서 이렇게 말씀하셨기 때문이었다. "인자는 사람들의 손에 넘겨질 것이다. 그리고 그들이 그분을 죽일 것이다. 그분이 죽임을 당하신 후, 3일 째 되는 날에 그분이 살아나실 것이다." 32그러나 제자들은 이 말씀을 이해하지 못했으며, 그분께 물어보는 것을 두려워했다.

130 성전세聖殿稅에 관한 교훈
(가버나움)(마태복음 17:24-27)

24그들이 가버나움에 왔을 때, 반半 세겔[a]의 성전세[b]를 징수하는 사람들이 베드로에게 와서 말했다. "당신의 선생은 성전 세를 내지 않습니까?" 25베드로는 "내신다."고 대답했다. 베드로가 집에 도착하자, 예수께서 먼저 말씀하시기를, "시몬아, 너는 어떻게 생각하느냐? 세상의 왕들이 누구에게서 관세와 세금을 징수하느냐? 그들의 아들로부터냐, 또는 다른 사람들로부터냐?" 26베드로가 "다른 사람들로부터입니다."라고 말했다. 예수께서 그에게 말씀하시기를, "그렇다면, 아들들은 세금이 면제되는 것이구나. 27그러나 우리가 그들의 비위를 건드리지 않기 위해, 바다로 가서 낚시 줄

---

a) 그리스의 은전 단위, 2일간의 노동의 임금
b) 20세 이상의 유대인이 성전을 위해 내는 세금

을 던져 처음 잡히는 고기를 잡아라. 그리고 고기의 입을 열어라. 그러면 네가 한 세겔을 발견할 것이다. 이것을 가져다가 나와 네 세금 몫으로 그들에게 주어라."

131 겸손에 관하여
(마가복음 9:33-37, 마태복음 18:1-5, 누가복음 9:46-48)

33예수와 제자들은 가버나움에 도착했다. 예수께서 집 안에 계실 때, 제자들에게 물으셨다. "우리가 오는 도중에 너희가 무엇을 논의했느냐?" 34그러나 제자들은 말이 없었다. 이는 그들이 오는 중에 누가 가장 큰 사람이냐 하는 문제로 논쟁을 했기 때문이었다.

35예수께서 자리에 앉으셔서 열두 제자를 불러, 말씀하셨다. "누구든지 첫째가 되기를 원하면, 모든 사람의 꼴찌가 되어야 하고, 모든 사람의 봉사자가 되어야 한다." 36예수께서 한 아이를 데려다가 그들 가운데 세우셨다. 그리고 예수께서 그 아이를 팔로 안으시며 제자들에게 말씀하셨다. 37"누구든지 내 이름으로 이런 아이 하나를 영접하는 사람은 곧 나를 영접하는 것이고, 누구든지 나를 영접하는 사람은 나를 영접하는 것이 아니고 나를 보내신 분을 영접하는 것이다."

132 관용에 관하여
(가버나움)(마가복음 9:38-41, 누가복음 9:49-50)

38요한이 예수께 말했다. "선생님, 어떤 사람이 선생님의 이름으로 귀신을 쫓는 것을 우리가 보았습니다. 그는 우리를 따르는 자가 아니기 때문에, 우리가 그에게 그렇게 하지 못하게 했습니다." 39그러나 예수께서 말씀하셨다. "못하게 하지 마라라. 이는 내 이름으로 기적을 행하는 사람이 곧바로 나에 대해 나쁘게 말할 수 는 없을 것이기 때문이다. 40이는 우리를 반대하지 않는 사람은 우리 편이기 때문이다. 41내가 진실로 너희에게 말한다. 누구든지, 너희가 그리스도에 속한 사람이라는 이유로, 내 이름으로 너희에게 물 한잔이라도 주는 사람은 결코 그가 받을 상을 잃지 아니할 것이기 때문이다.

133 죄에 대한 유혹의 경계
(가버나움)(마가복음 9:42-50, 마태복음 18:6-9, 누가복음 17:1-2)

42"또 구두든지 나를 믿는 이 작은 아이들 중 하나라도 죄를 짓게 하는 사람은 큰 맷돌을 그의 목에 매여, 바다에 던져지는 것이 그를 위해 더 나을 것이다. 43만일 너희 손이 너희를 죄짓게 하면, 손을 잘라버려라. 너희가 불구자로 생명에 들어가는 것이 두 손을 가지고 지옥, 곧 꺼지지 않는 불로 들어가는 것보다 더 낫다. (44 없음) 45"만일 너희 발이 너희를 죄짓게 하면, 발을 잘라버려라. 너희가 저는 다리로 생명에 들어가는 것이 두 발을 가지고 지옥에 던져지는 것보다는 더 낫다. (46 없음) 47만일 너희 눈이 너희를 죄짓게 하면, 눈을 빼버려라. 너희가 한 눈으로 하나님의 나라에 들어가는 것이 두 눈을 가지고 지옥에 던져지는 것보다는 더 낫다. 48거기는 벌레도 죽지 않고 불도 꺼지지 않는 곳이다. 49이는 모든 사람이 소금처럼 불에 절여질 것이기 때문이다. 50소금은 좋은 것이지만, 소금이 그 짠 맛을 잃으면, 무엇으로 너희가 이를

다시 짜게 할 수 있겠느냐? 너희 자신 가운데 소금을 가지고 있도록 하여라. 그리고 서로 화목하여라."

134 잃어버린 양
(가버나움)(마태복음 18:10-14)

10이 작은 사람들 중 한 사람도 업신여기지 마라라. 이는 내가 너희에게 말하는데, 하늘에서 그들의 천사가 하늘에 계신 내 아버지의 얼굴을 항상 보고 있기 때문이다. **(11 없음)** 12너희는 어떻게 생각하느냐? 어떤 사람이 양 100마리를 가지고 있는데, 그 중 한 마리가 길을 잃었으면, 그 사람이 아흔아홉99 마리를 산에 두고, 길을 잃어버린 그 한 마리의 양을 찾기 위해 나서지 않겠느냐? 13그리고 만일 그가 잃었던 양을 찾았다면, 내가 진실로 너희에게 말하는데, 그가 잃어버리지 않은 아흔 아홉 마리보다 찾은 한 마리 양을 더 기뻐할 것이다. 14이와 같이 이 작은 것 중의 하나라도 잃는 것은 하늘에 계신 너희 아버지의 뜻이 아니다.

135 공동체 내의 훈도와 기도
(가버나움)(마태복음 18:15-17 누가복음 17:3-4)

15"네 형제가 네게 죄를 지으면, 그에게 가서 너와 그와의 사이에서 그의 잘못을 그에게 말하여라. 그가 네 말을 들으면, 너는 네 형제를 얻은 것이다. 16그러나 만일 그가 네 말을 듣지 않으면, 한, 두 사람을 너와 함께 데리고 가거라. 그렇게 하면 모든 말이 둘, 또는 세 사람의 증인의 입으로 증명될 수 있을 것이다. 17만일 그가 그들의 말을 듣는 것을 거부하면, 교회에 말하여라. 만일 그

가 교회의 말조차도 듣기를 거부하면, 너는 그가 너에 대하여 이방인이나 세리처럼 되게 하여라.

136 용서에 대하여
(가버나움)(마태복음 18:18-22)

18"내가 진실로 너희에게 말한다. 무엇이든지 너희가 땅에서 묶는 것[a]은 하늘에서 묶일 것이다. 그리고 너희가 무엇이든지 땅에서 푸는 것[b]은 하늘에서 풀릴 것이다.

19"내가 다시 너희에게 말한다. 만일 땅에 있는 너희 두 사람이 어떤 것이든지 그들이 요구하는 것에 대하여 합의하면, 하늘에 계신 내 아버지께서 그들을 위해 그렇게 해 주실 것이다. 20이는 두, 세 사람이 내 이름으로 모이는 곳에는 내가 거기 그들 가운데 있기 때문이다."

21그 때 베드로가 예수께로 나아와서 말했다. "주여, 내 형제가 얼마나 자주 내게 죄를 지을 수 있으며, 내가 그를 얼마나 자주 용서해야 합니까? 일곱 번까지입니까?" 22예수께서 그에게 말씀하셨다. "내가 네게 일곱 번이라고 말하지 않고, 일곱 번을 일흔 번이라고 말한다."

137 빚진 종의 비유
(마태복음 18:23-35)

23그러므로 하늘 나라는 그의 종들과 셈을 치르려고 하는 왕과

---

a) 용서하지 않은 것을 의미
b) 용서하는 것을 의미(123 참조)

비교할 수 있을 것이다. 24왕이 셈을 치르기 시작했을 때, 왕에게 1만 달란트[a]의 빚을 진 종이 왕에게로 불려왔다. 그런데 그가 빚을 갚을 수 없었기 때문에, 그의 주인은 그 종에게 자신과, 25그의 아내와, 그의 자식들과, 그 밖에 그의 모든 소유물을 팔아서 빚을 갚도록 명령했다. 26그랬더니 그 종이 무릎을 꿇고 엎드려 간청하기를, '내게 참아 주십시오. 내가 주인께 다 갚겠습니다.' 27종의 주인이 그 종을 불쌍히 여겨 종을 놓아 보내고, 그 빚을 탕감해 주었다.

28그러나 그 종이 나가서, 그에게 100 데나리온[b]의 빚을 진 동료 종, 한 사람을 만나자, 그를 붙잡아 멱살을 잡고 '내게 빚진 것을 갚으라.'고 소리를 쳤다. 29그 동료 종이 무릎을 꿇고 엎어드려 '좀 참으라. 내가 갚겠다.'고 애걸했다. 30그러나 그는 이를 거절하고 그가 빚을 갚을 때까지 그를 감옥에 가두었다. 31그의 동료 종들이 일이 이렇게 된 것을 보고 매우 실망했다. 그리고 그들은 주인에게 가서 일어난 일을 모두 보고했다. 32그러자 주인은 그 종을 불러 말하기를, '이 악한 종아, 네가 나에게 간청했기 때문에, 내가 네 빚을 다 탕감해 주었다. 33내가 너를 불쌍히 여긴 것 같이, 너도 네 동료 종을 불쌍히 여겼어야 마땅하지 않느냐?' 34그리고 주인은 노하여 그 종이 그에게 진 빚을 다 갚을 때까지 그를

---

a) 신약시대의 화폐단위; 한1 달란트는 은銀 34kg에 해당, 1만 달란트는 한 사람의 노동자의 20년간의 임금에 해당.
b) 노동자의 20주의 임금에 해당
주: 주인에게 빚진 두 종의 이야기는 첫째 하나님의 구원의 선물은 한량없이 크다는 것이며, 둘째로는 사람이 다른 사람에게 동등하게 자비롭지 않으면, 하나님의 자비가 그에게는 없으며 그 사람 자신이 그 빚(결과)에 대해 책임을 져야 한다는 것이다.

형리刑吏에게 넘겼다. 35그러므로 만일 너희 각자가 너희 마음으로부터 너희 형제를 용서하지 아니하면, 하늘에 계신 내 아버지께서도 너희에게 이렇게 하실 것이다."

L. 예루살렘으로 가는 여정
(누가복음 9:51-19:27)

138 예루살렘으로 가시기로 마음을 굳히심
(A.D. 29. 9월, 가버나움 - 나사렛)(누가복음 9:51)

51예수께서 하늘로 들려 올라가실 날들이 가까워지자, 그분께서 예루살렘으로 가시기 위해 그곳을 향해 그분의 얼굴을 돌리셨다.[a]

139 예수를 따르는 대가
(누가복음 9:57-62, 마태복음 8:19-22)

57그들이 길을 가고 있을 때, 한 사람이 예수께 말했다. "선생님이 가시는 곳이라면 내가 어디든지 선생님을 따라가겠습니다." 58예수께서 그에게 말씀하셨다. "여우에게도 굴이 있고, 하늘의 새에게도 보금자리가 있지만, 인자는 어디에도 머리 둘 곳이 없다." 59예수께서 또 다른 사람에게 "나를 따르라."고 말씀하셨다. 그러나 그 사

---

[a] 예루살렘으로 가시기로 마음을 굳히셨다는 의미.
주: 예루살렘으로 가시는 여정(누가복음 9:51-19:27)은 예루살렘에서 일어날 최후의 수난, 십자가 처형, 부활 및 승천을 지목한다. 그러나 예루살렘으로 가는 여정은 직행하는 길이 아니었으며, 이 여정 중에 일어났다고 누가복음이 기록하고 있는 모든 일들이 반드시 이 여정 중에 일어났었는지는 명확하지 않다.

람이 말했다. "나로 하여금 먼저 가서 내 아버지의 장례를 치르게 하십시오."

60예수께서 그에게 말씀하셨다. "죽은 자들로 하여금 그들 자신의 죽은 자들을 장사지내게 하여라. 너는 가서 하나님 나라를 선포여하라."

61그런데 다른 사람이 말했다. "주여, 내가 주를 따르겠습니다. 그러나 먼저 나로 하여금 내 가족들에게 작별인사를 하게 하십시오." 62예수께서 그에게 말씀하셨다. "누구든지 쟁기에 그의 손을 올려놓고 뒤를 돌아다보는 사람은 하나님 나라에 합당하지 못하다."

140 갈릴리 성읍들에 내릴 재앙
(마태복음 11:20-24, 누가복음 10:13-15)

20그런 후에 예수께서는 그분이 기적을 가장 많이 행하셨던 마을들을 꾸짖기 시작하셨다. 이는 사람들이 죄를 회개하지 아니했기 때문이었다. 21"고라신아, 너에게 화가 있을 것이다. 벳새다야, 너에게 화가 있을 것이다. 이는 만일 너희 마을에서 행하여진 기적들이 두로와 시돈에서 행하여졌더라면, 그들이 오래전에 베옷을 입고 재속에 앉아 회개했을 것이기 때문이다. 22그러나 내가 너희에게 말한다. 심판 날에 두로와 시돈이 너희들보다 더 견디기 쉬울 것이다." 23그리고 너, 가버나움아, 네가 하늘까지 높아질 것이냐? 너는 지옥으로 내려오게 될 것이다. 이는 만일 네 안에서 행하여진 기적들이 소돔에서 행하여졌더라면, 그 마을이 오늘날에도 존재하고 있었을 것이기 때문이다. 24그러나 내가 너희에게 말한다. 심판 날에 소돔 땅이 너보다 더 견디기 쉬울 것이다."

141 사마리아에서 환영을 받지 못한 예수
(누가복음 9:52-56)

52예수께서 자신에 앞서 사자使者들을 먼저 보내셨다. 그들이 가서 예수님을 위한 준비를 하기 위해 사마리아 사람들의 한 마을에 들어갔다. 53그러나 그들은 예수의 얼굴이 예루살렘을 향하고 있었기 때문에, 그분을 받아들이지 아니했다. 54그분의 제자인 야고보와 요한이 이것을 보고 말했다. "주여, 당신께서 우리들에게 명하여 하늘에서 불이 내려오게 하여, 그들을 멸망시키시기를 원하십니까?" 55그러나 예수께서는 뒤돌아보시고 그들을 꾸짖으셨다. 56그리고 그들은 다른 마을로 갔다.

142 70명의 제자 파송
(누가복음 10:1-12, 16)

1그 후 주께서 70명의 다른 제자들을 임명하시고, 그분께서 가시려고 하는 각 마을과 지역에 두 사람씩을 자신보다 먼저 보내셨다. 2그리고 주께서 그들에게 말씀하셨다. "추수할 것은 풍족한데 일꾼이 적구나. 그러므로 추수를 주관하는 주에게 일꾼들을 그분의 추수하는 들로 보내도록 청하여라. 3너희 길을 가거라. 보아라. 내가 너희를 양들처럼 이리들 속으로 보내고 있다. 4돈주머니도, 여행보따리도, 신발도 가지고 가지 말 것이며, 길에서 누구에게도 인사하지 마라라. 5어떤 집에 들어가더라도, 먼저 이 집에 '평화가 있기를'이라고 말하여라. 6만일 그 집에 평화를 찾는 사람이 있으면, 너희가 말한 '평화'가 그와 함께 머물 것이요, 만일 그렇지 않으면 '평화'가 네게로 돌아 올 것이다. 7그 집에 머물면서 그들이 주는 것을 먹고 마셔라. 일꾼은 그의 품삯을 받기에 합당하기 때문이다. 이 집에서 저 집으로 옮겨 다니지 마라. 8너희가 어느 마을로 들어가든지, 그들이 너희를 영접하면, 너희 앞에 차려진 음식을 먹어라. 9그 곳에 있는 병자를 고쳐주어라. 그리고 그들에게 '하나님 나라가 너에게 가까이 왔다'고 말하여라. 10그러나 너희가 어느 마을에 들어가든지 그들이 너희를 영접하지 않으면, 거리로 나가 이렇게 말하여라. 11'우리 발에 달라붙은 너희 마을의 먼지까지도 떨어버리고 간다. 그럼에도 불구하고 이것, 곧 하나님 나라가 가까이 왔다는 것을 알아라.' 12내가 너희에게 말한다. 그 날a)에 소돔이 그 마을보다 견디기 쉬울 것이다.

16"누구든지 너희 말을 듣는 사람은 내 말을 듣는 것이요, 너희를 배척하는 사람은 나를 배척하는 것이다. 그리고 나를 배척하는 사람은 나를 보내신 그분을 배척하는 것이다."

143 제자들이 돌아오다
(사마리아 - 여리고)(누가복음 10:17-20)

17칠 십 명이 기쁨에 넘쳐 돌아왔다. 그들이 말했다. "주여, 당신의 이름 안에서는 귀신들까지도 우리에게 복종합니다." 18예수께서 그들에게 말씀하셨다. "사탄이 하늘에서 번개처럼 떨어지는 것을 내가 보았다. 19기억하여라. 내가 너희에게 뱀과, 전갈과, 그

---

a) 최후의 심판의 날

리고 원수의 모든 힘을 짓밟을 수 있는 권한을 주었다. 그리고 어떤 것도 너희를 해치지 못할 것이다. 20그럼에도 불구하고 귀신들이 너희에게 복종하는 것을 기뻐하지 마라라. 그러나 너희 이름이 하늘에 기록되어 있는 것을 기뻐하여라."

144 "수고하고 무거운 짐 진 자들아, 다 내게로 오라"
(사마리아 - 여리고)(마태복음 11:25-30, 누가복음 10:21-22)

25그 때에 예수께서 말씀하셨다. "천지의 주님이신 아버지, 당신께서 이러한 일들을 지혜롭고 슬기로운 자들에게는 숨기시고, 어린 아이들에게 나타나게 하셨음을 감사합니다. 26그렇습니다. 아버지, 이렇게 하신 것은 아버지의 뜻입니다. 27모든 일이 내 아버지에 의해 맡겨졌습니다. 아버지 외에 아들을 아는 사람은 아무도 없습니다. 그리고 아들과 그 아들이 아버지를 들어내 보이려고 하는 사람 외에는 아버지를 아는 사람은 아무도 없습니다.

28모두 내게로 오너라. 수고하고 무거운 짐 진 자들아. 내가 너희에게 쉼을 줄 것 것이다. 너희가 내 멍에를 지고 나에게서 배우라. 29이는 나는 마음이 온유하고 겸손하기 때문이다. 그리하면 너희가 너희 영혼의 쉼을 얻을 것이다. 30이는 내 멍에는 힘들지 않으며, 내 짐은 가볍기 때문이다."

145 제자들을 위한 축복 선언
(A. D. 29, 10월, 여리고)(누가복음 10:23-24)

23그리고 예수께서는 제자들을 향하여 따로 말씀하셨다. "너희가 보는 것ᵃ⁾을 보는 눈은 행복하다.ᵇ⁾ 24이는 내가 너희에게 말하는데, 많은 예언자들과 왕들이 너희들이 보고 있는 것을 보려고 했으나, 그것을 보지 못했으며, 또 너희들이 듣고 있는 것을 들으려고 했으나, 듣지 못했기 때문이다."

146 선한 사마리아인의 비유
(누가복음 10:25-37, 마태복음 23:34-40, 마가복음 12:28-34)

25한 율법학자가 일어나 예수를 시험하기 위해 물었다. "선생님, 내가 영생을 얻기 위해 무엇을 해야 합니까?" 26예수께서 그에게 대답하셨다. "율법에 무엇이라고 기록되어 있느냐? 네가 그것을 어떻게 읽고 있느냐?" 27율법학자가 대답해 말했다. '너희는 네 모든 마음을 다하고, 네 모든 목숨을 다하고, 네 모든 힘을 다하고, 네 모든 뜻을 다하여 주, 네 하나님을 사랑하여야 한다. 그리고 네 이웃을 네 몸과 같이 사랑하여야 한다.' 고 기록되어 있습니다."(신명기 6:5)

28예수께서 그에게 말씀하셨다. "네가 정확하게 대답했다. 그대로 행하여라. 그러면 네가 살 것이다." 29그러나 율법학자는 자신을 정당화하기 위해 예수께 말했다. "그러면 누가 제 이웃입니까?"

30예수께서 대답해 말씀하셨다. "어떤 사람이 예루살렘에서 여리고로 내려가고 있었다. 그런데 그가 강도들을 만났다. 강도들은 그의 옷을 벗기고, 그를 때려서 거의 죽게 된 그를 버려두고 떠났다. 31우연히 어떤 제사장이 그 길을 내려가는 중 이었다. 그는

---

a) 하나님께서 약속하신 일들이 예수 그리스도 안에서 이루어지는 것을 의미
b) 'Blessed are the eyes which see what you see.'

그 사람을 보고 길 다른 쪽으로 지나갔다. 32이처럼 한 레위 사람도 그 곳에 이르러 그 사람을 보고, 길 다른 쪽으로 지나갔다. 33그러나 한 사마리아 사람이, 여행 중에, 그 사람이 있는 곳에 이르렀다. 그리고 그가 그 사람을 보고 불쌍한 마음이 들었다. 34그가 그 사람에게로 가서 상처에 기름과 포도주를 붓고 싸매주었다. 그리고 그는 그 사람을 그의 나귀에 태워서 여관으로 데려가서 보살펴 주었다. 35다음 날 그 사마리아 사람은 두 데나리온[a]을 꺼내어 여관 주인에게 주며 이렇게 말했다. '이 사람을 돌보아 주십시오. 만일 당신이 무엇이든지 더 많이 사용하면, 내가 돌아올 때 내가 당신에게 갚아 줄 것이오.' 36그러면, 너는 이 세 사람 중에서 누가 강도 만난 사람의 이웃이라고 생각하느냐?" 37율법학자가 말했다. "그 사람에게 자비를 베푼 사람입니다." 예수께서 그에게 말씀하셨다. "가서 그 사람이 한 것 같이 하여라."

147 예수, 마르다와 마리아를 방문하심
(누가복음 10:38-42)

38예수께서 제자들과 함께 길을 가시다가 한 마을에 들어가셨다. 그 곳에서 마르다라고 하는 한 여인이 예수를 그녀의 집으로 모셨다. 39마르다에게는 마리아라고 하는 여동생이 있었다. 마리아는 주님의 발 옆에 앉아 그분의 말씀을 들었다. 40그러나 마르다는 여러 가지 시중드는 일로 주의가 산만했다. 그래서 마르다는 예수에게로 가서 말했다. "주여, 내 동생이 시중드는 일을 나

---

a) 2일간의 임금

혼자에게만 맡겼는데도 주께서는 개의치 않으십니까? 그녀에게 나를 도와주도록 말씀해 주십시오." 41그러나 주께서 마르다에게 말씀하셨다. "마르다야, 마르다야, 네가 많은 일로 염려하고 걱정하는구나. 42그러나 필요한 것은 오직 한 가지뿐이다.[a] 마리아가 옳을 것을 선택했다. 그것을 마리아에게서 빼앗아 가서는 안 될 것이다."

148 기도를 가르치심
(A.D. 29. 10월 베다니 - 올리브산)(누가복음 11:1-2, 마태복음 6:7-15)

누가복음 11:1한번은 예수께서 어느 한 곳에서 기도하고 계셨다. 예수께서 기도를 마치자, 제자들 중 한 사람이 말했다. "주여, 요한이 그의 제자들에게 가르쳐 준 것 같이, 우리들에게 기도를 가르쳐 주십시오." 2예수께서 제자들에게 말씀하셨다.

마태복음 6:7"기도를 할 때는, 이방사람들이 하는 것처럼, 빈 말을 되풀이하여 말하지 마라라. 이는 그들은 말을 많이 해야 하나님께서 들으실 것이라고 생각하기 때문이다. 8그러므로 그들처럼 되지 마라라. 이는 너희 아버지께서는, 너희가 그분에게 구하기 전에, 너희가 필요로 하는 것을 아시기 때문이다. 9이렇게 기도하여라. 곧,

주님의 기도문
'하늘에 계신 우리 아버지!

---

[a] 영원한 생명으로 가는데 필요 한 것. 여기서는 예수의 말씀을 듣는 것을 의미

10당신의 이름이 거룩히 여김을 받으십시오.
당신의 나라가 임하여서
당신의 뜻이 하늘에서 이루어진 것 같이
땅에서도 이루어지게 하십시오.
11오늘 우리의 일용할 양식을 주시고,
12우리가 우리에게 죄지은 자를 용서한 것 같이,
우리의 죄를 용서하십시오.
13우리를 시험에 들게 하지 마시고,
다만 우리를 악한 자로부터 구원하십시오.
이는 나라와, 권세와, 영광이
영원히 당신의 것이기 때문입니다.

9Our Father in heaven,
Hollowed be your name.
10Your Kingdom come,
Your will be done,
on earth as it is in heaven,
11Give us this day our daily bread,
12and forgive us our sins,
as we also have forgiven
everyone who is indebted to us,
13And lead us not into temptation.
but deliver us from evil."

14"만일 너희가 사람의 잘못에 대해 그들을 용서하면, 하늘에 계신 너희 아버지께서도 너희를 용서하실 것이다. 15그러나 너희가 사람의 잘못에 대해 그들을 용서하지 아니하면, 하늘에 계신 아버지께서도 너희 잘못을 용서하지 아니하실 것이다."

149 끈기 있는 친구의 비유
(누가복음 11:5-8)

5예수께서 또 그들에게 말씀하셨다. "너희들 중 한 사람에게 어떤 친구가 있는데, 그가 한 밤 중에 그에게 가서, '친구여, 나에게 빵 세 덩이만 빌려 주게. 6내 친구 중 하나가 여행길에 내 집에 왔는데. 내가 그에게 내놓을 것이 아무것도 없기 때문이네.' 7그런데 그가 안에서 이렇게 말할 것이네. '나를 귀찮게 하지 말게. 문은 이미 잠겼고, 나는 아이들과 잠자리에 있네. 내가 지금 일어나서 아무 것도 줄 수 없네.' 8그러나 내가 너희에게 말한다. 비록 안에 있는 사람이 그가 그의 친구라는 이유만으로는 일어나서 빵을 주지 않을 것이다. 그러나 그 사람의 끈기 때문에 그는 일어나서 그 사람이 원하는 만큼 줄 것이다."

150 청하여라, 그러면 너희에게 주어질 것이다
(A.D. 29. 10월, 올리브산)(누가복음 11:9-13)

9"그리고 내가 너희에게 말한다. 청하여라. 그러면 너희에게 주어질 것이다. 찾아라. 그러면 너희가 찾을 것이다. 문을 두드려라. 그러면 문이 너희에게 열릴 것이다. 10이는 청하는 자는 모두 받을 것이요, 구하는 자는 찾을 것이요, 그리고 두드리는 사람에

게는 문이 열릴 것이기 때문이다.[a]

11"너희 가운에 어떤 아버지가, 그의 아들이 생선을 달라고 하는데, 생선대신 뱀을 주겠느냐? 12또 아들이 달걀을 달라고 하는데 전갈을 그에게 주겠느냐? 13너희가 비록 악할지라도, 너희 자녀들에게 어떻게 좋은 선물을 줄 줄을 아는데, 하늘에 계신 아버지께서 그분에게 청하는 사람에게 얼마나 더 많이 성령을 주시겠는가!"

M. 예루살렘에 오신 예수

151 예수, 초막절을 위해 예루살렘으로 오심
(갈릴리 - 예루살렘)(요한복음 7:2-13)

2그런데 유대인들의 명절인 초막절이 가까웠다. 3그래서 예수의 형제들이 예수께 말했다. "여기를 떠나 유대로 가십시오. 그래서 형님의 제자들도 형님이 하고 있는 일을 볼 수 있도록 하십시오. 4이는 사람이 들어내 놓고 자신이 알려지기를 원하면, 누구도 비밀리에 행하지 않기 때문입니다. 형님이 이러한 일들을 한다

---

a) 9절 및 10절 영어 원문:
   9 I will tell you, ask, and it will be given to you,
   seek, and you will find,
   knock, and it will be opened to you.
   10 For everyone who asks receives, and
   the one who seeks finds, and
   to the one who knocks, it will be opened.

면, 세상에 형님을 들어내 보이십시오." 5이는 예수의 형제들조차도 그분을 믿지 아니했기 때문이었다.

6예수께서 그들에게 말씀하셨다. "내 때는 아직 오지 아니했다. 그러나 그대들의 때는 항상 준비되어 있다. 7세상이 그대들을 미워할 수 없다. 그러나 세상은, 세상의 일은 악하다고 내가 세상에 대해 증언하고 있기 때문에, 나를 미워한다. 8그대들은 명절날에 올라가거라. 나는 이 명절날에 올라가지 아니할 것이다. 이는 아직 내 때가 온전히 오지 아니했기 때문이다." 9이 말씀을 하시고 예수께서는 갈릴리에 머물러 계셨다.

10그러나 예수의 형제들이 명절을 지키기 위해 올라간 후에, 예수께서도 눈에 띄지 않게 들어내지 않고 올라가셨다. 11명절에 유대인들이 예수를 찾으면서 말했다. "그 사람이 어디 있소?" 12사람들 중에는 예수에 대해 말들이 많았다. 어떤 사람은 "그 분은 좋은 사람이다." 라고 말하기도 하고, 또 어떤 사람은 "아니요, 그는 백성을 미혹시키는 자다." 라고 말하기도 했다. 13그러나 어떤 사람도 유대인들을 두려워하여, 예수에 대해 들어내 놓고 말하지는 아니했다.

152 '나를 보내신 분은 하나님이시다'
(A.D. 29. 10월 예루살렘 성전)(요한복음 7:14-29)

14명절이 반쯤 지났을 때, 예수께서 성전에 올라가서 가르치셨다. 15유대인들이 이 가르침에 놀라서 말했다. "이 사람은 결코 배운 일이 없는데, 어떻게 지식을 가졌는가?" 16그래서 예수께서 그들에게 대답하셨다. "내 가르침은 내 것이 아니고, 나를 보내신 분의 것이오. 17어떤 사람의 뜻이 하나님의 뜻을 행하려고 하는 것이라면, 그는 이 가르침이 하나님으로부터 왔는지, 또는 내가 내 자신의 권능으로 말하는 것인지를 알 것이오. 18자기 자신의 권능으로 말을 하는 사람은 그 사람 자신의 영광을 구하는 것이오. 그러나 그분[a]을 보내신 분[b]의 영광을 찾는 분[a]은 참되시고, 그분 안에는 불의가 없소. 19모세가 그대들에게 율법을 주지 아니했소? 그런데도 그대들 중에 누구도 율법을 지키지 않고 있소. 그대들이 어찌하여 나를 죽이려고 하시오?"

20무리가 대답했다. "당신은 귀신이 들렸소. 누가 당신을 죽이려고 한다는 것이요?" 21예수께서 그들에게 대답하셨다. "내가 한 가지 일을 했는데, 당신들이 모두 그것에 놀랐소. 22모세가 당신들에게 할례를 행하였으며,(사실은 할례는 모세에게서 온 것이 아니고 조상들에게서 온 것이오.) 당신들은 안식일에도 남자에게 할례를 행하고 있소. 23모세의 율법을 범하지 않기 위해 사람이 안식일에도 할례를 받는다면, 내가 안식일에 한 사람의 온 몸을 낫게 했다는 이유로 어찌 내게 화를 냅니까? 24외모로 판단하지 말고, 올바른 판단을 하시오."

이 사람이 그리스도일 수 있나?

25바로 그때 몇 몇 예루살렘 사람들이 서로에게 말했다. "이 사람이 그들이 죽이려고 하는 그 사람이 아니냐? 26그가 드러내놓고 말하고 있다. 그런데 그들은 그에게 아무 말도 하지 않고 있

---

a) 예수 그리스도
b) 하나님

다. 당국자들도 이 사람이 참으로 그리스도인 것을 진실로 믿고 있나? 27그러나 우리는 이 사람이 어디서 왔는지를 알고 있다. 그러나 그리스도께서 오실 때는 그분이 어디서 오시는지 아무도 알지 못한다."

28그 후 예수께서 성전에서 가르치셨던 것처럼, 외쳐 말씀하셨다. "너희는 나를 알고 있으며, 또 내가 어디서 왔는지도 알고 있다. 그러나 나는 여기에 내 스스로 온 것이 아니다. 29나를 보내신 분은 참된 분이시다. 너희는 그분을 알지 못한다. 그러나 나는 그분을 안다. 이는 나는 그분으로부터 왔으며, 그분께서 나를 보내셨기 때문이다."

153 예수를 체포하기 위해 경비병을 보냄
(요한복음 7:30-36)

30이때에 그들이 예수를 체포하려고 했다. 그러나 그분의 때가 아직 오지 아니했기 때문에, 누구도 그분에게 손을 대지 아니했다. 31그러나 많은 사람들이 예수를 믿었다. 그들은 말했다. "그리스도가 오더라도, 그가 이 분이 행한 것보다 더 많은 표적을 행할 수 있을까?"

32무리가 예수에 대해 이렇게 수건거리는 것을 바리새파 사람들이 들었다. 그러자 대제사장들과 바리새파 사람들이 예수를 체포하기 위해 성전 경비병을 보냈다. 33그러자 예수께서 말씀하셨다. 나는 단지 얼마 동안만 더 그대들과 함께 있을 것이오. 그리고 나는 나를 보내신 분에게로 갈 것이오. 34그대들이 나를 찾을 것이지만, 찾지 못할 것이오. 그리고 내가 있는 곳에는 그대들이

오지 못할 것이오.

35그러자 유대인들이 서로 말했다. "이 사람이 어디로 가기로 마음을 먹었기에 우리가 그를 찾지 못한다는 것인가? 이 사람이 그리스 사람들 가운데 흩어져 사는 우리 백성들에게로 가서 그리스 사람들을 가르치겠다는 것인가?" 36그가 '그대들이 나를 찾아도 찾지 못할 것이오.' 그리고 '내가 있는 곳에는 그대들이 오지 못하오.' 라고 한 말이 무슨 뜻이냐?"

154 예수, 성령을 약속하심
(요한복음 7:37-39)

37초막절의 가장 중요한 날인 마지막 날에, 예수께서 일어나 큰 소리로 외치셨다. "누군가가 목이 마르면,[a] 그로 하여금 내게 와서 마시게 하여라. 38누구든지 나를 믿는 자는, 성경이 말하는 대로, 그의 마음에서 생수의 강이 흐를 것이다." 39예수께서는 그분을 믿는 사람들이 받기로 되어 있는 성령에 관해, 이것을 말씀하셨다. 이것은, 예수께서 아직 영광을 받지 아니하셨기 때문에, 아직 그들에게 성령이 임하지 아니했기 때문이다.

155 예수에 대한 사람들의 의견이 갈라짐
(요한복음 7:40-44)

40무리 중 어떤 사람들은 예수의 말씀을 듣고 이렇게 말했다. "이 분은 참으로 그 예언자이다." 41어떤 사람은 또 이렇게 말했

---

a) 하나님을 향한 목마름을 의미

다. "이 분은 그리스도이시다." 또 어떤 사람은 이렇게 말했다. "그리스도가 갈릴리에서 오게 되어 있는가? 42성경은 그리스도는 다윗의 가문에서 나실 것이며, 다윗이 살던 동네 베들레헴에서 나실 것이라고 말하고 있지 않은가?" 43이렇게 하여 예수로 인하여 사람들이 갈라졌다. 44그들 가운데는 예수를 붙잡자고 하는 자도 있었으나, 누구도 예수께 손을 대지 안 했다.

156 공회도 예수에 대한 의견이 갈라짐
(요한복음 7:45-53)

45성전 경비병들이 돌아오자, 대제사장들과 바리새파 사람들이 그들에게 물었다. "어찌하여 예수를 잡아오지 않았느냐?" 46경비병들이 대답했다. "이 사람처럼 말한 사람은 아무도 없었습니다." 47그러자 바리새파 사람들이 경비병들에게 말했다. "너희도 속았느냐? 48유대 관원들이나 바리새파 사람들 중에 예수를 믿는 자가 있더냐? 49그런데 율법을 알지 못하는 이 무리는 저주를 받은 자들이다."

50이 무리 중의 한 사람, 곧 전에 예수께 온 일이 있었던 니고데모가[a] 그들에게 말했다. 51"우리 율법은 사람이 말한 것을 듣기 전에, 그리고 그 사람이 행한 것을 알아보기 전에, 그 사람을 판단합니까?"

52무리가 그에게 대답해, 말했다. "당신도 갈릴리에서 왔소? 성경을 찾아보시오. 갈릴리에서는 예언자가 나오지 않는다는 것을

---

a) 요한복음 3:1-15

알 것이오." 53그리고 그들은 제각기 집으로 돌아갔다.

157 예수, 간음한 여인을 용서하심
(요한복음 8:1-11)

1예수께서 감람산으로 가셨다. 2다음 날 이른 아침에 예수께서 다시 성전으로 오셨다. 많은 백성이 예수 주위에 모이자, 예수께서 앉아서 그들을 가르치셨다. 3율법학자와 바리새파 사람들이 음행 중에 잡힌 여자를 끌고 와서 사람들 앞에 세우고, 4예수께 말했다. "선생이시여, 이 여자가 간음을 하는 중에 현장에서 붙잡혔습니다. 5모세는 율법에서 이러한 여자는 돌로 치라고 우리에게 명령했습니다. 선생님은 뭐라고 말하겠습니까?" 6그들은 예수에 대하여 고소를 제기할 수 있기 위해, 그분을 시험하려고 이런 질문을 했다. 그러나 예수께서는 몸을 굽히시어 손가락으로 땅에 쓰셨다. 7그들이 계속하여 그분에게 묻자, 예수께서 일어나 그들에게 말씀하셨다. "너희 중에 죄 없는 자가 먼저 이 여인에게 돌을 던져라."

8다시 예수께서 몸을 굽히시어 손가락으로 땅에 쓰셨다. 9그러나 그들이 이 말씀을 듣고, 어른으로부터 시작하여 마지막 사람까지 하나씩 빠져나갔다. 예수만 혼자 남으셨고, 그 여인은 그분 앞에 서 있었다. 10예수께서 일어나, 그 여인에게 말씀하셨다. "여자여, 그들이 어디 있느냐? 한 사람도 너를 정죄하지 아니했느냐?" 11여자가 말했다. "주여, 한 사람도 없습니다." 그리고 예수께서 말씀하셨다. "나도 너를 정죄하지 않는다. 가서, 더 이상 죄를 짓지 마라라."

158 예수, '나는 세상의 빛이다'
(요한복음 8:12-20)

12예수께서 또 사람들에게 말씀하셨다. "나는 세상의 빛이다. 누구든지 나를 따르는 사람은 어둠 속에서 다니지 아니할 것이며, 생명의 빛을 가질 것이다." 13바리새파 사람들이 예수께 말했다. "당신이 당신 자신에 대해 증언하고 있으니, 당신의 증언은 진실이 아니오." 14예수께서 대답하셨다. "비록 내가 나에 대해 증언할지라도, 내 증언은 진실이오. 이는 내가 어디에서 왔으며, 어디로 갈 것인지를 알지만, 그대들은 내가 어디에서 왔으며, 어디로 갈 것인지를 알지 못하기 때문이오. 15그대들은 인간적인 기준에 따라 판단하오. 나는 누구도 판단하지 아니하오. 16그러나 만일 내가 판단한다할지라도, 내 판단은 진실 된 것이오. 이는 판단하는 사람은 나 혼자가 아니고, 나와 나를 보내신 아버지이기 때문이오. 17그대들의 율법에도 두 사람의 증언은 진실 된 것이라고 기록되어 있소. 18나는 나 스스로를 위한 증인이며, 나를 보내신 아버지께서도 나를 위해 증인이 되시오."

19바리새파 사람들이 예수께 물었다. "당신의 아버지는 어디 있소?" 예수께서 대답하셨다. "그대들은 나를 알지 못하고, 또한 내 아버지를 알지 못하오. 그대들이 나를 알았더라면, 또한 내 아버지를 알았을 것이오." 20이 말씀은 예수께서 성전에서 가르치실 때, 헌금함 앞에서 말씀하신 것이다. 그러나 그분의 때가 아직 오지 아니했기 때문에, 아무도 그분을 체포하지 아니했다.

159 너희가 믿지 않으면, 죄 안에서 죽을 것이다
(요한복음 8:21-29)

21예수께서 그들에게 다시 말씀하셨다. "나는 떠나갈 것이다. 너희는 나를 찾을 것이고, 너희 죄 가운데서 죽을 것이다. 내가 가는 곳에 너희는 올 수 없다." 22그러자 유대인들이 말했다. "그가 '내가 가는 곳에 너희는 올 수 없다.'라고 말한 것으로 보아, 그가 자살하려고 하는 것인가?"

23예수께서 그들에게 말씀하셨다. "너희는 아래에서 왔고, 나는 위에서 왔다. 너희는 이 세상에 속하고, 나는 이 세상에 속하지 않다. 24그래서 내가 이미 너희들에게 너희는 너희 죄 가운데서 죽을 것이라고 말한 것이다. 이는 만일 너희가 내가 그 분인 것을 믿지 아니하면, 너희는 너희 죄 가운데서 죽을 것이기 때문이다."

25그래서 그들이 예수께 말했다. "당신이 누구시오?" 예수께서 그들에게 대답하셨다. "내가 처음부터 너희들에게 말해오고 있는 그 사람이다. 26나는 너희들에 대하여는 말할 것이 많고, 판단할 것이 많다. 그러나 나를 보내신 분은 참된 분이시다. 그리고 내가 그분에게서 들은 것을 세상을 향해 말하는 것이다."

27그들은 예수께서 아버지에 대해 그들에게 말씀하시고 있다는 것을 알지 못했다. 28그래서 예수께서 그들에게 말씀하셨다. "너희가 인자를 들어 올린 후에 그때 내가 그분이며, 그리고 나는 내 자신의 권위로는 아무 일도 하지 아니하며, 아버지께서 내게 가르쳐 주신 것만을 말한다는 것을 너희는 알게 될 것이다. 29그러나 나를 보내신 분은 나와 함께 계신다. 그분께서 나를 홀로 두지 아니하신다. 이는 내가 항상 그분께서 기뻐하시는 일을 하기 때문이다."

160 진정한 자유
(A.D. 29. 10월 말 - 11월 초, 예루살렘 성전)(요한복음 8:30-36)

30예수께서 이 말씀을 하시는 중에 많은 사람들이 그분을 믿었다. 31예수께서 그분을 믿는 유대인들에게 말씀하셨다. "만일 너희가 내 말에 머물러 있으면, 너희는 참으로 내 제자이다. 32그리고 너희는 진리를 알게 될 것이고, 그 진리가 너희를 자유롭게 할 것이다." 33그들이 예수께 대답했다. "우리는 아브라함의 자손이며, 어떤 사람에게도 결코 종이 된 일이 없었습니다. 그런데 어찌하여 당신이 우리가 자유롭게 될 것이라고 말씀하실 수 있습니까?"

34예수께서 그들에게 말씀하셨다. "내가 진실로 진실로 너희에게 말한다. 누구든지 죄를 짓는 사람은 죄의 종이다. 35종은 영원히 집에 살지 못하나, 아들은 영원히 집에 산다. 36그러므로 아들이 너희를 자유롭게 하면, 너희는 참으로 자유롭게 될 것이다.

161 아브라함의 자녀와 마귀의 자녀
(A.D. 29. 10월 말, 예루살렘 성전)(요한복음 8:37-47)

37"나는 너희가 아브라함의 자손이라는 것을 알고 있다. 그러나 내 말이 너희 안에 있을 곳이 없으므로, 너희가 나를 죽이려고 하고 있다. 38나는 내 아버지와 함께 본 것을 말하고, 너희는 너희 아비와 함께 들은 것을 행한다." 39그들이 예수께 대답했다. "아브라함은 우리 조상입니다." 예수께서 그들에게 말씀하셨다. "만일

너희가 아브라함의 자녀라면, 너희는 아브라함이 행한 일들을 하고 있었을 것이다. 40그런데 너희는 지금 나를, 곧 하나님에게서 들은 진리를 너희에게 말해 준 나를 죽이려고 하고 있다. 이것은 아브라함이 행한 일이 아니다. 41너희는 너희 아비가 행한 일을 하고 있다." 그러자 유대인들이 예수께 대답했다. "우리는 음란한 데서 태어나지 아니했으며, 우리 아버지는 오직 한분이시며, 곧, 하나님이십니다."

42예수께서 그들에게 말씀하셨다. "하나님이 너희 아버지였다면, 너희가 나를 사랑했어야 할 것이다. 이는 내가 하나님에게서 와서 지금 여기 있기 때문이다. 나는 내 뜻대로 온 것이 아니요, 그분께서 나를 보내셨다. 43너희는 어찌하여 내가 말하는 것을 깨닫지 못하느냐? 이는 너희가 내 말을 들을 수 없기 때문이다. 44너희는 마귀인 너희 아비에게서 났으며, 너희는 너희 아비가 원하는 것을 하려고 한다. 너희 아비는 처음부터 살인자요, 그에게는 진리가 없기 때문에 진리와는 관계가 없다. 그가 거짓을 말할 때, 그는 그의 본성을 들어낸다. 이는 그가 거짓말쟁이며, 거짓의 아비이기 때문이다. 45그러나 나는 진리를 말하기 때문에, 너희가 나를 믿지 않는다. 46너희 중에 누가 내게 죄가 있다고 고소할 수 있느냐? 만일 내가 진리를 말한다면, 어찌하여 너희가 나를 믿지 아니하느냐? 47하나님께 속한 사람은 하나님의 말씀을 듣는다. 너희가 이 말씀을 듣지 않는 것은 너희가 하나님께 속하지 않기 때문이다."

162 예수의 영원한 존재: 예수와 아브라함
(요한복음 8:48-59)

48유대인들이 예수께 대답해, 말했다. "우리가 당신은 사마리아 사람이다, 또 귀신 들렸다고 말하는 것이 옳지 않소? 49예수께서 대답하셨다. "나는 귀신들린 사람이 아니다. 다만 나는 내 아버지를 공경하는데 그대들은 나를 존경하지 않는다. 50그렇지만 나는 내 자신을 위해 영광을 구하지 아니한다. 그러나 영광을 구하시는 분이 계시며, 그 분이 심판관이시다. 51내가 진실로 지실로 그대들에게 말한다. 누구든지 내 말을 지키면, 죽음을 결코 보지 아니할 것이다."

52유대인들이 예수께 말했다. "이제 우리는 당신이 귀신들렸다는 것을 알고 있소. 예언자들이 죽은 것 같이, 아브라함도 죽었는데, 당신은 '누구든지 내 말을 지키면, 죽음을 결코 보지 아니할 것이다.' 라고 말하고 있소. 53당신이 이미 죽은 우리 조상 아브라함 보다 크오? 그리고 예언자들은 죽었소. 당신은 당신을 누구라 생각하오?"

54예수께서 대답하셨다. "만일 내가 내 자신을 영광스럽게 한다면, 내 영광은 아무 것도 아니다. 나를 영광스럽게 하시는 분은 내 아버지이시다. 그 분에 대해서 그대들은 그분은 우리의 하나님이라고 부르고 있다. 55그대들은 그 분을 알지 못하지만, 나는 알고 있다. 만일 내가 그분을 알지 못한다고 말했다면, 나도 그대들과 같이 거짓말쟁이가 되었을 것이다. 그러나 나는 그 분을 참으로 알고, 또 그 분의 말씀을 지킨다. 56그대들의 조상 아브라함은 나의 날을 볼 것이라는 생각을 하고 즐거워했다. 그리고 그는 그 날을 보았으며, 그리고 기뻐했소.

57그러나 유대인들이 예수께 말했다. "당신이 아직 오십도 되지 안 했는데, 아브라함을 보았소?" 58예수께서 그들에게 말씀하셨다. "내가 진실로 진실로 그대들에게 말하오. 아브라함이 있기 전에, 나는 있었소." 59이때 유대인들이 돌을 들어 예수를 치려했다. 그러나 예수께서는 숨어 성전을 빠져나가셨다.

163 '맹인으로 태어난 것은 누구의 죄도 아니다'
(요한복음 9:1-41)

1예수께서 길을 가실 때, 태어날 때부터 눈이 먼 한 사람을 보셨다. 2제자들이 예수께 물었다. "랍비여, 이 사람이 눈먼 사람으로 태어난 것이 누구의 죄입니까? 이 사람입니까, 그렇지 않으면 그의 부모입니까?" 3예수께서 대답하셨다. "그것은 이 사람이나 그의 부모가 죄를 지었기 때문이 아니고, 하나님이 하시는 일이 그에게서 들어나 보여야하기 때문이다. 4낮 동안에[a] 우리는 나를 보내신 그분의 일을 해야 한다. 밤이 오면[b] 그때는 누구도 일을 할 수 없다. 5내가 세상에 있는 동안에는 나는 세상의 빛이다." 6이 말씀을 하시고, 예수께서 땅에 침을 뱉어 그 침으로 진흙을 이겨, 이것을 그 눈 먼 사람의 눈에 바르셨다. 7그리고 예수께서 그에게 말씀하셨다. "실로암 못으로 가서 씻어라." (실로암은 번역하면 보냄을 받았다는 뜻이다). 그래서 그가 가서 씻고 보면서 돌아왔다.

---

a) 예수께서 이 세상에 계시는 동안을 의미
b) 예수께서 십자가 처형을 받으신 후를 의미

8이웃 사람들과 전에 이 사람을 거지로 보아온 사람들이 말했다. "이 사람은 전에 앉아서 구걸하던 자가 아니냐?" 9어떤 사람은 "그가 그 사람이다." 라고 말했고 또 어떤 사람은 "아니다. 그와 비슷하다."고 말했다. 그는 "내가 바로 그 사람이다." 라고 말했다. 10그래서 그들이 그에게 물었다. "그러면 네 눈이 어떻게 떠졌느냐?" 11그가 대답했다. "예수라고 하는 분이 진흙을 이겨 내 눈에 바르고, 나에게 '실로암으로 가서 씻으라.' 고 하시기에, 내가 가서 씻었더니 보게 되었습니다." 12그들이 그에게 말했다. "예수가 지금 어디 있느냐?" 그가 대답했다. "내가 알지 못합니다."

13사람들이 전에 눈먼 사람이었던 그 사람을 데리고, 바리새파 사람들에게로 갔다. 14예수께서 진흙을 이겨, 그 사람의 눈을 뜨게 하신 날은 안식일이었다. 15그러자 바리새파 사람들도 그가 어떻게 보게 되었는가를 그에게 물었다. 그가 그들에게 말했다. "그 분이 진흙을 내 눈에 바르셨는데, 내가 씻고 나니 볼 수 있게 되었습니다."

16바리새파 사람들 중에 어떤 사람이 말했다. "이 사람이 안식일을 지키지 아니하기 때문에, 그는 하나님에게서 온 것이 아니다." 그러나 다른 사람들은 이렇게 말했다. "죄인인 사람이 어떻게 이러한 표적을 행할 수 있소?" 이렇게 그들 간에는 의견이 갈라졌다. 17그래서 바리새파 사람들은 눈먼 사람이었던 자에게 다시 물었다. "예수가 네 눈을 뜨게 했으니, 너는 그를 어떠한 사람으로 보느냐?" 그 사람이 말했다. "그 분은 예언자이십니다."

18유대인들은 시력을 회복한 사람의 부모를 불러 물어보기 전까지는 그가 눈먼 사람이었으며, 그리고 시력을 회복한 것을 믿지 않았다. 19그들은 부모에게 물었다. "이 사람이 당신이 눈먼 사람으로 태어났다고 말하는 당신의 아들이오? 그런데 지금 그가 어떻게 보게 되었소?" 20그의 부모가 대답했다. "우리는 이 사람이 우리 아들이며, 그가 눈먼 사람으로 태어난 것을 압니다. 21그러나 지금 그가 어떻게 볼 수 있는지를 우리가 알지 못하며, 또는 누가 그의 눈을 뜨게 했는지도 우리가 알지 못합니다. 그에게 물어보십시오. 그가 장성했으니 자기 일을 말 할 것입니다."

22그의 부모는 유대인들을 두려워했기 때문에 그렇게 말한 것이었다. 이는 누구든지 예수를 그리스도로 시인하는 자는 회당에서 내 쫓기로 유대인들이 결정했기 때문이었다. 23그래서 그의 부모가 "그가 장성했으니, 그에게 물어보십시오." 라고 말했던 것이다.

24바리새파 사람들이 전에 눈먼 사람이었던 사람을 두 번째로 불러, 그에게 말했다. "영광을 하나님께 돌려라. 우리는 예수가 죄인이라는 것을 안다." 25그가 대답해, 말했다. "그분이 죄인인지 아닌지는 내가 알지 못합니다. 그러나 내가 한 가지 아는 것은 내가 눈이 멀었었으나, 지금은 보는 것입니다." 26그러자 그들이 그에게 말했다. "그 사람이 네게 무엇을 했느냐? 그가 어떻게 네 눈을 뜨게 했느냐?" 27그가 대답했다. "내가 이미 당신들에게 말했는데도, 당신들이 듣지 아니했습니다. 어찌하여 당신들이 이것을 다시 들으려고 합니까? 당신들도 그분의 제자가 되려고 하십니까?"

28그러자 그들이 그에게 욕하며, 말했다. "너는 그 자의 제자이나, 우리는 모세의 제자이다. 29하나님께서 모세에게 말씀하신 것을 우리는 안다. 이 사람에 대하여는, 그 자가 어디서 왔는지 우리는 알지 못한다."

30그가 대답해, 말했다. "왜 그렇습니까? 이것은 놀라운 일입니다. 당신들은 그분이 어디서 왔는지 모릅니다. 그렇지만 그분께서 내 눈을 뜨게 하셨습니다. 31하나님은 죄인의 말을 듣지 아니하신다는 것을 우리는 알고 있습니다. 그러나 그분의 숭배자이고 그분의 뜻을 행하는 사람이면, 하나님은 그의 말을 들으십니다. 32창세 이후로 어떤 사람도 눈 먼 사람으로 태어난 사람의 눈을 뜨게 했다는 것을 듣지 못했습니다. 33만일 이 분이 하나님으로부터 오시지 아니했으면, 아무 일도 할 수 없습니다." 34그들이 대답해, 말했다. "네가 온전히 죄 가운데서 태어났다. 그런데 우리를 가르치려고 하느냐?" 그리고 그들은 그를 쫓아 보냈다.

35예수께서 바리새파 사람들이 그를 쫓아냈다는 말을 들으셨다. 그리고 예수께서 그를 발견하고 그에게 말씀하셨다. "네가 인자를 믿느냐?" 36그가 대답했다. "선생님, 그 분이 누구시기에 내가 그분을 믿을 수 있습니까?" 37예수께서 그에게 말씀하셨다. "네가 그분을 보았다. 그분은 지금 너와 말하는 바로 그분이시다."

38그가 말했다. "주여, 내가 믿습니다." 그리고 그는 그분께 경배했다. 39예수께서 말씀하셨다. "심판을 위해, 나는 이 세상에 왔다. 그리하여 보지 않는 사람은 볼 것이고, 보는 자는 눈먼 사람이 될 것이다." 40예수 가까이에 있던 몇몇 바리새파 사람들이 이 말씀을 듣고 예수께 말했다. "우리도 역시 눈 먼 사람입니까?" 41예수께서 그들에게 말씀하셨다. "너희가 눈먼 사람이었다면, 죄가 없었을 것이다. 그러나 지금 너희가 '우리는 본다.'고 하니, 너희 죄는 남

아 있다.[a]

164 예수, '나는 양의 문이며 선한 목자이다'
(요한복음 10:1-21)

1"내가 진실로 진실로 너희에게 말한다. 문을 통해 양¥의 우리에 들어가지 아니하고, 다른 길로 넘어 가는 사람은 절도요, 강도이다. 2그러나 문을 통해 들어가는 사람은 양의 목자이다. 3목자에게 문지기는 문을 열어준다. 양들은 목자의 음성을 들으며, 그리고 목자는 자기 양들의 이름을 불러 밖으로 인도한다. 4목자는 자기 양들을 다 내놓은 후에 양들 앞에 서서 간다. 양들은 그의 음성을 알기 때문에 그를 따라간다. 5그러나 양들은 낯선 사람의 음성을 알지 못함으로, 그를 따르지 아니하고 도망간다."

6예수께서 이런 비유로 그들에게 말씀하셨으나, 그들은 예수께서 그들에게 하신 말씀이 무슨 뜻인지 알지 못했다. 7그래서 예수께서 다시 그들에게 말씀하셨다. "내가 진실로 진실로 너희에게 말한다. 나는 양의 문이다.[b] 8나보다 먼저 온 사람은 다 절도요, 강도이다. 그러나 양들은 그들의 말을 듣지 아니했다. 9나는 문이다. 누구든지 나를 통해 들어가는 사람은 구원을 얻을 것이고, 또 들어가며, 나오면서 초지草地를 발견할 것이다. 10도둑은 도둑질하고, 죽이고, 멸망시키기 위해 온다. 나는 양들이 생명을 얻고, 더 풍성하게 얻도록 하기 위해 왔다.

11"나는 선한 목자다. 선한 목자는 양들을 위해 자신의 목숨을

---

a) 하나님의 말씀과 율법 및 예수에 관하여 알지 못하는 것을 의미
b) 오직 그리스도를 통해서만 하나님의 백성이 될 수 있다는 의미

버린다. 12삯꾼이며, 자신의 양을 가지고 있지 않은 목자는 여우가 오는 것을 보면, 양들을 버리고 달아난다. 그리고 여우가 양들을 낚아채서 흩어버린다. 13그는 삯꾼이며 양들을 돌보지 않기 때문에 달아난다. 14나는 선한 목자다. 나는 내 양을 알고, 내 양은 나를 안다. 15이는 마치 아버지께서 나를 아시고, 내가 아버지를 아는 것과 같다. 그리고 나는 내 양을 위해 내 목숨을 버린다. 16그리고 나는 이 우리에 속하지 않은 다른 양들[a]을 가지고 있다. 나는 그들을 데려와야 한다. 그들도 내 음성을 들을 것이다. 그래서 한 양 떼와 한 목자가 있을 것이다.[b] 17이 이유로, 아버지께서 나를 사랑하신다. 이는 내가 내 목숨을 다시 얻기 위해 내 목숨을 버리기 때문이다. 18누구도 내게서 내 목숨을 빼앗지 못한다. 그러나 나는 내 스스로의 뜻으로 그것을 내려놓는다. 나는 내 목숨을 내려놓을 권세도 있고, 다시 그것을 얻을 권세도 있다. 이 계명은 내가 내 아버지에게서 받은 것이다."

19이 말씀 때문에, 유대인들 가운데 다시 분쟁이 일어났다. 20그들 중에서 많은 사람은 "그 사람이 귀신들려 미쳤는데, 왜 그 사람의 말을 듣느냐?"고 말했다. 21다른 사람들은 "이 말은 귀신들린 자의 말이 아니다. 귀신이 눈먼 사람의 눈을 뜨게 할 수 있느냐?"고 말했다.

---

a) 이방인을 지칭
b) 유대인들과 이방인들이 그리스도 공동체 안에서 연합하는 것을 의미 (마가복음 28:820)

165 예수의 신성神性: '나와 아버지는 하나이다'
(A.D. 29, 11월, 12월 예루살렘 성전)(요한복음 10:22-39)

나와 하나님은 하나

22예루살렘에 수전절修殿節[a]이 돌아왔다. 때는 겨울이었다. 23예수께서 성전 안 솔로몬 주랑柱廊에서 거닐고 계셨다. 24유대인들이 예수를 에워싸고 그분께 말했다. "당신이 언제까지 우리 마음을 불안하게 하려는 것이요? 당신이 그리스도이면, 우리들에게 분명히 말하시오."

25예수께서 그들에게 대답하셨다. "내가 그대들에게 말했으나, 그대들이 믿지 아니했소. 내가 내 아버지의 이름으로 행하는 일들이 나에 관해 증언하는 것이오. 26그러나 그대들은 내 양이 아님으로, 믿지 않는 것이오. 27내 양은 내 음성을 들으며, 나는 내 양을 알며, 내 양은 나를 따르오. 28나는 내 양에게 영생을 주오. 그들은 영원히 멸망치 아니할 것이며, 누구도 그들을 내 손에서 잡아채 가지 못할 것이오. 29그들을 내게 주신 내 아버지께서는 만물萬物보다 크심으로 누구도 내 아버지의 손에서 그들을 빼앗을 수 없소. 30나와 아버지는 하나이오."

유대인들이 다시 예수를 죽이려하다

31유대인들이 예수를 돌로 치기 위해 돌을 집어 들었다. 32그러나 예수께서 그들에게 말씀하셨다. "내가 내 아버지로부터 여러

---

a) B.C. 167에 희랍군대에 의해 점령, 황폐화된 예루살렘성전을 BC 165-164 겨울에 유다의 히스모이안가家의 마카비가 탈환하여 성전을 청결히 하고, 수리하여 예배를 회복시킨 것을 기념하는 축제를 의미한다. 유대인들은 이를 '하누카'라고 한다.

가지 선한 일들을 그대들에게 보여 주었소. 그런데 그 중에서 어떤 일로 그대들이 나를 돌로 치려고 하오?" 33유대인들이 예수께 대답했다. "선한 일을 위해, 우리가 당신을 돌로 치려는 것이 아니오. 당신이 하나님을 모독했기 때문이오. 당신은 사람이면서 스스로를 하나님으로 만들었소." 34예수께서 그들에게 말씀하셨다. "그대들의 율법에는 '내가 말하기를 그대들은 신들이다.'[a] 라고 기록되어 있지 않소?

35만일 하나님이 그분의 말씀을 받은 사람들을 '신들'이라고 부른다면, 그리고 성경은 폐할 수 없는 것임으로, 36아버지께서 거룩하게 하셔서 세상에 보내신 그분에게 내가 '나는 하나님 아들이다.'라고 말했다고 하여 그대들이 어찌 나를 하나님을 모독한다고 말하시오? 37만일 내가 내 아버지의 일을 행하지 않는다면, 나를 믿지 마시오. 38그러나 만일 내가 아버지의 일을 행하면, 비록 그대들이 나를 믿지 않을지라도, 그 일은 믿으시오. 그러면 아버지께서 내 안에 계시고, 내가 아버지 안에 있음을 그대들이 깨달아 알 것이오."

39유대인들이 다시 예수를 체포하려고 했으나, 예수께서 그들의 손에서 벗어나 피하셨다.

---

a) 시편 8:6(세상의 재판관들을 의미)

N. 베레아에서의 사역

166 많은 사람들이 거기서 그분을 믿었다
(A.D. 29. 12월, 예루살렘 - 요단강 건너 베다니, 베레아)(요한복음 10:40-42, 마태복음 19:1-2, 마가복음 10:1)

40예수께서 다시 요단강 저편, 요한이 처음으로 세례를 주었던 곳으로 가셨다. 그리고 그분은 그곳에서 머무셨다. 41많은 사람들이 예수께 와서 말했다. "요한은 어떤 표적도 행하지 아니했으나, 요한이 이 분을 가리켜 말한 것은 다 진실이었습니다." 42그리고 많은 사람들이 거기서 예수를 믿었다.

167 혼인, 이혼과 독신에 관하여
(마태복음 19:3-12, 마가복음 10:2-12)

3바리새파 사람들이 예수께 나아와 그분을 시험하기 위해, 그분께 물었다. "어떤 이유로든 남자가 그의 아내와 이혼하는 것이 합법적인 것입니까?" 4예수께서 대답하셨다. "그대들은 읽지 안 했느냐? 곧 태초에 그들을 만드신 분이 사람을 남자와 여자로 만드셨다. 5그리고 말씀하셨다. '남자가 그의 부모를 떠나 아내와 합하여 둘은 한 몸이 된다.' 이것을 그대들이 읽지 안 했느냐? 6그러므로 이제는 그들이 둘이 아니요, 한 몸이다. 그러므로 하나님이 함께 합쳐주신 것을 사람으로 하여금 나누지 못하도록 하여라." 7바리새파 사람들이 예수께 말했다. "그러면 어찌하여 모세는 남자가 이혼증서를 주고 아내를 보내라고 명령했소?"

8예수께서 그들에게 말씀하셨다. "모세는, 그대들의 마음이 완

악했기 때문에, 그대들이 그대들의 아내와 이혼하는 것을 허락한 것이오. 그러나 처음부터 그랬던 것은 아니오. 9내가 그대들에게 말하오. 아내의 불륜이 아니고는 누구든지 아내와 이혼하고 다른 여인과 결혼하는 사람은 간음죄를 짓는 것이오."

10제자들이 예수께 말했다. "만일 남편과 그의 아내간의 관계가 이러한 것이라면, 결혼하지 않는 것이 더 낫겠습니다." 11그러나 예수께서 그들에게 말씀하셨다. "모든 사람이 이 말씀을 받아드릴 수 있는 것은 아니고, 오직 이 말씀이 주어진 사람만 받아 드릴 수 있다. 12이는 어머니의 태로부터 고자로 태어난 사람도 있고, 사람들에 의해 고자가 된 사람도 있으며, 또 하나님 나라를 위해 스스로 고자가 된 사람도 있기 때문이다. 이 말을 받아드릴 수 있는 사람은 이것을 받아드리도록 하여라."

168 어린이들에 대한 축복
(마가복음 10:13-16, 마태복음 19:13-15, 누가복음 18:15-17)

13사람들이 예수께 아이들을 데리고 왔다. 그래서 예수께서 어린 아이들을 만질 수 있도록 했다. 그러나 제자들이 사람들을 꾸짖었다. 14그러나 예수께서 이것을 보고 노하시어, 제자들에게 말씀하셨다. "어린 아이들이 내게 오도록 하여라. 그리고 그들을 제지하지 마라라. 이는 하나님의 나라는 이러한 어린 아이들에게 속한 것이기 때문이다. 15내가 진실로 너희에게 말한다. 누구든지 이 아이들처럼, 하나님의 나라를 받아들이지 않는 사람은 결코 그 곳에 들어가지 못할 것이다." 16그리고는 예수께서 어린 아이들을 껴안고 그들에게 손을 언지시며, 축복해 주셨다.

169 부의 위험(부자 청년)
(A.D. 30. 1월 말, 갈릴리로 가시는 중에)(마가복음 10:17-22, 마태복음 19:16-22, 누가복음 18:18-23)

17예수께서 길을 떠나고 계실 때, 한 사람이 예수께로 달려와, 그분 앞에 무릎을 꿇고 그분께 물었다. "선하신 선생님, 내가 무엇을 해야 영생을 얻을 수 있습니까?" 18예수께서 그에게 말씀하셨다. "네가 어찌하여 나를 선하다고 하느냐? 오직 하나님 외에는 누구도 선한지 않다. 19너는 계명을 알고 있다. 곧, 그 계명이란 살인하지 마라, 간음하지 마라, 도둑질하지 마라, 거짓 증언하지 마라, 속여서 빼앗지 마라, 네 부모를 공경하라는 것이다." 20그 사람이 예수께 말했다. "선생님, 나는 이 모든 계명을 어릴 때부터 지켜왔습니다."

21예수께서 그를 보시고 사랑하시며 그에게 말씀하셨다. "네게 한 가지 없는 것이 있다. 곧, 가서 네가 가진 것을 다 팔아서, 가난한 사람들에게 주어라. 그리하면 네가 하늘에서 보물을 갖게 될 것이다. 그리고 와서 나를 따르라." 22그 사람은 이 말씀을 듣고 침울해져서 슬퍼하며 갔다. 이는 그가 큰 재산을 가지고 있었기 때문이었다.

170 부자의 하나님 나라에 들어가는 것의 어려움
(마가복음 10:23-27, 마태복음 19:23-26, 누가복음 18:24-27)

23예수께서 주의를 둘러보시고, 제자들에게 말씀하셨다. "재산을 가진 사람이 하나님 나라에 들어가는 것이 얼마다 어려운 일일까!" 24제자들은 예수의 말씀에 놀랐다. 그러나 예수께서는 그들에게 다시 말씀하셨다. "얘들아, 하나님의 나라에 들어가는 것이 얼마나 어려운 일이냐! 25낙타가 바늘구멍을 통해 들어가는 것이 부자가 하나님 나라에 들어가는 것보다 더 쉽다." 26제자들이 몹시 놀라서 그분에게 말했다. 그렇다면 누가 구원을 받을 수 있습니까?" 27예수께서 그들을 보시며 말씀하셨다. "사람으로서는 그것이 불가능하지만, 하나님으로는 가능하다. 하나님으로는 모든 것이 가능하다."[a]

171 예수를 따르는 보상
(마태복음 19:27-30, 마가복음 10:28-31, 누가복음 18:28-30)

27이에 베드로가 예수께 대답하여 말했다. "보소서. 우리는 모든 것을 버리고 선생님을 따랐습니다. 그러면 우리가 무엇을 얻겠습니까? 28예수께서 그들에게 말씀하셨다. "내가 진실로 너희에게 말한다. 세상이 새롭게 되어,[b] 인자가 그분의 영광의 보좌에 앉을 때, 나를 따라온 너희들도 열두 보좌에 앉아, 이스라엘의 열두 지파를 심판 할 것이다. 29그리고 나를 위해, 누구든지 집이나, 형제나, 자매나, 부모나, 자식이나, 논밭을 떠난 사람은 다 백배나 더 받을 것이며, 영생을 얻을 것이다. 30그러나 먼저 된 자가 나중이 되고, 나중 된 자가 먼저 될 자가 많을 것이다.[c]

---

a) 구원은 전적으로 하나님께서 하시는 일이다. 인간의 노력과 성취로 하늘 나라에 들어가려고 하는 것은 헛된 일이다. 하나님의 은혜가 아니면, 누구도 구원을 받을 수 없다 (에베소서 2:8-9, 디도서 3:5)
b) 장차 올 마지막 때의 새 세상
c) 예수의 초기 제자들(열두 제자)이 뒤에 오는 사람을 멸시해서는 안 된다는 의미

172 '바리새파 사람들에게 화가 있을 것이다'
(누가복음 11:37-44)

37예수께서 말씀하실 때, 어떤 바리새파 사람이 자기와 식사를 함께하도록 예수께 청했다. 그래서 예수께서 안으로 들어가서 식탁에 기대 앉으셨다. 38그런데 그 바리새파 사람은 예수께서 식사 전에 먼저 손을 씻지 않으시는 것을 보고 놀랐다. 39그러나 주께서 그에게 말씀하셨다. "그대 바리새파 사람이여, 그대들은 잔과 접시의 겉은 깨끗이 씻지만, 안으로 그대들은 욕심과 사악함으로 가득 차 있소. 40그대 어리석은 자들이여, 겉을 만드신 분이 속도 만드는 것이 아니오? 41속에 가지고 있는 것[a]으로 자선을 베푸시오. 그러면 모든 것이 그대들에게 깨끗할 것이오.

42"그러나 그대 바리새파 사람들에게 화가 있을 것이오. 이는 그대들이 박하와, 운향과, 온갖 채소들의 십일조를 하나님께 바치면서, 의義와 하나님의 사랑은 무시하기 때문이오. 그대들은 다른 일도 태만히 하지 않고, 이러한 것들도 해야 했을 것이오. 43그대 바리새파 사람들에게 화가 있을 것이오. 이는 그대들이 그대들의 회당 안에서 가장 좋은 자리를 좋아하고, 시장에서 인사받기를 좋아하기 때문이오.

44그대 바리새파 사람들에게 화가 있을 것이오. 이는 그대들이 표시되지 아니한 무덤과 같아서, 사람들이 그것이 무덤인줄 모르고 그 위를 밟고 다니기 때문이오."

---

a) 사람의 마음에 있는 것을 의미. 믿는 사람이 먼저 그의 마음을 하나님에게 드리면, 모든 것이 깨끗해 질 것이다.

173 '율법학자들에게 화가 있을 것이다'
(누가복음 11:45-54, 마태복음 23:34-36)

45율법학자들 중 한 사람이 예수께 대답했다. "선생님, 선생께서는 이렇게 말씀하심으로써 우리를 또한 모욕하고 있습니다." 46예수께서 말씀하셨다. "너희 율법학자들에게도 화가 있을 것이다. 이는 그대들은 사람들에게 지기 힘든 짐을 지우면서도, 그들을 돕기 위해 손가락 하나도 그 짐에 대지 않기 때문이다. 47그대들에게 화가 있을 것이다. 이는 그대들은 그대들의 조상들이 죽인 예언자들의 무덤을 만들었기 때문이다. 48그래서 그대들은 그대들의 조상들이 한 일을 인정한다는 것을 증언하고 있다. 이는 그대들의 조상은 예언자들을 죽였고, 그대들은 그들의 무덤을 만들었기 때문이다. 49그러므로 하나님의 지혜가 말씀하셨다. '내가 그들에게 예언자들과 사도들을 보낼 것이다. 그들은 이들 중 일부는 죽이고 핍박할 것이다.' 50그렇게 함으로써, 이 세대는 이 세상이 시작된 이래 모든 예언자들이 흘린 피의 대가를 치러야 할 것이다. 51이 피는 아벨의 피로부터 제단과 성소 사이에서 죽임을 당한 사가랴의 피에 이르는 것이다. 그렇다 내가 그대들에게 말한다. 이 세대가 이 모든 것에 대해 책임을 질 것이다. 52그대 율법학자들에게 화가 있을 것이다. 이는 그대들이 지식의 열쇠를 탈취해 갔기 때문이다. 그대들은 자신들도 지식 안으로 들어가지 아니했으며, 들어가는 사람들도 막았다."

53예수께서 그 곳에서 나오실 때, 율법학자들과 바리새파 사람들은 예수를 강하게 압박하면서, 많은 일들에 대해 그분께서 말씀하시도록 도발했다. 54그들은 예수께서 말씀하시는 것에서 책을 잡으려고 숨어서 그분을 기다렸다.

174 바리새파 사람들의 위선에 대한 경고
(누가복음 12:1-3, 마태복음 10:26, 27)

1그러는 동안, 수 천 명의 군중이 모여 들었으며, 그들은 서로 짓밟았다. 그때 예수께서 먼저 제자들에게 말씀하기 시작하셨다. "바리새파 사람들의 누룩을 조심하여라. 누룩은 위선이다. 2어떤 것도 감추어 진 것이 들어나지 않을 것이 없고, 또는 숨겨진 것이 알려지지 않을 것이 없다. 3그러므로 무엇이든지 너희가 어둠 속에서 말한 것은 빛 가운데서 들릴 것이요, 너희가 골방에서 속삭인 것은 지붕 위에서 선포될 것이다.

175 '사람을 두려워하지 마라'
(A.D. 30. 1월말, 갈릴리바다 인근)(누가복음 12:4-7)

4"내 친구들아, 내가 그대들에게 말한다. 몸을 죽이고, 그 후에는 그들이 할 수 있는 것을 더 이상 아무 것도 가지고 있지 않은 사람a)을 두려워하지 마라. 5그러나 나는 누구를 두려워해야 할 것인지를 너희에게 경고할 것이다. 곧, 그분b), 곧 너희를 죽인c) 후에 지옥으로 집어던질 수 있는 권세를 가진 분을 두려워하여라. 6참새

---

a) 예언자들이 경험하고(누가복음 11:47), 그리스도를 따르는 사람들이 경험한 것 같이 (누가복음 11:49), 육체적인 죽음은 믿음의 사람의 최후의 운명에 영향을 미칠 수 없다는 의미(로마서 8:35-39).
b) 하나님
c) 최후의 심판

다섯 마리가 두 앗사리온^{a)}에 팔리지 않느냐? 그러나 하나님 앞에서는 그 중 한 마리도 잊혀 지지 않는다. 7너희 머리카락까지도 다 헤아려졌다. 그러므로 두려워하지 마라. 너희는 많은 참새들보다 더 귀하다.

176 '사람들 앞에서 나를 시인하여라'
(누가복음 12:8-12)

8"내가 그대들에게 말한다. 사람들 앞에서 나를 시인하는 모든 사람을, 인자도 하나님의 천사들 앞에서 시인할 것이다. 9그러나 누구든지 사람들 앞에서 나를 부인하는 사람은 하나님의 천사 앞에서 부인될 것이다. 10그리고 인자에 대하여 반대하는 말을 하는 사람은 모두 용서를 받을 것이다. 그러나 성령을 모독하는 사람은 용서를 받지 못할 것이다.

11"그리고 그들이 너희를 회당이나, 통치자들이나, 권세가들 앞에 데리고 갈 때, 그대들이 어떻게 자신을 변호할지, 또는 그대들이 무엇을 말할까 염려하지 마라라. 12이는 성령께서 바로 그때에 그대들이 무엇을 말해야 할 것인지를 가르쳐주실 것이기 때문이다."

177 '세상적인 재물을 탐하지 마라라'
(누가복음 12:13-15)

13군중 속의 한 사람이 예수께 말했다. "선생님, 내 형제에게 우

---

a) 매우 적은 금액을 의미(하루 노동임금의 16분의 1에 해당하는 금액)

리가 물려받은 유산을 나와 나누도록 말씀해 주십시오." 14예수께서 그에게 말씀하셨다. "이 사람아, 누가 나를 그대들 사이에 재판관이나 중재인으로 임명했느냐?" 15예수께서 군중들에게 말씀하셨다. "모든 탐욕에 대하여 주의를 기울이고, 자신을 경계하여라. 이는 사람의 생명이 그의 소유의 풍성함에 있는 것이 아니기 때문이다."

178 어리석은 부자
(누가복음 12:16-21)

16그리고 예수께서 한 비유를 그들에게 말씀하셨다. "어떤 부자의 땅이 풍성한 소출을 내었다. 17그는 '어떻게 하지? 내 모든 곡식을 쌓아 둘 곳이 없구나.'하고 혼자서 생각했다. 18그래서 이 부자는 이렇게 말했다. '내가 이렇게 해야겠다. 곧, 내가 내 창고를 흘어 버리고 더 큰 것을 지어, 내 모든 곡식과 다른 물건들을 거기에 쌓아두겠다. 19그리고 내 영혼에게는 "영혼아, 너는 여러 해 동안 쓸 물건을 쌓아두었으니, 편히 쉬어라. 먹고, 마시고 즐겨라."라고 말할 것이다.' 20그러나 하나님께서 그에게 말씀하셨다. '이 어리석은 사람아, 바로 오늘 밤에 네 영혼이 네게서 떠나갈 것이다. 그러면 네가 준비한 것들이 누구의 소유가 될 것이냐?' 21 "자기를 위해 재물을 쌓아 두면서도, 하나님에 대해 부유하지 않은 사람은 이런 사람이다."

179 '하늘에 재물을 준비하여라'
(누가복음 12:32-34)

32"두려워하지 마라라. 적은 무리여, 이는 하나님의 나라를 그대들에게 주는 것이 그대들의 아버지의 선한 기쁨이기 때문이다. 33그대들의 소유를 팔아서 가난한 사람에게 주어라. 축나지 않는 하늘에 있는 보물과 함께 낡지 않는 돈주머니를 준비하여라. 하늘에서는 도둑이 들지 않고, 좀이 먹지도 않는다. 34이는 그대들의 재물이 있는 곳에, 그대들의 마음도 있을 것이기 때문이다.

180 '주인의 귀환에 대비여 깨어 있어라'
(누가복음 12:35-40, 마태복음 24:42-57)

35"행동할 수 있도록 옷을 입고 너희 등불을 켜 놓아라. 36너희는 결혼잔치에서 집으로 돌아오는 그들의 주인을 기다리는 사람들처럼 되어라. 그러면 주인이 돌아와서 문을 두드릴 때, 그들은 바로 문을 열어줄 수 있을 것이다. 37주인이 돌아와서 종들이 깨어 있는 것을 볼 때, 그 종들은 축복을 받았다. 진실로 내가 너희에게 말한다. 종들은 옷을 입고 주인을 식탁에 앉히고, 와서 주인에게 시중을 들 것이다. 38만일 주인이 밤중에 오든, 새벽에 오든, 종들이 깨어 있는 것을 주인이 본다면, 그 종들은 복이 있다. 39그러나 이것을 알아라. 만일 집주인이 도둑이 몇 시에 올지 이미 알았더라면, 그는 감시하여 그의 집이 침입을 당하도록 내버려두지 안 했을 것이다. 40너희도 준비하고 있어라! 이는 인자가 너희가 기대기하지 않은 시간에 오실 것이기 때문이다."

181 양심적인 종과 무관심한 종
(누가복음 12:41-48)

41그러자 베드로가 말했다. "주님, 선생님께서 이 비유를 우리들에게만 말씀하시는 것입니까, 아니면 모든 사람을 위해 하신 것입니까? 42주께서 말씀하셨다. "그러면 주인이 그의 집안일을 다스리게 하고, 때에 맞추어 그들에게[a] 배당된 양식을 나누어 주게 한 신실하고 지혜로운 집안관리인은 누구이겠느냐? 43주인이 돌아왔을 때, 그 관리인이 그렇게 하고 있는 것을 주인이 보면, 그는 복이 있다. 44내가 진실로 너희에게 말한다. 주인은 자기의 모든 재산을 그 관리인에게 맡길 것이다. 45그러나 만일 그 관리인이 자신에게 '내 주인이 돌아오는데 시간이 지연될 것이다.' 라고 말하고 남녀 종들을 때리기 시작하면서 먹고 마신다면, 46그 종의 주인이, 종이 자기 주인이 돌아오리라고 기대하자 아니 했던 던 날, 그리고 알지도 못한 시간에 돌아와서, 그를 두 조각으로 토막 내어 믿지 않는 자들과 함께 있게 할 것이다.[b] 47그리고 주인의 뜻을 알고도 준비하지 않았거나, 또는 자신의 뜻에 따라 행한 종은 심하게 매를 많이 맞을 것이다. 48그러나 주인의 뜻을 알지 못하고, 벌을 받을 일을 한 종은 매를 적게 맞을 것이다. 이는 많은 것이 주어진 사람에게서는 많은 것이 요구될 것이며, 많은 것이 맡겨진 사람에게는 사람들이 더 많은 것을 요구할 것이기 때문이다."

---

a) 집안 사람들
b) 예수의 재림 시에 믿지 않는 사람이 받게 될 벌을 비유적으로 표현한 것임

182 '나는 평화가 아니고 분열을 가져왔다'
(누가복음 12:49-53, 마태복음 10:34-39)

49"나는 이 땅에 불을 던지기 위해 왔다.[a] 불이 이미 붙었었기를 내가 얼마나 바랐던가! 50나는 세례를 받아야 할 세례[b]가 있다. 그 세례가 이루어 질 때까지, 내 고뇌가 얼마나 큰가!

예수: 분열의 원인

51"너희는 내가 이 땅에 평화를 주기 위해 왔다고 생각하느냐? 아니다. 내가 너희에게 말한다. 오히려 분열이다.

52이는 이제부터 한 집안에서 다섯 식구가 서로 갈라져, 셋이 둘과 싸우고, 둘이 셋과 싸울 것이기 때문이다. 53아버지가 아들에게 반대하여 갈라지고, 아들이 아버지에 반대하여, 어머니가 딸에 반대하여, 그리고 딸이 어머니에 반대하여, 시어머니가 며느리에게 반대하여, 그리고 며느리가 시어머니에 반대하여 갈라질 것이다."

183 '때를 분별하여라'
(누가복음 12:54-59, 마태복음 1:1-4)

54예수께서 무리에게 말씀하셨다. "그대들이 구름이 서쪽에서 일어나는 것을 볼 때, '소나기 오고 있다.'고 그대들은 곧 바로 말

---

a) 믿는 자와 믿지 않는 자간의 분열을 의미. 예수께서는 인간의 구원을 위해 오셨지만, 인간이 그분을 따를 것인지, 따르지 않을 것인지를 결정함에 따라, 그분은 또한 인간을 분열시키는 인류의 '대 분열자'The Great Divider가 되셨다.
b) 예수께서 십자가상에서 받으실 고난과 죽음을 의미

한다. 그리고 소나기가 온다. 55그리고 그대들이 남쪽 바람이 부는 것을 볼 때, 그대들은 '더워지겠다.'고 말한다. 그리고 실제로도 덥다. 56그대 위선자들아! 그대들은 땅과 하늘의 기상은 해석할 줄 알면서, 어떻게 이 시대는 분별할 줄 모르느냐?

57"어찌하여 그대들은 무엇이 옳은지를 스스로 판단하지 아니하느냐? 58그대들이 그대들의 적과 함께 재판관에게 갈 때는, 가는 길에 먼저 그와 문제를 해결하도록 모든 노력을 경주하여라. 그렇지 않으면 그가 너를 재판관에게 끌고 갈 것이다. 그리고 재판관이 너를 형리刑吏에게 넘기고, 형리는 너를 감옥에 집어넣을 것이다. 59내가 그대들에게 말한다. 그대들이 마지막 한 푼까지 갚기 전에는 그대들이 그곳에서 나올 수 없을 것이다."

> 주: 예수께서는 기상의 변화는 잘 알면서도 그들에게 닥칠 일들(예: 영적 위기 및 그리스도의 오심 등)을 분간 못하는 자들을 '위선자'라고 하면서 말씀하신다.

184 '회개하지 않으면 멸망할 것이다'
(누가복음 13:1-5)

1그때, 몇몇 사람들이 예수께 와서 빌라도[a]가 갈릴리 사람들의 피를 그들의 제물과 섞었다[b]고 말했다. 2예수께서 그들에게 대답하셨다. "이 갈릴리 사람들이 이러한 고통을 받았기 때문에, 그대들은 그들이 다른 갈릴리 사람들보다 더 악한 죄인이라고 생각하

---

a) 로마제국의 유대 총독
b) 빌라도가 갈릴리 사람을 죽인 것을 의미

느냐? 3그런 것이 아니다. 내가 너희에게 말한다. 너희도 회개하지 아니하면, 이와 같이 모두 멸망할 것이다. 4또 실로암에 있는 탑이 무너져 깔려 죽은 18명은 예루살렘에 사는 모든 다른 사람들보다 더 악한 죄인이라고 그대들은 생각하느냐? 5그렇지 않다. 내가 그대들에게 말한다. 그대들도 회개하지 아니하면 다 이와 같이 멸망할 것이다."

185 열매 맺지 못하는 무화과나무의 비유[a]
(누가복음 13:6-9)

　6그리고 예수께서 이 비유를 말씀하셨다. "어떤 사람이 자기 포도원에 한그루의 무화과나무를 심었다. 그는 열매가 열렸을까 해서 가보았으나, 한 열매도 발견하지 못했다. 7그래서 그는 포도원지기에게 이렇게 말했다. '지난 3년 동안 내가 이 무화과나무에 열매를 보려고 왔지만 하나도 보지 못했다. 나무를 베어버려라. 왜 나무가 땅을 차지하고 있어야 하느냐?' 8그 포도원지기가 그에게 대답해 말했다. '주인님, 금년만 그대로 두십시오. 내가 나무 둘레를 파서 거기에 거름을 주겠습니다. 9만일 내년에 나무가 열매를 맺으면 좋은 일입니다. 그러나 그렇지 못하면, 주인께서 나무를 베어버리십시오.'"

---

a) 이스라엘을 비유. 열매가 열리면 (회개하면) 심판을 피하고, 열리지 못하면, 심판을 피하지 못할 것이라는 것을 의미

186 예수, 안식일에 악령에 사로잡힌 여인의 치유
(누가복음 13:10-17)

10예수께서 안식일에 한 회당에서 가르치고 계셨다. 11거기에는 18년 동안 악령에 의해 병신으로 있는 한 여인이 있었다. 그 여인은 허리가 굽어 전혀 똑바로 설수 없었다. 12예수께서 그 여인을 보시고, 앞으로 불러내어 말씀하셨다. "여인아, 네가 네 병에서 해방되었다." 13그리고 예수께서 그 여인에게 그분의 손을 얹으셨다. 그러자 그 여인은 똑바로 서게 되었고, 하나님께 영광을 돌렸다. 14그러나 회당 장長은 예수께서 안식일에 병을 고치셨기 때문에, 분개하여 무리에게 말했다. "사람이 일을 해야 할 날이 엿새 있다. 그러므로 일하는 날에 와서 고침을 받고, 안식일에는 일하지 마시오."

15주께서 그에게 대답하셨다. "이 위선자들아. 너희 각자는 안식일에 네 황소나 나귀를 외양간에서 풀어, 끌고 가서 물을 먹이지 않느냐? 16그렇다면 18년이나 사탄에 의해 결박되어 있었던 이 여인, 아브라함의 딸인 이 여인이 안식일에 그 결박에서 풀려나야 하지 않겠느냐?" 17예수께서 이 말씀을 하시자, 그분을 반대하는 사람들이 모두 수치를 당했으며, 온 무리는 예수께서 행하신 모든 영광스러운 일을 보고 기뻐했다.

187 '좁은 문으로 들어가기 위해 힘써라'
(A.D. 30. 1월말, 갈릴리 바다 인근에서 요단 강을 건너 나사렛 방향으로)(누가복음 13:22-30, 마태복음 7:13, 14)

22예수께서 마을들과 동네들을 지나며, 가르치시면서 예루살렘으로 향해 길을 가셨다. 23어떤 사람이 예수께 물었다. "주여, 구원을 받는 사람은 그 수가 적습니까?"

예수께서 그들에게 말씀하셨다. 24"좁은 문으로 들어가도록 힘써라. 내가 너희에게 말하는데, 이는 많은 사람들이 들어가기를 간구할 것이지만, 들어가지 못할 것이기 때문이다. 25한번은 집주인이 일어나서 문을 닫아버렸고, 너희는 밖에 서서 '주님, 우리들에게 문을 열어주십시오.' 라고 말하면서 문을 두드리기 시작할 때, 그분은 '나는 너희가 어디서 왔는지 알지 못한다.'고 너희에게 대답하실 것이다. 26그러면 너희는 '우리는 당신의 면전에서 먹고 마셨고, 또 당신께서는 우리 동네 거리에서 가르치셨습니다.' 라고 말하기 시작할 것이다.

27"그러나 그분은 '내가 말하는데, 나는 너희가 어디서 왔는지 알지 못한다. 너희 불의를 행하는 자들은 다 나에게서 물러가라.' 고 말씀하실 것이다. 28너희는, 아브라함과, 이삭과, 야곱과, 모든 예언자들은 하나님 나라에 있는데, 너희 자신은 밖으로 쫓겨난 것을 보았을 때, 너희는 슬피 울며, 이를 갈 것이다. 29사람들이[a] 동서남북 사방에서 와서 하나님 나라의 잔치에 자리를 잡을 것이다. 30보아라. 마지막인 사람이 첫째가 될 사람이 있고, 첫째인 사람이 마지막이 될 사람이 있다."[b]

---

a) 이방인들
b) 하나님 나라에서는 세상에서 멸시를 받은 사람도 명예를 얻고, 세상에서 권세 있는 사람도 하나님 나라에 들어가지 못함을 비유

188 '예언자는 예루살렘을 떠나서 죽을 수 없다'
(누가복음 13:31-33)

31그 때 몇몇 바리세파 사람들이 와서 예수께 말했다. "이곳을 떠나시오. 헤롯이 당신을 죽이려고 하기 때문이오." 32예수께서 그들에게 말씀하셨다. "가서 그 여우에게 이렇게 말하여라. '오늘과 내일은 내가 귀신을 쫓아내고, 사람을 고칠 것이다. 그리고 셋째 날에는 내가 가는 길을 끝낸다. 33그럼에도 불구하고 나는 오늘도, 내일도, 그 다음 날에도 갈 길을 계속 가야한다. 이는 예언자는 예루살렘을 떠나서 죽을 수 없기 때문이다."

189 안식일에 수종병 든 사람의 치유
(누가복음 14:1-6)

1안식일에 예수께서 음식을 드시기 위해 한 바리새파 지도자의 집으로 가셨을 때, 사람들이 예수를 가까이에서 지켜보고 있었다. 2보아라, 예수님 앞에는 한 수종병水腫病 환자가 있었다. 3예수께서 바리새파 사람들과 율법학자들에게 물으셨다. "안식일에 병을 고치는 것이 합법적인 일이냐, 그렇지 않으냐?" 4그러나 그들은 침묵을 지켰다. 그래서 예수께서 그를 붙들어 그의 병을 고쳐주고, 그를 가게 했다. 5그리고 예수께서 그들에게 말씀하셨다. "너희 중에 누가, 아들이나 소가 우물에 빠졌는데, 안식일이라도 당장 그를 끌어내지 않겠느냐?" 6그들은 이 질문에 대하여 대답하지 못했다.

190 '자신을 낮추는 사람은 높임을 받을 것이다'
(누가복음 14:7-11)

7예수께서 초청된 사람들이 어떻게 상석을 고르는 것을 보시고 그들에게 한 비유를 말씀하셨다. 8"어떤 사람이 너희를 결혼잔치에 초청했을 때, 그 사람이 너보다 더 높은 사람을 초청했을지도 모른다는 것을 두려워하여, 상석에 앉지 마라. 9두 사람을 초청한 그 사람이 네게로 와서 '이 사람에게 자리를 내 드리십시오.' 라고 말할 것이고, 그러면 너는 가장 끝자리를 차지하는 수모를 당하기 시작할 할 것이다.

10그러나 네가 초청을 받았을 때는, 가서 제일 끝자리에 앉아라. 그러면 너를 초청한 주인이 네게로 와서 '친구여, 더 나은 자리로 올라와 앉으십시오.' 라고 말할지도 모른다. 그러면 너는 너와 함께 식탁에 앉아 있는 모든 사람들 앞에서 높임을 받을 것이다. 11이는 누구든지 자기를 높이는 사람은 낮아질 것이고, 자기를 낮추는 사람은 높아질 것이기 때문이다."

191 '자신의 이익을 추구하지 마라'
(누가복음 14:12-14)

12예수께서 자기를 초청한 사람에게 말씀하셨다. "네가 저녁 식사나 연회를 베풀 때, 친구나, 형제나, 친척이나, 부유한 이웃을 초청하지 마라. 그러면, 그들도 답례로 너를 초청할 것이고, 그러면 네가 되갚음을 받을 것이기 때문이다. 13그러나 네가 잔치를 베풀 때, 가난한 사람들과, 지체장애가 있는 사람들과, 다리 저는 사람들과, 보지 못하는 사람들을 초청하여라. 14그들이 네게 갚아 줄 수 없기 때문에, 너는 복이 있을 것이다. 이는 의인들이 부활할 때, 네가 갚음을 받을 것이기 때문이다."

192 잔치에 초청된 사람들의 비유
(누가복음 14:15-24, 마태복음 22:1-14)

15식탁에 앉아 있던 사람들 중의 한 사람이 이 말씀을 듣고 예수께 말했다. "하나님의 나라에서 빵을 먹게 될 사람은 모두 복이 있습니다." 16그러나 예수께서 그에게 말씀하셨다. "한번은 어떤 사람이 큰 잔치[a]를 준비하고 많은 사람을 초청했다. 17잔치시간이 되자 그는 종을 보내서 초대된 사람들에게 '모든 준비가 되었으니, 오십시오!' 라고 말하게 했다. 18그러나 그들은 모두 핑계를 대기 시작했다. 첫 번째 사람은 그에게 이렇게 말했다. '내가 이제 바로 밭을 샀는데 지금 가서 그 밭을 보아야겠습니다. 제발 양해해 주십시오.' 19또 다른 사람이 말했다. '내가 황소 다섯 쌍을 샀는데, 지금 소를 보러가야 합니다. 제발 양해해주십시오.' 20또 다른 사람이 말했다. '내가 지금 막 결혼을 해서 갈수가 없습니다.'

21그 종이 돌아와서 주인에게 이 사실을 전했다. 그러자 집 주인이 화가 나서 종에게 말했다. '속히 길거리와 골목으로 나가서 가난한 사람들[b]과, 지체장애자[a]와, 보지 못하는 사람들[a]을 데리고 오너라.' 22종이 이렇게 말했다. '주인님, 분부대로 이미 했습니다. 그러나 아직도 자리가 비어 있습니다.' 23주인이 종에게 말했

---

a) 하나님 나라의 도래를 의미
b) 이스라엘의 빈민층을 의미

다. '큰 길과 산울타리로 나가서 사람들[a]을 오도록 강하게 권유하여라. 그러면 내 집[b]이 채워질 것이다. 24이는 내가 너희에게 말하는데, 초대된 사람들[c] 중에서는 누구도 내 잔치의 맛을 보지 못할 것이기 때문이다."

193 제자가 될 수 없는 사람들
(누가복음 14:25-35, 마태복음 10:34-39)

25많은 무리가 예수와 함께 갔다. 예수께서 돌아서 그들에게 말씀하셨다. 26"만일 누구든지 내게 와서 자기 자신의 부모와, 아내와, 형제자매와, 심지어 자기 목숨까지도 미워하지 않으면, 내 제자가 될 수 없다. 27그리고 누구든지 자기 십자가를 지지 않고, 나를 딸아 오는 사람은 내 제자가 될 수 없다.

28"너희 중에 누구든지 탑을 세우려고 하는 사람은 그가 탑을 완성하기 위해 충분히 가지고 있는지, 먼저 앉아서 그 경비를 계산하지 않겠느냐? 29그렇지 않고 그가 기초를 놓고 완성하지 못하면, 그것을 본 사람들이 모두 그를 비웃기 시작할 것이다. 30그들은 '이 사람이 탑을 세우는 일을 시작했지만, 완성할 수 없었다.'고 말할 것이다. 31또는 어떤 왕이, 다른 왕에게 대항하여 전쟁을 하기 위해 가려면, 2만 명을 거느리고 그를 대항하기 위해 오는 왕을 1만 명으로 대항할 수 있는지 먼저 앉아서 생각하지 않겠느

---

a) 이방인들을 의미
b) 하나님 나라의 비유
c) 예수께서 명시적으로 지적하지는 않으셨지만, 하나님 잔치의 초청을 수락하지 않은 유대인들은 하나님에 의해 거절당할 것이라고 말씀하신다. (누가복음 20:9-19 참조)

냐? 32만일 그렇지 않으면, 다른 왕이 아직도 멀리 있을 때, 그가 사신을 보내, 화평의 조건을 물을 것이다. 33이와 같이, 너희 가운데 누구든지 자기 소유를 다 버리지 않는 사람은 내 제자가 될 수 없다.

34"소금은 좋은 것이다. 그러나 만일 소금이 그 맛을 잃었다면, 무엇으로 짜게 하겠느냐? 35그런 소금은 땅에도 거름에도 쓸모없게 되어, 사람이 이것을 집어 던질 것이다. 듣는 귀를 가진 사람은 들으라."

194 한 마리 잃어버린 양의 비유
(누가복음 15:1-7, 마태복음 18:10-14)

1세리들과 죄인들이 모두 예수님의 말씀을 듣기 위해 그분에게로 모여들었다. 2그리고 바리새파 사람들과 율법학자들은 불평하면서 말했다. "이 사람은 죄인들을 받아드리고, 또 그들과 함께 음식을 먹는다." 3그래서 예수께서 그들에게 이 비유를 말씀하셨다. 4"너희 가운데 어떤 사람이 양 100마리를 가지고 있는데, 그가 그 중에서 한 마리를 잃었다면, 99마리를 넓은 들에 내버려두고, 잃어버린 양을 찾을 때까지 그 양을 찾아가지 않겠느냐? 5그가 그 양을 찾으면, 그는 그 양을 어깨에 메고 기뻐한다. 6그가 집으로 왔을 때, 그는 그의 친구와 이웃들을 불러, 그들에게 '나와 함께 기뻐해주십시오. 내가 잃어버린 내 양을 찾았소.'라고 말할 것이다. 7그러므로 내가 너희에게 말한다. 이와 같이 하늘에서는 회개할 필요가 없는 99명의 의인보다는 회개하는 한 사람의 죄인 위에 더 기쁨이 있을 것이다."

195 잃어버린 동전의 비유
(누가복음 15:8-10)

8"또 어떤 여인이 은전 열 개를 가지고 있었는데, 만일 그녀가 하나를 잃으면, 등불을 켜서 그것을 찾을 때까지, 집을 쓸며, 부지런히 찾지 아니하겠느냐? 9그 여인이 은전을 찾으면, 그녀의 친구들과 이웃들을 함께 불러서 '나와 함께 기뻐해주십시오. 내가 잃었던 은전을 찾았기 때문입니다'라고 말한다. 10내가 너희에게 말한다. 이와 같이 회개하는 죄인 한 사람 위에는 하나님의 천사들의 면전에서 기쁨이 있다."

196 탕자의 비유
(누가복음 15:11-32)

11예수께서 또 말씀하셨다. "어떤 사람에게 두 아들이 있었다. 12그런데 작은 아들이 그의 아버지에게 이렇게 말했다. '아버지, 저에게 올 재산의 몫을 저에게 주십시오.' 그래서 아버지는 그의 재산을 그들 두 사람 사이에 나누었다. 13많은 날이 지나지 않았을 때, 작은 아들이 그가 가진 것을 모두 모아, 이것을 가지고 먼 나라로 여행을 떠났다. 그리고 그는 거기서 방종한 생활로 그의 재산을 허비했다. 14그가 모든 것을 다 쓰고 났을 때, 그 땅에 심한 기근이 들었다. 그리고 그는 궁핍하기 시작했다. 15그래서 그는 나가서 그 나라의 한 주민에게 고용되었다. 그 사람은 그를 그의 소유의 들로 보내어 돼지를 치게 했다. 16그는 돼지들이 먹는 열매로 배를 채우기를 바랐지만, 그에게 무엇이든지 주는 사람은 아무도 없었다.

17"그러나 그가 정신이 들자, 그는 이렇게 말했다. '내 아버지가 고용한 그 많은 종들은 먹을 것이 남아도는데, 나는 여기서 굶어 죽는구나! 18내가 일어나서 내 아버지에게로 갈 것이다. 그리고 나는 이렇게 말할 것이다. 19'저는 하늘과 아버지께 죄를 지었습니다. 저는 더 이상 아버지의 아들이라고 불릴 가치가 없습니다. 저를 아버지가 고용한 종의 하나로 삼아주십시오.' 20그는 일어나서 그의 아버지에게로 갔다. 그러나 그가 아직도 멀리 떨어져 있는데, 그의 아버지가 그를 보고, 그에게 불쌍한 마음이 들어 달려가서 그를 껴안고 그에게 입을 맞추었다. 21그리고 아들이 아버지에게 말했다. '아버지, 제가 하늘과 아버지께 죄를 지었습니다. 저는 더 이상 아버지의 아들이라고 불릴 가치가 없습니다.'

22"그러나 아버지는 그의 종들에게 말했다. '가장 좋은 옷을 빨리 가져와서 그에게 입히고, 그의 손에 반지를 끼우고, 그의 발에 신발을 신겨주어라. 23그리고 살진 송아지를 끌고 와서 잡아라. 그리고 먹고 즐기자. 24이는 이 내 아들이 죽었었는데, 다시 살아났기 때문이다. 그를 잃어버렸었는데 찾았다.' 그리고 그들은 잔치를 시작했다.

25"그때 그의 맏아들은 밭에 있었다. 그가 집 가까이 다가왔을 때, 음악과 춤추는 소리를 들었다. 26그래서 그는 종들 중, 하나를 불러 이 일들이 무슨 뜻인지 물었다. 27종이 그에게 말했다. '당신의 동생이 돌아왔습니다. 당신의 아버지가 그 아들을 안전하고 건강하게 받아들였기 때문에, 그가 살진 송아지를 잡았습니다.'

28 "큰 아들은 화가 나서 집으로 들어가려고 하지 않았다. 그래서 그의 아버지가 나와서 타일렀다. 29그리고 그가 그의 아버지에

게 대답했다. '나는 이 여러 해 동안 아버지를 섬겼으며, 아버지의 명령을 한 번도 어기기 아니했습니다. 그런데도 아버지는 내 친구와 즐기라고 염소 한 마리도 나에게 주신 일이 없습니다. 30그러나 창녀들과 어울려 아버지의 살림을 집어삼킨 이 작은 아들이 오자, 아버지는 그를 위해 살진 송아지를 잡았습니다.'

31"그러자 아버지가 그에게 말했다. '아들아, 너는 항상 나와 함께 있다. 내가 가진 것은 다 네 것이다. 우리가 즐거워하고 기뻐하는 것이 마땅하다. 이는 네 동생은 죽었다가 다시 살아났으며, 잃었다가 찾았기 때문이다.'"

197 정직하지 못한 관리인의 비유
(누가복음 16:1-13)

1예수께서 제자들에게 말씀하셨다. "한 부자가 있었는데, 그에게 한 관리자가 있었다. 그가 주인의 재산을 낭비하고 있다는 비난이 주인에게 들려왔다. 2그래서 주인이 그 관리인을 불러 말했다. '내가 자네에 대하여 들은 이 말이 어떻게 된 말인가? 자네가 더 이상 관리인 일을 할 수 없으니, 자네의 관리인 일을 청산하여라.'

3청지기가 속으로 생각했다. '주인이 내게서 관리인의 자리를 빼앗아가려고 하는데, 이제 내가 무엇을 해야지? 내가 땅을 파자니 힘에 부치고, 빌어먹자니 부끄럽구나. 4내가 무엇을 할지 결정했다. 곧, 내가 관리인 직에서 밀려나면, 사람들이 나를 그들의 집으로 맞아들일 것이다.'

5"그래서 청지기는 그의 주인에게 빚진 사람들을 하나씩 불러들였다. 그가 첫 번째 사람에게 물었다. '당신이 내 주인에게 진

빚이 얼마요?' 6그가 말했다. '올리브 기름 100 바루스[a]입니다.' 그래서 관리인이 그에게 말했다. '당신의 증서를 받으시오. 속히 여기 앉아 50 바루스의 증서를 쓰시오.' 7그리고 관리인은 다음 사람에게 말했다. '당신은 얼마나 빚을 지고 있소?' 그가 대답했다. '밀 100 코루스[b]입니다.' 관리인이 그에게 말했다. '당신의 증서를 받아서 80 코루스라고 적으시오.' 8그래서 주인은 이 정직하지 못한 관리인이 일을 슬기롭게 처리했기 때문에 그를 칭찬했다.[c] 이는 이 세상의 자녀들이 자기들 끼리 거래하는데 있어서는 빛의 사람들[d]보다 더 지혜롭기 때문이다.

9"내가 너희에게 말한다. 불의한 재물[e]로 너희를 위해 친구를 만들어라. 그래서 너희가 실패할 때, 그들이 너희를 영원한 집으로 받아드릴 것이다. 10누구든지 아주 작은 일에 충성하는 사람

---

a) 약 3,200 리터
b) 약 40,000 리터
c) 기름 100 바루스나 밀 100코로소는 쉽게 갚을 수 없는 큰 빚이기 때문에, 관리인이 이 빚을 탕감해줌으로써 주인이 빚을 받을 가능성이 커져서 주인이 관리인을 칭찬한 것으로 보인다.
d) 믿는 사람들
e) 세상적인 재물을 의미. 세상적인 재물은 불의한 일에 쓰이기도 하고, 이기적으로 쓰이기도 하기 때문에, '불의한' 것으로 표현한 것으로 보인다.
주: 이 비유의 청중은 예수의 제자들과 바리새파 사람들이다. 부자는 그의 재산을 관리하는 관리인이 정직하지 못하다는 이유로 그를 해고 하려고 한다. 그러자 관리인은 그의 주인에게 빚진 자들을 하나씩 불러 그들의 빚을 탕감해준다. 이것은 그가 해고 되었을 경우, 그들에게 환심을 사서 그의 경제적 이익을 도모하기 위한 것이다. 그럼에도 불구하고 주인은 이 정직하지 못한 관리인을 칭찬한다. 여러 가지 설명이 있을 수 있으나, 이 비유의 초점은 이 관리인이 그의 해고를 예상하고 그 후의 경제적 이익을 도모하려고 하는 통찰력에 있다. 예수의 제자들은 돈을 의롭게 사용해야 하며, 그러나 이 관리인처럼, 장차 그들의 삶을 준비하는 방법으로 그들의 돈을 사용해야 한다.

은 큰 일에도 충성할 것이다. 그리고 누구든지 아주 작은 일에 불의한 사람은 큰 일에도 불의할 것이다. 11그러므로 너희가 불의한 재물을 다루는데 충성하지 못했다면, 누가 참된 재물을 너희에게 맡기겠느냐? 12또 너희가 다른 사람의 재산을 다루는데 충성하지 못했다면, 누가 너희에게 당연히 속한 재산이라도 너희에게 주겠느냐? 13어떤 종도 두 주인을 섬길 수 없다. 이는 종이 한 주인은 미워하고, 다른 주인은 사랑하거나, 또는 한 주인에게는 헌신하고, 다른 주인은 멸시할 것이기 때문이다. 너희는 하나님과 재물을 섬길 수 없다."

198 율법과 하나님 나라
(누가복음 16:14-17)

14돈을 사랑하는 사람들인 바리새파 사람들은 이 모든 것을 듣고 예수를 비웃었다. 15예수께서 그들에게 말씀하셨다. "그대들은 사람들 앞에서 너희 스스로를 정당화하는 사람들이다. 그러나 하나님은 그대들의 속마음을 아신다. 이는 사람들 가운데서 고귀한 것은 하나님 보시기에는 혐오스러운 것이기 때문이다.

16율법과 예언자는 요한의 때까지만 있었다. 그 후부터는 하나님 나라의 복음이 선포되었으며, 모든 사람들이 하나님 나라로 들어가려고 달려가고 있다. 17그러나 하늘과 땅이 지나가 버리는 것이 율법의 글자의 한 획이 떨어져 나가는 것보다 더 쉽다.[a]

---

a) 사람들이 하나님 나라로 들어가도록 강력하게 재촉을 받고 있다는 의미로 해석됨.

199 가난한 나사로와 악한 부자
(누가복음 16:19-31)

19"어떤 부자가 있었는데, 그는 자색 옷과 고운 삼베옷을 입고 날마다 사치스럽게 살았다. 20그의 집 대문에는 나사로라고 하는 가난한 사람이 상처투성이가 되어 누워 있었다. 21그는 그 부자의 상에서 떨어진 것을 먹을 수 있기를 바랐다. 심지어 개들이 와서 그의 상처를 핥았다. 22그 가난한 사람은 죽었고, 천사들이 그를 아브라함의 곁으로 데리고 갔다. 그 부자도 죽어 땅에 묻혔다. 23그리고 지옥에서 고통을 당하고 있던 그 부자가 눈을 들어보니 저 멀리 아브라함이 있었고, 그의 곁에 나사로가 있었다. 24부자가 소리 쳐 외쳤다. '조상 아브라함이여, 나를 불쌍히 여기시고, 나사로를 보내, 그의 손가락 끝을 물에 적셔서 내 혀를 식혀주십시오. 이는 내가 이 불로 고통을 당하고 있기 때문입니다.'

25"그러나 아브라함은 대답했다. '아들아, 네가 살아 있을 때를 기억해보아라. 나사로가 나쁜 것을 받는 동안, 너는 좋은 것을 받았다. 그러나 지금은 나사로는 여기서 위로를 받고 있고, 너는 고통을 받고 있다. 26그러나 이것이 전부는 아니다. 우리와 너 사이에는 깊은 구렁이 생겨서 여기서 네게로 가고 싶은 사람도 갈 수 없고, 그 곳으로부터도 누구도 우리에게로 건너 올 수 있는 사람이 없다.' 27부자가 대답했다. '그러면 내가 당신, 아버지에게 청합니다. 나사로를 내 아버지 집으로 보내주십시오. 28내게 다섯 형제가 있습니다. 그래서 그가 그들에게 경고함으로써 그들이 이 고통스러운 곳으로 오지 않도록 해 주십시오.' 29그러나 아브라함은 말했다. '네 형제들에게는 모세와 예언자들이 있으니 그들로

하여금 그들의 말을 듣게 하여라.'

30"그러나 부자가 말했다. '아닙니다. 조상 아브라함이여, 죽은 자 가운데서 누군가가 그들에게 가면, 그들이 회개할 것입니다.' 31아브라함이 대답했다. '만일 그들이 모세와 예언자들의 말을 듣지 않으면, 누군가가 죽은 자 가운데서 살아난다 해도, 그들을 확신시키지 못할 것이다.'"

200 겨자씨 한 알만 한 작은 믿음
(누가복음 17:5-6)

5사도들이 주께 말했다. "우리에게 믿음을 더해 주십시오." 6주께서 말씀하셨다. "너희에게 겨자씨 한 알만한 작은 믿음이 있었더라면, 너희는 이 뽕나무에게 '뿌리 채로 뽑혀져서 바다에 심겨져라' 라고 말할 수 있을 것이다. 그리고 뽕나무는 너희에게 순종할 것이다.

201 '우리는 쓸모없는 종입니다'
(A.D. 30. 1월 말. 나사렛 - 제닌)(누가복음 17:7-10)

7"너희들 가운데 누군가에게 밭을 갈거나, 양을 치는 종이 있는데, 그 종이 들판에서 돌아 왔을 때, 그가 그 종에게 '바로 이리로 와서 식탁에 앉아 먹어라' 라고 말하겠느냐? 8오히려 그는 그 종에게 '나를 위해 저녁을 준비하고, 옷을 바르게 입고, 내가 먹고 마시는 동안에 내게 시중을 들으라. 그 후에 너도 먹고 마실 것이다.' 라고 말하지 않겠느냐? 9그 종이 지시를 받은 대로 했다고 해서 주인이 그 종에게 고맙다고 말하겠느냐? 10너희도 마찬가지이다. 너

희가 명령 받은 것을 다 했을 때, '우리는 쓸모없는 종입니다. 우리는 다만 우리의 의무를 다했을 뿐입니다.' 라고 말하여라."

202 열 명의 나병환자의 치유
(누가복음 17:11-19)

11예수께서 예루살렘으로 가시는 길에 사마리아와 갈릴리 사이의 경계지역을 지나가셨다. 12예수께서 한 마을에 들어가셨을 때, 열 명의 나병환자들이 예수를 만났다. 그들이 떨어져 서서 있었다. 13그들은 소리를 높여 말했다. "주인 되시는 예수님, 저희를 불쌍히 여기십시오." 14예수께서 그들을 보시고 말씀하셨다. "가서 제사장들에게 너희 몸을 보여라." 그러자 그들은 가는 길에 몸이 깨끗해졌다. 15그들 중의 한사람이 그가 나은 것을 보고, 돌아와서 큰 소리로 하나님을 찬양했다. 16그리고 그는 예수의 발 앞에 그의 얼굴을 숙이고 감사를 드렸다. 그는 사마리아 사람이었다.

17예수께서 대답하셨다. "열 사람이 깨끗해지지 아니했느냐? 아홉 사람은 어디 있느냐? 18이 이방사람 말고는, 돌아와서 하나님께 영광을 돌리는 사람은 찾아볼 수 없구나?" 19그리고 예수께서 그 사마리아 사람에게 말씀하셨다. "일어나 가거라. 네 믿음이 너를 낫게 했다."

203 예수의 재림: 하나님 나라의 도래
(A.D. 30, 1월 말 요단강 건너 베다니)(누가복음 17:20-37)

하나님 나라

20하나님 나라가 언제 올 것인가에 대해 바리새파 사람들로부터 질문을 받고, 예수께서 그들에게 대답하셨다. "하나님 나라는 볼 수 있는 모습으로 오는 것이 아니다. 21 그들이 '보라, 여기 하나님 나라가 있다' 또는 '저기 있다.'고 말하지 아니할 것이다. 이는, 보라, 하나님 나라는 너희 안에 있기 때문이니라."

22그리고 예수께서 제자들에게 말씀하셨다. "너희가 인자의 날들 중에서 한 날a)을 보기를 원하게 될 때, 그 날들이 오고 있을 것이다. 그런데 너희는 그 날을 보지 못할 것이다. 23그리고 사람들이 너희에게 '저기를 보라.' 또는 '여기를 보라.'라고 말할 것이다. 밖으로 나가거나 그들을 쫓아가지 마라라. 24이는 번개가 한쪽에서 다른 쪽으로 번쩍거리고 하늘을 비추는 것 같이, 인자도 그분의 날에 그러할 것이기 때문이다. 25그러나 먼저 그분은 이 세대에 의해 많은 고난을 겪고, 버림을 받아야 한다. 26노아의 때에 그랬던 것 같이, 인자의 날에도 그러할 것이다. 27노아가 방주에 들어간 날까지, 사람들은 먹고, 마시고, 장가가고, 시집갔다. 그리고 홍수가 일어나 그들을 모두 파멸시켰다. 28이와 같이, 롯의 때에도 마찬가지이었다. - 사람들은 먹고 마시고, 사고팔고, 식물을 심고 집을 지었다. 29그러나 롯이 소돔을 떠난 날에, 하늘에서 불과 유황이 비처럼 쏟아져서 그들을 모두 멸망시켰다.

30"인자가 나타나는 그 날도 이러할 것이다. 31그 날에는 자기 재산을 집안에 둔 채 지붕 위에 있는 사람은 재산을 끌어내기 위해 밑으로 내려가지 않도록 하여라. 이와 같이 들에 있는 사람도 무엇을 가지려고 되돌아오지 않도록 하여라. 32롯의 아내를 기억

---

a) 아마도 예수께서 이미 이 땅으로 돌아오셨을 때(재림)의 한날

하여라. 33누구든지 자기 생명을 보존하려는 사람은 잃을 것이요, 누구든지 자기 생명을 잃는 사람은 이를 보존할 것이다. 34내가 너희에게 말한다. 그날 밤에는 두 사람이 한 침상에 있을 것이다. 한 사람은 데려갈 것이고, 한 사람은 남겨 질 것이다. 35두 여인이 함께 곡식을 맷돌질 하고 있는데, 한 여인은 데려갈 것이고 한 여인은 남겨질 것이다."

(36 없음) 37제자들이 예수께 물었다. "주님, 이런 일이 어디서 일어날 것입니까?" 예수께서 그들에게 대답해, 말씀하셨다. "시체가 있는 곳에는 어디나 독수리가 모여든다."

204 불의한 재판관과 끈질긴 과부
(누가복음 18:1-8)

1예수께서는, 제자들이 항상 기도하며 낙담해서는 안 된다는 뜻으로 한 비유를 그들에게 말씀하셨다. 2말씀하시기를, "어떤 마을에 하나님을 두려워하지도 않고, 사람을 존경하지도 않는 한 재판관이 있었다. 3그 마을에는 또한 한 과부가 있었는데 그 과부는 재판관을 계속 찾아와서 '내 원수에 대하여 저에게 정의를 실현시켜 주십시오.' 라고 말했다. 4재판관은 한 동안 거절했었지만, 그 후에 자신에게 이렇게 말했다. '나는 하나님을 두려워하지 않고, 사람을 존경하지도 않지만, 5이 여인이 계속 나를 괴롭히기 때문에, 내가 그 여인에게 정의를 실현시켜 줄 것이다. 그래서 그 여인이 나를 계속 찾아와서 나를 지치게 하지 않도록 할 것이다.'"

6그리고 주께서 말씀하셨다. "이 의롭지 못한 재판관이 말하는 것을 들으라. 7그리고 하나님께서, 그분에게 밤낮으로 부르짖는 그분이 택하신 사람에게 정의를 주시지 않겠느냐? 그리고 그분께서 그들에게 오래 지체하시겠느냐? 8내가 너희에게 말한다. 하나님께서 그들에게 빨리 정의를 실현시켜 주실 것이다. 그럼에도 불구하고 인자가 오실 때, 그분이 이 세상에서 믿음을 찾을 수 있겠느냐?"

205 바리새파 사람들과 세리
(누가복음 18:9-14)

9자신들은 의롭다고 스스로 믿으며, 다른 사람들을 격멸하는 몇몇 사람들에게 예수께서 이런 비유를 말씀하셨다. 10"두 사람이 기도하기 위해 성전으로 올라갔다. 한 사람은 바리새파 사람이고 다른 한 사람은 세리稅吏였다. 11그 바리새파 사람은 서서 홀로 이렇게 기도했다. '오, 하나님! 나는 다른 사람들, 곧 도적질하는 사람이나, 불의한 사람이나, 간음하는 사람이나, 또는 세리와도 같지 아니함을 하나님께 감사합니다. 12나는 한 주일에 두 번 금식하며, 내가 얻는 것의 십일조를 냅니다.' 13그러나 세리는 멀리 떨어져 서서 눈을 떠서 하늘을 쳐다보지도 못하고, 자기 가슴을 치면서 말했다. '하나님, 저에게 자비를 베푸십시오. 저는 죄인입니다.' 14내가 너희에게 말한다. 이 세리가 저 바리새파 사람보다 오히려 의롭다는 인정을 받고 그의 집으로 내려갔다. 이는 누구든지 자신을 높이는 사람은 낮아질 것이요, 자신을 낮추는 사람은 높아질 것이기 때문이다."

206 포도원 품꾼들의 비유
(마태복음 20:1-16)

1"이는 하늘 나라는 자기 포도원에서 일할 일꾼을 고용하기 위해 이른 아침에 집을 나선 집 주인과 같기 때문이다. 2그는 일꾼들과 하루 품삯으로 한 데나리온씩 주기로 합의하고, 그들을 그의 포도원으로 들여보냈다. 3그리고 그는 아홉시에 집을 나갔다. 그는 다른 사람들이 장터에서 아무 일도 하지 않고 서 있는 것을 보고, 4그들에게 이렇게 말했다. '당신들도 포도원으로 들어가시오. 내가 정당한 품삯을 당신들에게 주겠소.' 5그래서 그들도 포도원으로 갔다. 그는 열두12시와 오후 세3시쯤에도 나가서 이렇게 했다. 6그가 오후 다섯5 시쯤에도 나가보니 아직도 서성대고 있는 사람들이 있어, 그들에게 이렇게 말했다. '당신들은 어찌하여 하루 종일 아무 일도 하지 않고 서성대고 있소?' 7그들이 이렇게 그에게 말했다. '아무도 우리를 고용하는 사람이 없기 때문입니다.' 땅 주인이 그들에게 말했다. '당신들도 포도원으로 가시오.' 8날이 저물자, 포도원 주인이 그의 관리인에게 말했다. '일꾼들을 불러, 제일 마지막 온 자부터 시작하여 제일 먼저 온 자의 순서로 그들의 품삯을 주어라.' 9오후 다섯 시쯤에 고용된 자들이 와서, 각자 한 데나리온 씩 받았다. 10이제 제일 먼저 온 일꾼들이 왔을 때, 그들은 더 많이 받을 것으로 기대 했었다. 그러나 그들도 각자 한 데나리온 씩 받았다. 11그들은 품삯을 받은 후 집주인에게 불평하며 말했다. 12'이 나중에 온 자들은 한 시간 밖에 일하지 안 했습니다. 그런데 당신은 그들에게 하루 종일 수고하며, 햇볕을 견디어 낸 우리와 같은 대우를 했습니다.'

13"그러나 주인이 일꾼들 중의 한 사람에게 말했다. '친구여, 내가 당신에게 잘못한 것이 없소. 당신이 한 데나리온에 동의하지 않했소? 14당신 품삯이나 받아 가시오. 나중에 온 일꾼에게 당신에게 준만큼 주는 것은 내 뜻이오. 15그리고 내가 내 것을 가지고 내가 원하는 대로 하는 것이 적법한 것이 아니란 말이오? 아니면 나의 관대함을 당신이 시기하는 것이오?' 16이처럼 꼴찌인 자가 첫째가 되고 첫 째인 자가 꼴지가 될 것이다."[a]

O. 나사로의 살아남과 종려주일의 시작

207 예수의 친구, 나사로가 병들어 죽다
(요한복음 11:1-16)

1나사로라고 하는 사람이 병이 들었는데, 그는 마리아와 그의 자매 마르다가 사는 동네 베다니 사람이었다. 2예수께 향유를 붓고, 자신의 머리털로 예수의 발을 닦아준 사람은 마리아였다. 그녀의 오라비 나사로는 병이 들어 있었다. 3이에 이 두 자매는 예수께 사람을 보내어 말 했다. "주여, 주께서 사랑하시는 그 사람이 병들었습니다." 4예수께서 이 말을 들으시고 말씀하셨다. "이 병은 죽음으로 가는 병이 아니다. 하나님의 영광을 위한 것이다.

---

a) 예수께서는, 그분의 제자들은 자신의 가치를 다른 사람이 성취한 것이나, 희생과 비교해서 측정해서는 안 되며, 오직 하나님의 은혜에 대하여 감사하는 마음으로 섬겨야한다는 것을 말씀하시고 있다. 또한 예수의 초기 제자들(열두 제자)은 뒤에 온 제자들을 멸시해서는 안 된다는 뜻도 포함되어 있다.

이 일을 통해 인자가 영광을 받게 될 것이다."

5예수께서 마르다와 그녀의 자매와 나사로를 사랑하셨다. 6그래서, 예수께서 나사로가 병들었다는 말을 들으시고도, 그 분께서 계시던 곳에 이틀을 더 머무셨다. 7그러신 후, 예수께서 제자들에게 말씀 하셨다. "유대로 다시 가자." 8제자들이 예수께 말했다. "랍비여, 조금 전에도 유대인들이 돌로 선생님을 치려고 하고 있었는데, 또 그 곳으로 가시렵니까?" 9예수께서 대답하셨다. "낮은 열 두 시간이 아니냐? 사람이 낮에 걸어 다니면, 그가 세상의 빛을 보기 때문에, 실족하지 않는다. 10그러나 누구라도 밤에 걸어 다니면, 빛이 그 사람 안에 없음으로, 그는 실족한다."

11예수께서 이 말씀을 하신 후에 또 제자들에게 말씀하셨다. "우리의 친구 나사로가 잠이 들었다. 그러나 내가 그곳으로 가서 그를 깨우려고 한다." 12그러자 제자들이 그분께 말했다. "주여, 나사로가 잠들었으면, 그가 나을 것입니다." 13예수께서 나사로의 죽음에 대해 말씀하셨으나, 제자들은 예수께서 그가 잠들어 쉬는 것을 말씀하신 것으로 생각했다.

14그래서 예수께서 그들에게 분명히 말씀하셨다. "나사로는 죽었다. 15그리고 너희를 위해 내가 거기에 있지 안 했던 것을 기뻐한다. 이는 그렇게 함으로써 너희가 믿을 수 있기 때문이다. 그러나 이제 나사로에게로 가자." 16그 때 디두모라고도 하는 도마가 다른 제자들에게 "우리도 가자. 그리하여 우리가 주와 함께 죽자."고 말했다.

208 예수, 나사로의 무덤에서: '나는 부활이요 생명이다'
(요한복음 11:17-37)

17예수께서 베다니에 오셔서, 나사로가 무덤에 있은 지 이미 나흘이 지났음을 아시게 되었다. 18베다니는 예루살렘에서 가까운 곳으로 약 오 리 쯤 되었다. 19많은 유대인들이 마르다와 마리아에게 와서 그들의 오라비의 죽음을 위로했다. 20마르다는 예수께서 오신다는 말을 듣고 곧 밖으로 나가서 예수를 맞이했으나, 마리아는 집에 남아 앉아 있었다. 21마르다가 예수께 말했다. "주님, 주께서 여기 계셨더라면, 제 오라비가 죽지 아니 하였을 것입니다. 22그러나 저는 이제라도 주께서 무엇이든지 하나님께 구하시는 것을 하나님께서 주실 것이라는 것을 알고 있습니다." 23예수께서 그녀에게 말씀하셨다. "네 오라비가 다시 살아날 것이다." 24마르다가 예수께 말했다. "마지막 날 부활 때에, 그가 다시 살아날 줄을 제가 압니다." 25예수께서 그녀에게 말씀하셨다. "나는 부활이요, 생명이다. 누구든지 나를 믿는 자는, 비록 그가 죽을 지라도, 그가 살 것이요, 26살아서 나를 믿는 자는 모두 결코 죽지 아니할 것이다. 네가 이것을 믿느냐?" 27마르다가 예수께 말했다. "네, 주님, 주는 그리스도, 곧 세상에 오시는 인자人子이신 줄을 내가 믿습니다."

예수께서 우시다

28마르다가 이 말을 하고 돌아가서 그녀의 자매 마리아를 불러 조용히 말했다. "선생님이 오셔서 너를 부르신다." 29마리아가 이 말을 듣고 급히 일어나 예수께로 갔다. 30예수께서 아직도 마을로 들어오지 아니 하시고, 마르다가 그분을 만났던 그 곳에 계셨다. 31마리아와 함께 집에 있으면서 그녀를 위로하던 유대인들이 그녀가 급히 일어나서 나가는 것을 보고, 그녀가 무덤으로 가서 울기 위해 가는 줄 알고 그녀를 따라갔다.

32마리아가 예수께서 계신 곳에 와서 예수를 보고, 예수의 발 아래 엎드려 말했다. "주께서 여기 계셨더라면, 내 오라비가 죽지 아니 했을 것입니다." 33예수께서 마리아가 우는 것과 또 마리아를 따라 온 유대인들도 우는 것을 보시고, 그분은 마음에 깊이 감동을 받고 크게 괴로워하셨다. 34그리고 예수께서 물으셨다. "너희가 나사로를 어디에 두었느냐?" 그들이 예수께 말했다. "주님, 오셔서 보십시오."

35예수께서 우셨다.[a] 36이에 유대인들이 말했다. "보시오. 예수가 나사로를 얼마나 사랑했는가를!" 37그러나 유대인들 중 어떤 사람은 이렇게 말했다. "눈먼 사람의 눈을 뜨게 하신 그분이 나사로를 죽지 않게 하실 수는 없었던 것인가?"

209 나사로를 죽음에서 일으키심
(요한복음 11:38-44)

38예수께서 다시 깊이 감동되시어 무덤으로 가셨다. 무덤은 굴이었으며, 그 입구가 돌로 막혀 있었다. 39예수께서 말씀하셨다.

---

a) 예수께서 우신 것은 주위 사람들의 진정한 슬픔에 동참하신 것이지만, 이것은 또한 부활과 기쁨이 곧 일어날 것이라는 것을 상징하는 것이기도 하다(데살로니가전서 4:13). 예수께서 우신 것은 죽음에 임하여 마음에서 우러나오는 애도(눈물)는 믿음이 없어서가 아니고, 죽음에 대하여 진정한 슬픔을 나타내는 것이다.

"돌을 치워라." 그 죽은 자의 누이인 마르다가 예수께 말했다. "주님, 그가 죽은지가 나흘이 되었음으로 지금쯤 냄새가 날 것입니다."

40그러자 예수께서 그녀에게 말씀하셨다. "네가 믿으면, 네가 하나님의 영광을 볼 것이라고 내가 네게 말하지 않았느냐?"

41그래서 그들이 돌을 옮겨 놓았다. 예수께서 눈을 들어 우러러보시고 말씀하셨다. "아버지여, 아버지께서 지금까지 내 말을 들어 주신 것을 당신에게 감사드립니다. 42아버지께서는 항상 내 말을 들으시는 것을 내가 압니다. 그러나 여기 둘러 선 무리를 위해, 내가 이 말을 합니다. 그리하여 그들이 아버지께서 나를 보내신 것을 그들로 하여금 믿게 하려는 것입니다." 43예수께서 이 말씀을 하시고, 큰 소리로 외치셨다. "나사로야 나오너라." 44죽었던 자가, 그의 손과 발은 베로 동인채로, 그의 얼굴은 천에 쌓인 채로 나왔다. 예수께서 그들에게 말씀하셨다. "그를 풀어놓아, 가게 하여라."

210 유대인 지도자들의 예수를 죽이려는 음모
(A.D. 30, 3월)(요한복음 11:45-53)

45그러므로 마리아와 함께 와서, 예수께서 하신 일을 본 많은 유대인들이 그분을 믿었다. 46그러나 그들 중 어떤 사람은 바리새파 사람들에게 가서 예수께서 하신 일을 말했다. 47이에 대제사장들과 바리새파 사람들이 공회를 소집하여 말했다. "우리가 무엇을 해야 할 것인가? 이 사람이 많은 표적들을 행하였기 때문이다. 48만일 우리가 그를 이대로 가게하면, 모든 사람이 그를 믿을 것이요, 그리고 로마인들이 와서 우리 땅과 우리나라를 빼앗아 갈 것이다."

49그러나 이들 중의 한 사람이며, 그 해 대제사장인 가야바가 일어나서 그들에게 말했다. "당신들은 전혀 아무 것도 알지 못하고 있소. 50또한 한 사람이 백성을 위해 죽어서 온 민족이 망하지 않는 것이 당신들을 위해 더 낫다는 것도 당신들이 알지 못하고 있소." 51가야바는 이 말을 그의 자신의 뜻으로 한 것은 아니었다. 그는, 그 해 대제사장으로서, 예수께서 유대 민족을 위해 죽을 것이고, 52또 예수께서 유대 민족뿐 아니라, 해외에 흩어져 있는 하나님의 자녀를 모아 하나가 되도록 하기 위해 죽을 것이라는 것을 예언한 것이었다. 53이리하여 그날부터 그들은 예수를 어떻게 죽음에 처할 것인가를 모의했다.

211 예수, 에브라임으로 철수하심
(요한복음 11: 54-57)

54그러므로 예수께서 다시는 유대인 가운데 드러나게 다니지 아니하시고, 여기를 떠나, 광야 가까운 곳인 에브라임이라는 동네에 가서 제자들과 함께 거기서 머무셨다. 55마침 유대인의 유월절이 가까워지자, 많은 사람들이 자신을 성결케 하기 위해, 유월절 이전에 시골에서 예루살렘으로 올라 왔다. 56그들은 예수를 찾았다. 그들은 성전에 서서 서로에게 "당신 생각은 어떠하오? 그 분이 명절에 오시지 않겠소?" 라고 물었다. 57그러나 대제사장들과 바리새파 사람들은 명령을 내려서 누구든지 그분이 어디에 있는지를 알면, 이를 그들에게 알려 그들이 그를 체포할 수 있도록 하라고 명령했다.

212 예수, 세 번째 자신의 죽음을 예언하심
(마가복음 10:32-34, 마태복음 20:17-19, 누가복음 18:31-34)

32그들은 예루살렘으로 올라가는 길이었다. 예수께서 제자들보다 앞장서서 가시자 그들이 놀랐다. 그리고 뒤를 따라가던 사람들은 두려워했다. 예수께서 다시 제자들을 옆으로 불러, 자신에게 무슨 일이 일어날 것인가를 말씀하기 시작하셨다. 33말씀하시기를, "보라, 우리가 예루살렘으로 올라가고 있다. 인자가 대제사장들과 율법학자들에게 넘겨질 것이다. 34그리고 그들은 인자를 죽음에 처하기로 선고하고, 이방인들에게 넘겨줄 것이다. 그들은 그분을 조롱하고 침을 뱉으며, 채찍질하며, 그리고 그분을 죽일 것이다. 그리고 삼일 후에 그분은 살아날 것이다."

213 한 사람은 오른편에, 한 사람은 왼편에
(마가복음 10:35-40, 마태복음 20:20-23)

35세베대의 아들 야고보와 요한이 예수께 와서 말했다. "선생님, 우리는, 우리가 무엇이든지 당신께 요구하는 것을, 당신께서 우리를 위해 해 주시기를 원합니다." 36예수께서 그들에게 말씀하셨다. "너희는 너희를 위해 내가 무엇을 해 주기를 내게 원하느냐?" 37그들이 예수께 말했다. "당신의 영광가운데서, 우리 중에 한 사람은 당신 오른 편에, 또 한 사람은 당신 왼편에 앉게 해주시기 바랍니다."[a]

38예수께서 그들에게 말씀하셨다. "너희는 너희가 무엇을 요구

---

a) 야고보와 요한은 예수께서 '순수하게 정치적인 그리스도로 다윗의 왕좌에서 예루살렘을 다스릴 것이라고 잘못 생각하고 좋은 자리를 요청한 것이다.

하는지 알지 못하고 있다. 내가 마시는 잔을 너희가 마실 수 있느냐? 그리고 내가 받는 세례[a]로 너희가 세례를 받을 수 있느냐? 39그들이 그분에게 말했다. "우리가 할 수 있습니다." 예수께서 그들에게 말씀하셨다. "너희가 내가 마시는 잔으로 마실 것이고, 내가 받는 세례로 세례를 받을 것이다. 40그러나 내 오른편에 앉고 왼편에 앉는 것은 내가 줄 수 있는 것이 아니다. 이 자리는 이미 준비된 사람들을 위한 것이다."

214 '인자는 섬기기 위해 왔다'
(마가복음 10:41-45)

41다른 열 제자가 이것을 듣고 야고보와 요한에게 화가 났다. 42예수께서 그들을 함께 불러놓고 말씀하셨다. "이방인들의 통치자라고 생각되는 사람들은 백성 위에 군림하고, 고관들은 그들에게 권력을 행사한다는 것을 너희는 알고 있다. 43그러나 너희들 가운데서는 이렇게 해서는 안 된다. 오히려 누구든지 너희들 가운데서 크게 되려고 하는 사람은 너희를 섬기는 사람이 되어야한다. 44누구든지 너희 중에 첫째가 되려고 하는 사람은 모든 사람의 종이 되어야한다. 45이는 인자조차도 섬김을 받기 위해 온 것이 아니고, 섬기기 위해, 그리고 자기 생명을 많은 사람의 대속물로 주기 위해 온 것이기 때문이다."

---

a) 예수께서 당하실 고난을 의미

215 여리고의 맹인 바디매오의 치유
(마가복음 10:46-52, 마태복음 20:29-34, 누가복음 18:35-43)

46그들이 여리고에 도착했다. 예수께서 제자들과 많은 무리와 함께 여리고를 떠나려고 하는데, 디매오의 아들인 맹인 거지 바디매오가 길가에 앉아 있었다. 47그가 지나가는 사람이 나사렛 예수라는 말을 듣고, 소리를 지르며 말했다. "다윗의 자손 예수여, 나를 불쌍히 여기십시오!" 48많은 사람들이 그를 꾸짖으며 그에게 조용히 하라고 했다. 그러나 그는 더욱 큰 소리로 말했다. "다윗의 자손이여, 나를 불쌍히 여기십시오."

49예수께서 멈추어 서서 그를 불러 오라고 말씀하셨다. 그들은 맹인을 불러 말했다. "용기를 내어 일어나시오. 예수께서 당신을 부르시오. 50맹인이 겉옷을 벗어던지고, 일어나 뛰어서 예수에게로 갔다. 51예수께서 그에게 말씀하셨다. "네가 너를 위해 무엇을 해주기를 나에게 원하느냐?" 맹인이 예수께 말했다. "선생님, 제 시력을 회복시켜 주십시오."

52예수께서 그에게 말씀하셨다. "네 길을 가거라. 네 믿음이 너를 낫게 했다." 맹인은 곧바로 그의 시력을 회복하고 그분을 따라 길을 나섰다.

216 예수, 세리 삭개오를 회심시키심
(누가복음 19:1-10)

1예수께서 여리고로 들어가서, 지나가고 있었다. 2그때 삭개오라고 하는 사람이 있었다. 그는 세리의 우두머리이며 부자였다. 3그는 예수가 어떤 분이신가를 보려고 했으나, 작은 키에 사람들이 많아 볼 수 없었다. 4그래서 그는 예수를 보기 위해 앞으로 달려가서 한 뽕나무에 올라갔다. 예수께서 그 길로 오시게 되어 있었기 때문이었다.

5예수께서 그 곳에 도착하셨을 때, 위를 쳐다보시고 그에게 말씀하셨다. "삭개오야, 속히 내려오너라. 내가 오늘 네 집에 묵어야겠다." 6그래서 삭개오는 서둘러 내려와서 예수를 기쁘게 영접했다. 7사람들이 이것을 보고 그들은 수군거렸다. "예수가 죄인인 사람의 집에 손님으로 가셨네."

8그러자 삭개오가 일어서서 주께 말했다. "주님, 보십시오. 내 재산의 반을 가난한 자들에게 주겠습니다. 그리고 만일 내가 과거에 남을 속여 얻은 것이 있으면, 그에게 네 배를 더 갚겠습니다." 9예수께서 그에게 말씀하셨다. "이 사람 역시 아브라함의 자손이기 때문에, 오늘 구원이 이 집에 왔다. 10이는 인자는 잃어버린 사람을 찾아서 구원하기 위해 왔기 때문이다."

217 은 열 므나의 비유
(누가복음 19:11-27)

11그들이 이 말을 듣고 있을 때, 예수께서 한 비유를 들어 계속 말씀하셨다. 이것은 예수께서 예루살렘 가까이에 계셨고, 사람들은 하나님 나라가 바로 나타날 줄로 생각하고 있었기 때문이었다. 12그래서 예수께서 말씀하셨다. "어떤 귀족이, 자신도 한 왕국을 얻어 돌아오기 위해, 먼 나라로 갔다. 13그는 열 명의 종을 불러, 은화 열 므나[a]를 그들에게 주며 말씀했다. "내가 돌아올 때까지 이 돈으로 장사를 하여라." 14그러나 그 귀족의 백성들은 그를 미워하여, 사절을 그에게 보내 이렇게 말했다. "우리는 이 사람이 우리를 다스리는 것을 원하지 않습니다."

15"그 귀족은 왕국을 받아, 돌아왔을 때, 그는 그가 은화를 준 종들을 그에게로 불러오도록 명령했다. 그래서 그는 종들이 장사를 하여 얼마나 벌었는지를 알 수 있기를 바랐다. 16첫 번째 종이 와서 말했다. "주인님, 당신의 한 므나가 열 므나를 만들었습니다." 17주인이 종에게 말했다. "잘 했다. 좋은 종이다. 네가 아주 작은 일에 충성하였음으로, 네가 열 개의 고을을 다스릴 것이다." 18두 번째 종이 와서 말했다. '주인님, 당신의 한 므나가 다섯 므나를 만들었습니다.' 19주인이 그에게 말했다. '너는 다섯 마을을 다스릴 것이다.'

20"그러자 다른 종이 와서 말했다. '주인님, 여기 당신의 한 므나가 있습니다. 내가 이것을 천 조각에 싸서 숨겨두었습니다. 21이는 주인께서 엄한 사람이기 때문에, 내가 당신을 두려워했기 때문입니다. 주인께서는 맡기지 아니한 것을 찾아가시고, 심지 아니한 것을 거두십니다.' 22주인이 이 종에게 말했다. '이 악한 종아. 내가 너 자신의 말로 너를 심판할 것이다. 너는, 내가 맡기지 않은 것을 찾아가고, 심지 않은 것을 거두어가는 엄한 사람이라고 알고 있었느냐? 23그러면 어찌하여 너는 내 돈을 은행에 저축하지 않았으며, 내가 돌아왔을 때, 내가 이자와 함께 돈을 돌려받

---

[a] 한 므나는 한 노동자의 약 3개월 임금에 해당

을 수 있도록 하지 안했느냐?"

24"그리고 주인이 옆에 서 있는 사람들에게 말했다. '그 자로부터 한 므나를 가져다가 열 므나를 가진 자에게 주어라.' 25그들이 주인에게 말했다. '주인님, 그는 이미 열 므나를 가지고 있습니다.' 26주인이 말했다. '내가 너희들에게 말한다. 가진 자에게는 더 주어질 것이다. 그러나 가지지 않은 자로부터는 그가 가진 것조차도 빼앗길 것이다. 27그러나 내가 다스리는 것을 원하지 않은 이 나의 원수들에 대하여는, 그들을 여기로 데리고 와서 내 앞에서 처형하여라.'"a)

218 마리아, 베다니에서 예수께 기름을 붓다
(요한복음 12:1-11, 마태복음 26:6-13, 마가복음 14:3-9)

1유월절 날 엿새 전에, 예수께서 베다니에 도착하셨다. 이곳은 예수께서 죽은 자 가운데서 살리신 나사로가 있는 곳이었다. 2그래서 그들은 거기에서 그분을 위해 저녁식사를 준비했다. 마르다는 시중을 들었고, 나사로는 예수와 함께 식탁에 앉아 있는 사람들 가운데 한 사람이었다. 3그때 마리아는 매우 비싼 향유, 곧 순수한 나드 향유 한 근을 가져다가 예수의 발에 붓고 자기 머리털로 예수의 발을 닦았다. 집안이 향유냄새로 가득 찼다. 4그러나 예수의 제자 중 하나이며 뒤에 예수를 배반하게 될 가룟 유다가 말했다. 5"어찌하여 이 향유를 300 데나리온b)에 팔아서 가난한 자

---
a) 이 비유의 이야기로 누가복음 9:51에서 시작된 예수님의 "예루살렘으로 가는 여정"중에 일어난 이야기는 끝난다.
b) 노동자 한 사람의 약 1년분의 노임

들에게 주지 아니했습니까?" 6그가 이렇게 말한 것은 그가 가난한 자를 생각해서가 아니고, 그가 도둑이었기 때문이었다. 그는 돈 궤를 맡고 있으면서 궤 속에 들어 간 것을 자신이 가져가곤 했다.

7예수께서 말씀하셨다. "그녀를 홀로 내버려두어라. 그래서 그녀가 이것을 나의 장례를 위해 간직할 수[a] 있을 것이다. 8이는 너희에게는 항상 가난한 사람이 함께 있을 것이지만, 너희는 항상 나와 함께 있지 않을 것이기 때문이다."

9유대인의 큰 무리가 예수께서 베다니에 계신 것을 알고 왔는데, 예수뿐만 아니고, 그분께서 죽은 자 가운데서 살리신 나사로를 보기 위해서 왔다. 10그래서 대제사장들은 나사로까지 죽이려고 모의했다. 11이는 나사로 때문에 많은 사람들이 예수에게로 가서 그를 믿었기 때문이었다.

---

a) 쓰고 남은 향유를 의미하는 것으로 보인다.

예수의 수난과 죽음
(A.D. 30. 4.2. 일요일 - 4.8. 일요일)

종려주일 Palm Sunday[a]
(A.D. 30, 4월 2일, 일요일, 베다니 - 벳바게, 올리브산, 예루살렘성전)

219 메시아 왕으로서의 예수의 승리
(마태복음 21:1-9, 누가복음 19:39-40, 요한복음 12:12-19)

그리스도의 예루살렘 입성

마태복음 21:1그들이 예루살렘 가까이에 이르러, 올리브 산기슭에 있는 벳바게에 이르렀을 때, 예수께서 두 제자를 보내시며, 2그들에게 말씀하셨다. "너희 앞에 있는 마을로 들어가거라. 너희는, 곧 바로, 매여 있는 나귀 한 마리와 그 나귀와 함께 있는 새끼 나귀 한 마리를 발견할 것이다. 그 나귀들을 풀어서 내게로 데리고 오너라. 3만일 누군가가 너희에게 무슨 말을 하면, '주께서 그것들을 필요로 하신다.'고 말하여라. 그리하면 그가 바로 나귀들을 보낼 것이다."

4이 일은 예언자를 통해 말씀하신 것을 이루기 위해 일어난 일이다. 곧,

5"시온의 딸에게 말하여라.

보라! 네 왕이 네게로 오신다.

겸손하게 나귀를 타시고, 어린 나귀,

멍에 멘 짐승새끼를 타고 오신다."(스가랴 9:9)

---

a) 예수님의 예루살렘 입성, 십자가처형 및 부활로 이어지는 예수님의 이 세상에서의 마지막 한 주일(성聖주간 또는 고난주간)의 첫날로 일요일이다. 부활절의 한 주일 전 주일날이다. 종려주일이라는 이름은 예수께서 예루살렘에 입성하실 때, 사람들이 종려나무 가지를 꺾어 환영한데서 유래한 것이다.

6그래서 제자들이 가서 예수께서 그들에게 지시하신대로 했다. 7그들은 나귀와 나귀 새끼를 끌고 와서, 그들의 겉옷을 나귀의 등 위에 올려놓았다. 예수께서 그 위에 앉으셨다. 8큰 무리의 사람들이 그들의 옷을 벗어 길에 깔았다. 또 다른 사람들은 나뭇가지를 꺾어 길에 깔았다. 9그리고 예수 앞에서 가고 그분을 따르는 무리들이 소리 높여 외쳤다.

"다윗의 자손에게 호산나.
주의 이름으로 오시는 분에게 복이 있다.
지극히 높은 곳에서 호산나"

누가복음 19:39무리 중에 있던 몇 몇 바리새파 사람들이 예수께 말했다. "선생이시여, 당신의 제자들을 책망하십시오." 40그러나 예수께서는 그들에게 대답하셨다. "내가 너희에게 말한다. 만일 그들이 침묵하면, 돌들이 울 것이다."

220 예수, 예루살렘 가까이 오셔서 우심
(누가복음 19:41-44)

41예수께서 예루살렘에 가까이 오셔서 보시고, 그 성을 두고 우시면서 42말씀하셨다. "만일 네가 오늘, 어떤 일들이 네게 평화를 가져다 줄 것인가를 알았더라면, 좋았을 것을! 그러나 지금 네 눈에는 이 일들이 가려져 있다. 43이는 네 원수들이 네 주위에 방책을 쌓고, 사방에서 너를 포위하고 속박할 날이 올 것이기 때문이다. 44그리고 그들이 너와 네 안에 있는 자녀들을 땅에 내동댕이

칠 날이 올 것이기 때문이다. 그리고 그들은 네 안에서 어떤 돌도 다른 돌 위에 서 있게 하지 않을 것이다. 이는 하나님께서 네게 오신 날을 네가 깨닫지 못했기 때문이다."

221 예루살렘으로 들어가심
(마태복음 21:10-12, 21:14-16)

10예수께서 예루살렘에 들어가시자, "이 사람이 누구냐?" 라고 말하면서 온 성에 소동이 일어났다. 11"이 사람은 갈릴리 나사렛 출신 예언자 예수다." 라고 무리가 말했다.

12예수께서 성전 안으로 들어가셔서 성전에서 팔고 사는 사람들을 내쫓으시고, 돈을 바꿔주는 사람들의 상과 비둘기를 파는 사람들의 자리를 엎으셨다.

14그리고 맹인과 다리 저는 사람들이 성전에 계신 예수께로 왔다. 예수께서 그들을 고쳐주셨다. 15그러나 대제사장들과 율법학자들은 예수께서 하시는 놀라운 일들과 또 성전 안에서 "다윗의 자손에게 호산나!" 라고 외치고 있는 아이들을 보고 화가 나서, 16예수께 말했다. "아이들이 무슨 말을 하는지 당신은 듣고 있소?" 예수께서 그들에게 말씀하셨다. "듣고 있소. 당신들은 이런 것을 읽어보지 못했소?"

'어린 아이와 젖먹이들의 입에서
당신[a]께서 찬양을 준비하셨습니다.'(시편 8:3)

---

a) 하나님

222 베다니로 돌아가심
(마태복음 21:17, 마가복음 11:11)

17그리고 예수께서 그들을 떠나 성 밖으로 나가 베다니에 가셔서, 거기서 그 날 밤을 지내셨다.

월요일
A.D. 30, 4월 3일, (예루살렘 - 베다니 - 성전 - 올리브산)

223 무화과나무를 저주하심
(마가복음 11:12-14, 마태복음 21:18-19)

12이튿날 그들이 베다니에서 나왔을 때, 예수께서 배가 고프셨다. 13예수께서 멀리에 잎이 무성한 무화과나무를 보시고, 그 나무에 열매가 있는지를 보기 위해 그쪽으로 가셨다. 예수께서 무화과나무로 가셨으나, 잎들 이외는 아무것도 발견하지 못하셨다. 이는 무화과의 철이 아니기 때문이었다. 14예수께서 그 나무에게 말씀하셨다. "어떤 사람도 다시 네 열매를 먹지 않기를 바란다." 제자들이 이 말씀을 들었다.[a]

224 예수의 마지막 날들
(누가복음 21:37-38)

37예수께서 낮에는 성전에서 가르치시고, 밤에는 성 밖으로 나

---

a) 무화과나무에 대한 저주는 '열매를 맺지 못하는' 유대인들에 대한 하나님의 심판을 상징한다.

가서 올리브 산이라고 하는 산에 가서 지내셨다. 38그리고 이른 아침에는 모든 사람들이 예수의 말씀을 듣기 위해, 성전에 계시는 그분에게로 왔다.

225 예수, 왜 자신이 죽어야 하는지를 설명하심
(요한복음 12:20-36)

많은 열매를 맺는 밀알

20유월절 명절에 예배를 드리기 위해 예루살렘으로 올라 온 사람 중에는 그리스 사람들[a]도 있었다. 21그들이 갈릴리 벳새다 사람 빌립에게 가서 청하여 말했다. "선생이여, 우리가 예수를 보기를 원합니다." 22빌립이 안드레에게 가서 말하고, 안드레와 빌립이 함께 예수께 가서 말했다.

23예수께서 그들에게 대답하셨다. "인자가 영광을 받을 때가 왔다. 24내가 진실로 진실로 너희에게 말한다. 한 알의 밀알이 땅에 떨어져 죽지 아니하면, 한 알 그대로 있고, 그것이 죽으면 많은 열매를 맺는다. 25누구든지 자기 생명을 사랑하는 자는 이를 잃을 것이요, 누구든지 이 세상에서 자기 생명을 미워하는 자는 영생하도록 이를 보존할 것이다. 26누구든지 나를 섬긴다면, 그는 나를 따라야한다. 그리고 내가 있는 곳에, 나를 섬기는 자도 있을 것이다. 누구든지 나를 섬기면, 내 아버지께서 그를 귀히 여기실 것이다.

---

a) 이방인을 상징하는 그리스 사람들이 예수님을 찾아온 사건은 예수님의 유대인에 대한 사역이 곧 끝날 것이라는 것을 암시한다. 그러나 예수께서 그리스 사람, 곧 이방인들에게 다가가시려면, 그 전에 먼저 그분께서 죽으셔야 한다(10:16, 11:52).

III. 예수의 수난과 죽음

인자는 들려 올라가야 한다

27"지금 내 마음이 괴롭다. 내가 무슨 말을 하겠느냐? '아버지여, 나를 이 때로부터(from this hour) 구원하여주십시오.' 라고 말하겠느냐? 그러나 이 목적을 위해 나는 이 때에로(to this hour) 왔다. 28아버지여, 당신의 이름을 영광스럽게 하십시오." 그러자 하늘에서 소리가 왔다. 곧, "내가 이미 그 이름을 영광스럽게 했고, 다시 영광스럽게 할 것이다." 29거기 서서 있던 무리가 이 소리를 듣고 천둥이 쳤다고 말했다. 다른 사람들은 "천사가 예수께 말했다"고 말했다.

30예수께서 대답하셨다. "이 소리는 나를 위한 것이 아니요, 그대들을 위한 것이다. 31지금은 이 세상에 대한 심판이다. 지금은 이 세상의 통치자가 쫓겨날 것이다. 32그리고 나는, 내가 이 땅에서 들려올라 갈 때, 모든 사람을 내게로 이끌 것이다."

33예수께서 자신이 어떠한 죽음으로 죽을 것이라는 것을 보여주기 위해 이 말씀을 하셨다. 34그래서 무리가 예수께 대답했다. "우리는 율법에서 그리스도는 영원히 계신다고 들었습니다. 당신은 어떻게 인자는 들려 올려가야 한다고 말할 수 있습니까? 이 인자는 누구십니까?"

35예수께서 그들에게 말씀하셨다. "아직 얼마동안은 빛[a]이 너희 가운데 있을 것이다. 어둠이 너희를 덮치지 않도록 하기 위해, 너희가 빛을 가지고 있는 동안에 다녀라. 어둠에 속에서 다니는 자는 그가 어디로 가고 있는지를 알지 못한다. 36너희가 빛을 가

---

a) 예수 자신을 의미하며, 십자가 처형이 임박했음을 상징

지고 있는 동안에, 그 빛을 믿으라. 그리하면 너희는 빛의 아들이 될 것이다."

예수께서 이 말씀을 하시고 떠나가서 그들로부터 숨으셨다.

화요일
A.D. 30, 4월 4일, 화요일(예루살렘 - 베다니)

226 말라버린 무화과나무의 교훈: '하나님을 믿어라'
(마가복음 11:20-25, 마태복음 21:20-22)

20다음날 아침에 그들이 지나갈 때, 그들은 무화과나무가 그 뿌리까지 말라있는 것을 보았다. 21베드로가 기억이 나서 예수께 말했다. "랍비여, 보십시오! 당신께서 저주하셨던 무화과나무가 시들었습니다!"

22예수께서 그들에게 말씀하셨다. "하나님을 믿으라. 23내가 너희에게 진실로 말한다. 누구든지 이 산에게 '들리어져 가서 바다에 빠져라.'고 말하고 그의 마음에 의심하지 아니하며, 또 그가 말한 것이 이루어질 줄 믿으면, 그를 위해 그대로 이루어질 것이다. 24그러므로 내가 너희에게 말한다. 너희가 무엇이든지 기도로 구하는 것은 너희가 그것을 이미 받았다고 믿어라. 그것이 네 것이 될 것이다. 25그리고 너희가 서서 기도할 때는 언제나, 어떤 사람과 등진 일이 있으면, 용서하여라. 그러면 하늘에 계신 너희 아버지께서도 너희 잘못을 용서하실 것이다."

227 예수의 권세가 도전을 받음
(A.D. 30, 4.4. 화)(마가복음 11:27-33, 마태복음 21:23-27, 누가복음 20:1-8)

27그들이 다시 예루살렘으로 들어갔다. 예수께서 거닐고 계시는데 대제사장들과, 율법학자들과, 장로들이 그분에게 다가왔다. 28그들이 예수께 말했다. "무슨 권세로 당신이 이런 일들을 하는 것이오? 누가 이런 권세를 당신에게 주었소?" 29예수께서 그들에게 말씀하셨다. "내가 한 가지 질문을 당신들에게 물어보겠소. 나에게 대답해 보시오. 그러면 나도 무슨 권세로 이런 일을 행하는지를 당신들에게 말해 주겠소. 30요한의 세례가 하늘에서 왔소? 또는 사람으로부터 왔소? 내게 말해보시오!"

31그들이 서로 의논하며 자기들끼리 이렇게 말했다. "만일 우리가 '세례가 하늘로부터 왔다고 말하면, 예수가 '그렇다면 어찌하여 너희가 요한을 믿지 않느냐?'고 말 할 것이다. 32그러나 우리가 '사람으로부터' 라고 말할까? - 그들은 사람들을 두려워했다. 이는 그들은 모두 모든 사람들이 요한을 예언자로 진실로 여기고 있었기 때문이었다. 33그래서 그들은 예수께 이렇게 대답했다. "우리가 알지 못하오."

그리고 예수께서 그들에게 말씀하셨다. "내가 무슨 권세로 이런 일을 행하는지를 나도 너희에게 말하지 않겠소."

228 일을 하기 위해 보낸 두 아들의 비유
(A.D. 30, 4. 4. 화)(마태복음 21:28-32)

28"그대들은a) 어떻게 생각하오? 어떤 사람에게 두 아들이 있었소. 그 사람이 맏아들에게 가서 말하기를, '아들아, 오늘 내 포도원에 가서 일하여라.' 29그 아들이 대답하기를, '내가 가지 않겠습니다.' 그러나 후에 그는 그의 마음을 바꾸어 갔소. 30아버지가 둘째 아들에게 가서 같은 말을 했소. 둘째 아들이 말하기를, '내가 가겠습니다.' 그러나 그는 가지 아니했소. 31두 아들 중 누가 아버지의 뜻대로 행한 것이오?" 그들이 "맏아들입니다."라고 말했다.

예수께서 그들에게 말씀하셨다. "내가 진실로 너희에게 말한다. 세리들과 창녀들이 너희보다 먼저 천국에 들어갈 것이다. 32이는 요한이 너희에게 의義의 길을 보여주기 위해 왔는데, 그대들이 그를 믿지 아니했기 때문이오. 세리와 창녀는 그를 믿었소. 그러나 그대들은 이것을 보고도, 나중에 그대들의 마음을 바꾸지 아니했고, 믿지도 아니했소.

229 포악한 포도원 농부의 비유
(마태복음 21:33-46, 마가복음 12:1-12, 누가복음 20:9-19)

33"또 다른 비유를 들어보시오. 어떤 땅 주인이 있었소. 그는 포도원을 만들고, 그 주위에 울타리를 두르고, 포도즙을 짜는 틀을 만들고, 망대를 세웠소. 그리고 그는 포도원을 농부들에게 세稅로 빌려주고 먼 나라로 떠났소. 34추수 때가 가까이 오자, 주인은 그

---

a) 대제사장, 율법학자들, 장로들

의 몫의 소산물을 받기 위해 그의 종들을 농부들에게 보냈소. 35그러나 농부들은 종들을 붙잡아, 하나는 때리고, 하나는 죽이고, 또 다른 하나는 돌로 쳤소. 36그래서 주인은 처음 보냈던 종들 보다 더 많은 다른 종들을 보냈소. 농부들은 그들에게도 꼭 같이 그렇게 했소. 37마침내 주인은 '그들이 내 아들을 존중할 것이다.' 라고 말하면서 그의 아들을 그들에게 보냈소. 38그러나 농부들이 그의 아들을 보자, 서로에게 '이 사람은 상속자이다. 그를 죽여서 그의 유산을 차지하자.' 라고 말했소. 39그래서 그들은 그를 붙잡아, 포도원 밖으로 내쫓아서 죽였소. 40그러면 포도원 주인이 와서 이들 농부들에게 어떻게 하겠소?"

41대제사장들과 백성의 장로들이 예수께 대답했다. "주인이 그 악한 자들을 처참히 죽이고, 그 포도원은 소산물 중 그의 몫을 제때에 그에게 줄 다른 농부들에게 세로 줄 것입니다."

42예수께서 그들에게 말씀하셨다. "너희가 성경에 있는 말을 읽어보지 못했느냐? 곧,

'건축하는 사람들이 버린 돌이 머릿돌이 되었다.

이것은 주께서 하신 일이요,

우리 눈에는 기이한 일이다.'(시편 118:22-23)[a]

43그러므로 내가 그대들에게 말하오. 하나님 나라는 그대들에게서 빼앗아, 그 왕국의 열매를 맺는 나라에 주어 질 것이오. 44누구든지 이 돌 위에 떨어지는 사람은 깨질 것이고, 돌이 사람 위에 떨어지면, 그를 갈아서 가루로 만들 것이오."

---

a) 유대인들이 버리고 머릿돌이 된 돌은 예수 자신이다.

45대제사장들과 바리새파 사람들은 예수의 비유를 듣고, 예수께서 그들에 대해 말씀하시고 계시다는 것을 알았다. 46그들이 예수를 체포하려고 했지만, 그들은 무리를 두려워했다. 이는 백성들이 예수를 예언자로 생각하고 있었기 때문이었다.

230 왕실 결혼잔치의 비유
(A.D. 30, 4. 4. 화)(마태복음 22:1-14)

1예수께서 다시 비유를 들어 그들에게 말씀하셨다. 2"하나님 나라는 자기 아들을 위해 결혼잔치를 준비한 어떤 왕과 비교할 있소. 3왕이 종들을 보내어 결혼잔치에 초대된 손님을 불러오게 했소. 그러나 초청받은 사람들이 오려고 하지 아니했소. 4왕이 다른 종들을 보내며 초청받은 사람들에게 가서 이렇게 말하도록 지시했소. 곧, '내가 잔치를 준비했습니다. 내가 내 소와 실진 송아지를 잡았고, 모든 것을 준비했으니, 결혼잔치에 오십시오!' 5그러나 그들은 이것을 가볍게 여기고, 제각기 그들의 길을 갔소. 어떤 사람은 자기 밭으로, 어떤 사람은 자기 일을 보기 위해 갔소. 6그리고 나머지 사람들은 종들을 붙잡아 그들을 수치스럽게 다루고, 죽였소. 7왕이 이것을 듣고, 격노하여 그의 군대를 보내어 종들을 죽인 살인자들을 죽이고, 그들의 도성을 불태워 버렸소. 8그리고 왕이 그의 종들에게 말했소. '혼인잔치는 준비되었으나, 초청된 사람들은 자격이 없는 사람들이다. 9그러므로 너희는 큰 길거리로 나가서 눈에 띄는 사람은 다 혼인잔치에 초청하여라.' 10종들이 길거리에 나가서 악한 자나, 선한 자나, 눈에 띄는 사람을 도두 모아왔소. 그래서 잔치집이 손님으로 꽉 찼소.

11"그러나 왕이 손님을 보기 위해 들어 왔을 때, 그는 어떤 사람이 결혼잔치에 맞는 옷을 입지 않은 것을 보았소. 12그래서 왕이 그 사람에게 물었소. '친구여, 어찌하여 결혼예복을 입지 않고 여기에 들어왔느냐?' 그는 아무 말이 없었소. 13그리고 왕이 종들에게 말했소. '그의 손과 발을 묶어 바깥 어두운 곳으로 내 쫓아라! 거기서 슬피 울며, 이를 가는 소리가 들릴 것이다.' 14이는 초대받은 사람은 많으나, 선택된 사람은 적기 때문이오."[주]

> 주) 혼인잔치의 비유는 무책임한 종교 지도자들이 경험할 수모를 상징하는 것이다.

231 가이사에게 세금을 내는 문제
(마태복음 22:15-22, 마가복음 12:13-17, 누가복음 20:20-26)

15그 후에 바리새파 사람들이 떠나가서 예수의 말씀을 이유로 어떻게 그 분을 곤경에 빠뜨릴지를 음모했다. 16그들은 그들의 제자들을, 몇몇 헤롯 당원들과 함께, 예수께 보내 말했다. "선생님이여, 당신은 진실한 분이시고, 진리로 하나님의 도道를 가르치는 줄을 우리가 압니다. 당신은 또 어떤 사람의 의견에 대해서도 관심이 없습니다. 이는 당신은 사람의 외모에 의해 흔들리지 않기 때문입니다. 17그러면 당신은 어떻게 생각하는지 말씀해 주십시오. 세금을 가이사[a]에게 바치는 것이 합법적입니까, 아닙니까?"

18그러나 예수께서는 그들의 악한 마음을 아시고 말씀하셨다.

---

a) 로마 황제

"그대 위선자들이어. 어찌하여 그대들이 나를 시험하시오? 19세금 내는데 쓰는 동전을 내게 보이시오." 그들이 데나리온[a] 동전 하나를 가져왔다. 20예수께서 그들에게 말씀하셨다. "이 초상과 새긴 글자가 누구의 것이오?" 21그들이 예수께 대답했다. "가이사의 것입니다." 예수께서 그들에게 말씀하셨다. "가이사의 것은 가이사에게 주시오. 그리고 하나님의 것은 하나님에게 주시오."[b] 22그들은 이 말을 듣고 놀라서 예수를 떠나 그들의 길을 갔다.

232 부활 후의 우리의 모습
(마태복음 22:23-33, 마가복음 12:18-27, 누가복음 20:27-40)

23같은 날, 부활은 없다고 말하는 사두개파 사람들이 예수께 와서 그분께 말했다. 24"선생이여, 모세가 말하기를, '사람이 만일 자식 없이 죽으면, 죽은 자의 동생이 죽은 자의 아내와 결혼하여 그의 형을 위해 아이를 낳아 길러야 한다.'고 했습니다. 25우리 중에 일곱 형제가 있었습니다. 첫째가 결혼한 후 죽어 자식이 없으므로 그의 아내를 동생에게 남겨 주었습니다. 26이와 같은 일이 둘째 형제와, 셋째 그리고 마지막으로 일곱 번째 형제에게 일어났습니다. 27그들이 모두 죽은 뒤에, 그 여자도 죽었습니다. 28그러므로 부활 때에, 그 여자는 일곱 형제 중 누구의 아내가 되어야 합니까? 이는 그들이 다 그 여자와 결혼했었기 때문입니다."

29그러나 예수께서 그들에게 대답하셨다. "그대들이 성경을 알지 못하고, 하나님의 능력도 알지 못하기 때문에, 그대들이 틀렸

---
a) 가이사 로마황제의 초상화가 있는 동전
b) 하나님 나라에 들어가기를 원하는 사람은 하나님 나라의 법칙을 지켜야 한다는 의미.

소. 30이는 부활 때에는 장가도 가지 않고, 시집도 가지 않고, 그러나 하늘에 있는 천사와 같을 것이기 때문이오. 31그대들은 죽은 자의 부활에 관해서 하나님께서 그대들에게 말씀하신 것을 읽지 아니했소? 곧, 32'나는 아브라함의 하나님이요, 이삭의 하나님이요, 야곱의 하나님이다.'라는 말씀이오. 하나님은 죽은 자의 하나님이 아니고, 살아 있는 자의 하나님이시오." 33무리가 이것을 듣고, 그들은 예수의 가르침에 놀랐다.

233 가장 큰 두 계명
(A.D. 30, 4.4. 화)(마가복음 12:28-34, 마태복음 22:34-40)

28율법학자들 가운데 한 사람이 와서 그들이 서로 논쟁하는 것을 들었다. 예수께서 그들에게 잘 대답하시는 것을 보고, 그가 예수께 물었다. "어느 계명이 모든 계명들 가운데서 가장 중요한 계명입니까?" 29예수께서 대답하셨다. "가장 중요한 것은, '오, 이스라엘아 들어라. 곧 주 우리 하나님, 주는 한 분이시다. 30너는 네 모든 마음을 다하고, 네 모든 영혼을 다하고, 네 모든 뜻을 다하고, 그리고 네 모든 힘을 다하여 주 네 하나님을 사랑하여야 한다.'[a] 31두 번째는 이것이다. 곧, 너는 '네 이웃을 네 자신처럼 사랑하여야 한다.'[b] 이 두 계명보다 더 큰 다른 계명은 없다."

32그 율법학자가 예수께 말했다. "선생님이 옳습니다. 당신께서 하나님은 한 분이시오, 그 분 외에는 다른 이가 없다고 진실 되게 말씀하셨습니다. 또 온 마음을 다하고, 온 지혜를 다하고, 온 힘을

---

a) 신명기 6:4-5
b) 레위기 19:18

다하여 하나님을 사랑하라는 것과 33이웃을 자기 자신처럼 사랑하라는 것이 모든 번제물과 희생제물보다 훨씬 더 중요합니다."

34예수께서 그가 지혜 있게 대답한 것을 보시고, 그에게 말씀하셨다. "너는 하나님 나라로부터 멀리 있지 않구나." 그리고 그 후에는 누구도 감히 예수께 더 이상 질문을 하지 않았다.

234 그리스도는 누구의 자손?
(A.D. 30, 4.4. 화)(마태복음 22:41-46, 마가복음 12:35-37, 누가복음 20:42-44)

41바리새파 사람들이 함께 모여 있을 때, 예수께서 그들에게 한 질문을 던지셨다. 42"그리스도에 대해 그대들은 어떻게 생각하오? 그가 누구의 자손이오?" 그들이 예수께 말했다. "다윗의 자손입니다." 43예수께서 그들에게 말씀하셨다. "그렇다면 어찌하여 다윗이 성령에 감동되어 예수를 주라고 부르면서 이렇게 말했소? 곧,

44'주[a]께서 내 주[b]께 이렇게 말씀하셨다.
"내가 네 원수들을 네 발 아래에 둘 때까지,
여기 내 우편에 앉아라."'(시편 110:1)

45"만일 다윗이 그분을 주라고 부른다면, 어떻게 그분이 다윗의 자손이 되겠느냐?" 46예수께 한마디라도 대답할 수 있는 사람이

---

a) 하나님
b) 예수 그리스도. 다윗은 그의 후손의 한 사람인 예수를 신의 이름인 'Lord'로 불렀다. 이는 다윗의 자손인 예수는 하나님이라는 것을 뜻한다. 예수는 다윗의 후손으로 인간이며, 또한 그는 하나님이시다.

한 사람도 없었으며, 그 날 이후에는 누구도 감히 예수께 질문을 하지 않았다.

235 율법학자들과 바리새파 사람들에 대한 질책
(A.D. 30, 4.4. 화)(마태복음 23:1-12, 마가복음 12:38-40, 누가복음 20:45-47)

1그 후에 예수께서 무리들과 제자들에게 말씀하셨다. 2"율법학자들과 바리새파 사람들이 모세의 자리에 앉아 있다. 3그러므로 무엇이든지 그들이 너희에게 지키라고 말하는 것은 그것을 지키고 행하여라. 그러나 그들이 행하는 대로는 행하지 마라라. 이는 그들이 말은 하고 행하지는 않기 때문이다. 4그들은 지기가 어려운 무거운 짐을 묶어 사람의 어깨에 올려놓는다. 그러나 그들 스스로는 그들의 손가락으로 짐을 옮기려고 하지 않는다. 5그들은 다른 사람들이 보도록 하기 위해 그들의 모든 일을 행한다. 이는 그들이 경문 띠를 넓게 만들어서 차고, 옷 술을 길게 늘어뜨리기 때문이다. 6그들은 잔치 상의 윗자리와 회당의 가장 좋은 자리를 사랑하고, 7장터에서 인사 받는 것과 다른 사람들이 그들을 '랍비, 랍비'라고 부르는 것을 사랑한다.

8그러나 너희는 '랍비'라고 불리워 지지 않을 것이다. 이는 너희는 한 분 스승을 가지고 있으며, 그리고 너희는 모두 형제이기 때문이다. 9그리고 어떤 사람도 땅에 있는 사람을 너희 아버지라고 부르지 마라라. 이는 너희는 하늘에 계신 한 아버지를 가지고 있기 때문이다. 10또 너희는 가르치는 사람이라고 불리 워 지지 않도록 하여라. 이는 너희에게는 한 분 가르치시는 분, 곧 그리스도께서 계시기 때문이다.

11너희 중에 가장 큰 사람은 너희 종이 될 것이다. 12누구든지 자신을 높이는 자는 낮아질 것이고, 누구든지 자신을 낮추는 자는 높아질 것이다.

236 '그대, 위선자들에게 화가 있을 것이다'
(A.D. 30, 4.4. 화)(마태복음 23:13-33, 마가복음 12:38-40, 누가복음 20:45-47)

13"너희 율법학자와 바리새파 사람들, 위선자들에게 화가 있을 것이다. 이는 너희가 사람들의 면전에서 하나님 나라의 문을 닫기 때문이다. 이는 너희도 스스로 들어가지 아니하고, 들어가려고 하는 사람도 허락하지 아니하기 때문이다. (14 없음)

15너희 율법학자와 바리새파 사람들, 위선자들에게 화가 있을 것이다. 이는 너희는 한 사람의 유대교 개종자를 만들기 위해 육지와 바다를 다니다가, 그가 개종자가 되면, 너희는 그를 너희처럼 두 배나 더 악한 지옥의 자식으로 만들기 때문이다.

16"너희 눈먼 안내자들에게 화가 있을 것이다. 너희는 '만일 누구든지 성전을 두고 맹세하면, 맹세를 안 지켜도 되지만, 누구든지 성전에 있는 금을 두고 맹세하면, 그는 그 맹세를 지켜야한다.'고 말한다. 17너희 눈먼 바보들아. 어느 것이 더 중요하냐? 금이냐? 또는 금을 거룩하게 만드는 성전이냐? 18그리고 너희는 또 '만일 구든지 제단을 두고 맹세하면, 그 맹세를 지키지 아니하여도 되지만, 만일 누구든지 제단 위에 있는 제물을 두고 맹세하면, 그는 그 맹세를 지켜야한다.'고 말한다. 19너희 눈먼 사람들아, 어느 것이 더 중요하냐? 제물이냐? 제물을 거룩하게 하는 제단이냐? 20그러므로 누구든지 제단을 두고 맹세하는 사람은 제단과 제단 위

에 있는 모든 것을 두고 맹세하는 것이다. 21그리고 누구든지 성전을 두고 맹세하는 사람은 성전과 그 안에 사시는 분을 두고 맹세하는 것이다. 22그리고 누구든지 하늘을 두고 맹세하는 사람은 하나님의 보좌와 그 보좌에 앉으신 분을 두고 맹세하는 것이다.

23"너희 율법학자와 바리새파 사람들, 위선자들에게 화가 있을 것이다. 너희가 박하[a]와, 회향[a]과, 근채[b]의 십일조는 드리면서 율법의 더 중요한 문제들, 곧, 정의와, 자비와, 믿음은 무시해 왔다. 너희는, 다른 일들을 등한시 하지 않으면서도, 이러한 일들을 했어야 했다. 24이 눈먼 안내인들아, 작은 벌레는 걸러내고 낙타는 삼키는구나.

25"너희 율법학자와 바리새파 사람들, 위선자들에게 화가 있을 것이다. 그대들은 잔과 접시의 겉은 깨끗이 닦는다. 그러나 그 속에는 탐욕과 방종이 가득 차 있다.

26"그대, 눈먼 바리새파 사람들아, 먼저 잔과 접시의 속을 깨끗이 하여라. 그러면 겉도 깨끗해 질 것이다.

27"그대 율법학자와 바리새파 위선자들에게 화가 있을 것이다. 이는 그대들은 겉으로는 아름답게 보이나, 속은 죽은 사람의 뼈와 온갖 더러운 것들로 가득 차 있는 흰색 도료塗料를 칠한 무덤과 같기 때문이다. 28이와 같이 너희도 겉으로는 다른 사람들에게 의롭게 보이나, 안으로는 그대들은 위선과 불법으로 가득 차 있다.

29"그대 율법학자와 바리새파 위선자들에게 화가 있을 것이다.

---

a) 향료의 일종
b) 매우 작은 과일종류

이는 그대들은 예언자들의 무덤을 만들고, 의인들의 비석을 꾸미기 때문이다. 30그리고 그대들은 '만일 우리가 우리 조상의 때에 살았었더라면, 우리는 예언자들의 피를 흘리는 일에 참여하지는 아니했었을 것이다.'라고 말하기 때문이다. 31이리하여, 그대들은, 그대들이 예언자들을 죽인 자들의 후손이라는 것을 그대들 스스로에게 증언하고 있다. 32그러면 그대들의 조상의 분량을 채워라.[a] 33그대 뱀들아, 그대 독사의 자식들아, 그대들이 어떻게 지옥으로 떨어지는 선고를 피할 수 있겠느냐?

237 예수, 예루살렘 의해 배척당한 것을 한탄하심
(A.D.30, 4. 4. 화)(마태복음 23:37-39, 누가복음 13:34-35)

37"예루살렘아, 예루살렘아. 예언자들을 죽였으며, 또 너에게로 보내진 사람들을 돌로 친 자여! 마치 암탉이 그 새끼를 날개 아래에 품듯이, 내가 네 자녀를 함께 모으려고 한 적이 얼마나 많았더냐? 그러나 너는 원치 아니했다. 38보라. 네 집이 황폐하여 벌여질 것이다. 이는 내가 너희에게 말하는데, 너희가 '주의 이름으로 오시는 분은 복되시다.'라고 말할 때까지는, 다시는 나를 보지 못할 것이기 때문이다."

238 과부의 헌금
(마가복음 12:41-44, 누각복음 21:1-4)

41예수께서 헌금함 맞은편에 앉아서 사람들이 어떻게 헌금함

---

a) 죄를 더 지으라는 의미

에 돈을 넣는 것을 보고 계셨다. 많은 부자들이 많이 넣었다. 42그러나 한 가난한 과부가 와서 한 페니ᵃ⁾가 되는 작은 동전 두 개를 넣었다. 43예수께서 제자들을 불러 말씀하셨다. "내가 너희에게 진실로 말한다. 이 가난한 과부가 다른 모든 사람들이 헌금한 것보다 더 많은 헌금을 했다. 44이는 그들은 모두 풍족한 가운데서 드렸지만, 이 여인은 가난한 가운데서도 그녀가 가진 모든 것, 곧 그녀가 살아가기 위해 필요한 모든 것을 드렸기 때문이다."

종말에 관한 강론
A.D. 30. 4. 4. 화

239 성전의 붕괴에 대한 예언
(마가복음 13:1-4, 마태복음 24:1-3, 누가복음 21:5-7)

1예수께서 성전에서 나가실 때, 제자들 중 한 사람이 예수께 말했다. "선생님, 보십시오. 얼마나 큰 돌이며, 얼마나 웅장한 건물입니까!" 2예수께서 그에게 말씀하셨다. "그대가 이 훌륭한 건물들을 보느냐? 여기에 아래로 집어던져지지 않고, 한 돌이 다른 돌 위에 남아 있을 돌이 하나도 없을 것이다."ᵇ⁾

3예수께서 성전 맞은편에 있는 감람산에 앉아 계실 때, 베드로와, 야고보와, 요한과, 안드레가 예수께 조용히 물었다. 4"말씀해 주십시오. 언제 이런 일들이 일어나겠습니까? 그리고 이 모든 일

---

a) 동전 단위(하루 노임의 가치)
b) 성전의 완전한 파괴를 의미(성전은 A.D. 70년에 로마 군대에 의해 완전히 파괴되었다.)

들이 이루어지려고 할 때 어떤 징조가 나타나겠습니까?"

240 종말(붕괴)의 징조들과 대비
(마가복음 13:5-10, 누가복음 21:12-19, 마태복음 24:4-14)

마가복음 13:5예수께서 그들에게 말씀하기 시작하셨다. "누구도 너희를 길에서 벗어나게 인도하지 않도록 조심하여라. 6많은 사람들이 내 이름으로 와서 '내가 그 사람이다.' 라고 말할 것이고, 그들은 많은 사람들을 잘 못된 길로 인도 할 것이다. 7너희가 전쟁과 전쟁의 소문을 듣는 때에는 놀라지 마라라. 이 일은 일어나야 한다. 그러나 아직 끝은 아니다. 8이는 민족이 민족을 대적하여 일어날 것이고, 나라가 나라를 대적하여 일어날 것이기 때문이다. 여러 곳에서 지진이 일어날 것이고, 기근이 있을 것이다. 이런 일들은 다만 해산의 고통의 시작일 뿐이다.

9"그러나 너희 경계태세를 갖추어라. 이는 그들이 너희를 공회에 넘겨주고, 너희가 회당에서 매를 맞고, 또 너희는 나를 위해 총독들과 왕들 앞에 서서 그들 앞에서 증언할 것이기 때문이다. 10그리고 먼저 복음이 모든 민족에게 전파되어야 한다.

누가복음 21:12"그러나 이런 일들이 일어나기 전에, 그들이 너희를 체포하여 박해하고, 회당과 감옥으로 넘겨 줄 것이다. 그리고 너희는 내 이름 때문에, 왕들과 총독들 앞으로 끌려갈 것이다. 13이것은 너희에게는 증언하는 기회가 될 것이다. 14그러므로 너희는 너희가 미리 어떻게 대답할 것인지를 꾀하지 말고, 너희 마음에서 정하여라. 15이는 내가 너희 원수들의 어느 누구도 대항하거나 부인할 수 없는 입과 지혜를 너희에게 줄 것이기 때문이다. 16너희는 심지어 부모들과, 형제들과, 친척들로 부터 배반을 당할 것이다. 그들은 너희 중의 몇몇 사람을 죽음에 처할 것이다. 17그리고 너희는 내 이름 때문에 모든 사람들로부터 미움을 받을 것이다. 18그러나 너희 머리털 하나도 상하지 아니할 것이다. 19너희 인내로, 너희는 너희 생명을 얻을 것이다.

241 큰 환란
(마가복음 13:14-23, 마태복음 24:15-25, 누가복음 21:20-24)

14"그래서 '멸망을 초래케 하는 가증한 것'[a]이, 그것이 있어서는 안 될 곳에, 서 있는 것을 너희가 보면, 그 때에 (읽는 자들은 깨닫도록 하여라.) 유대에 있는 사람들은 산으로 도망치도록 하여라. 15지붕 위에 있는 사람은 무엇이든지 꺼내기 위해, 내려가지도 말고, 그의 집안으로 들어가지도 않도록 하여라. 16밭에 있는 사람은 그의 겉옷을 가지려고 뒤돌아서지 않도록 하여라. 17그 날에는 임신한 여인들과 유아에게 젖을 먹이는 여인들에게 화가 있을 것이다! 18이 일이 겨울에 일어나지 않도록 기도하여라. 19이는 그 날들에 하나님께서 창조하신 창조의 시작으로부터 지금까지, 그리고 앞으로도 결코 일어나지 않을 그러한 환난이 있을 것이기 때문이다. 20만일 주께서 그 날들을 줄여주시지 않으셨다면, 구원을 받을 사람이 없었을 것이다. 그러나 그분께서 택하신 선택된 사람들을 위해, 그분께서 그 날들을 줄여주셨다.

---

a) 시리아 왕 안디오쿠스가 B.C. 165에 유대인들이 이스라엘의 예루살렘 성전에서 제사 드리는 것을 반대하여 성전을 더럽히고 그곳에 건립한 제우스 신상神像을 의미. 안티 그리스도들에 의한 하나님의 성전에 대한 신성모독을 상징한다.

21그 때 만일 어떤 사람이 너희에게 "보라, 여기 그리스도가 있다!" 또는 '보라, 저기 그분이 있다.'고 말해도, 그것을 믿지 마라라. 22이는 거짓 그리스도들과 거짓 예언자들이 나타나서 표적과 기사奇事를 행하면서, - 할 수만 있으면, - 선택된 사람들을 잘못 인도할 것이기 때문이다. 23그러나 경계하여라. 내가 전에 너희에게 모든 일을 말했다.

242 인자人子의 날
(마태복음 24:26-28)

26"그럼으로, 그들이 너희에게 '보라. 그리스도가 광야에 있다.'고 말해도, 가지 마라라. 그들이 '보라. 그리스도가 골방에 있다.'고 말해도 그것을 믿지 마라라. 27이는 번개가 동편에서 와서 서쪽에까지 뻔쩍이는 것같이, 인자가 오는 것도 그러할 것이기 때문이다. 28죽은 시체가 있는 곳에는 어디나 독수리들[a]이 모여든다.

243 말세: 인자의 오심
(마태복음 24:29-31, 마가복음 13:24-27, 누가복음 21:29-33)

29"그러나 이러한 환난의 날들 뒤에 바로, 해가 어두워질 것이며, 달이 빛을 내지 않을 것이며, 별들이 하늘에서 떨어지고, 또 하늘의 권능들이 흔들릴 것이다. 30그때에 인자의 징조가 하늘에 나타날 것이며, 땅의 모든 족속들이 슬퍼할 것이다. 그리고 그들은 인자가 구름을 타고 능력과 큰 영광[b]을 가지고 오는 것을 볼

---

a) 독수리는 예수께서 심판하기 위해 오실 때, 일어날 죽음을 의미
b) 예수께서는 하나님 나라의 영원한 통치자임을 상징

것이다. 31그분은 큰 나팔소리와 함께 자기 천사들을 보낼 것이다. 천사들은 인자가 택하신 백성들을 하늘 이쪽 끝에서 저쪽 끝까지 사방팔방에서 모을 것이다.

244 예루살렘 종말의 날: 무화과나무의 교훈
(마가복음 13:28-31, 마태복음 24:32-35, 누가복음 21:29-33)

28무화과나무에서 이 교훈을 배워라. 곧, 그 가지가 연해지고 새 잎사귀가 나오면, 여름이 가까이 왔다는 것을 너희가 알아라. 29이 같이 너희가 이런 일들[a]이 일어나는 것을 볼 때는, 너희는 그분이 가까이, 바로 문 앞에 오신 줄을 알아라. 30그러므로 내가 진실로 너희에게 말한다. 이 세대가 가기 전에 이 모든 일들이 일어날 것이다. 31천지는 없어질 것이지만, 내 말은 결코 없어지지 아니할 것이다.

245 말세의 도래: 누구도 그 날과 그때는 모른다
(마태복음 24:36-42, 마가복음 13:32)

36"그러나 그 날과 그 때에 관하여는, 아무도 알지 못한다. 심지어 하늘에 있는 천사도, 아들도 모르고,[b] 오직 아버지만 아신다. 37이는 노아의 때에 있었던 것처럼, 인자의 오심도 그러할 것이기 때문이다. 38이는 홍수가 나기 이전의 날에는, 노아가 방주에 들어간 그날까지, 그들은 먹고, 마시고, 장가가고 시집가고 있었기

---

a) 종말(누가복음 13:5-23절에 기록된 일들)
b) 예수께서는 분명히 말세의 때를 아셨을 것이다. 그러나 지금은 이것을 사람들에게 알려줄 때가 아니었다.

때문이다. 39그리고 홍수가 와서 그들을 모두 휩쓸어 갈 때까지 그들은 알지 못했다. 인자의 오심도 그와 같을 것이다. 40그 때에 두 남자가 들에 있을 것이다. 그런데 한 사람은 데려가질 것이고 한 사람은 남을 것이다. 41두 여자가 맷돌질을 하고 있는데, 한 사람은 데려가질 것이고, 한 사람은 남을 것이다. 42그러므로 깨어 있어라. 어느 날에 너희 주께서 오실지 너희가 모르기 때문이다.

246 '깨어 있어라'
(누가복음 21:34-38)

34"너희는 스스로를 조심하여라. 그렇지 않으면, 너희는 방탕함과, 술 취함과, 이 세상 삶의 염려로 너희 마음이 짓눌릴 것이다. 그리고 그날은 덫과 같이 너희를 덮칠 것이다. 35이는 그날은 온 세상 땅 위에 사는 모든 사람에게 닥칠 것이기 때문이다. 36항상 깨어서, 너희는 앞으로 일어날 이 모든 일들을 피하여 인자 앞에 설 수 있는 힘을 가질 수 있도록 기도하여라."

37매일 예수께서는 성전에서 가르치시고, 밤에는 나가셔서 올리브 산이라고 하는 산에서 유하셨다. 38그리고 이른 아침에 모든 사람이 예수의 말을 듣기 위해 성전에 계시는 그분에게로 왔다.

247 밤에 들어오는 도둑의 비유
(마태복음 24:43-44)

43"그러나 이것을 알도록 하여라. 곧, 만일 집주인이 도둑이 어느 시각에 오는 줄 알았더라면, 그는 깨어 있어서, 그의 집이 침입을 당하도록 내버려두지 아니했을 것이다. 44그러므로 너희도

항상 준비하고 있어라. 인자는 너희가 기대하지 않는 때에 오실 것이기 때문이다."

248 충실한 종과 나쁜 종의 비유
(마태복음 24:45-51, 마가복음 13:33-37, 누가복음 12:41-48)

45"그렇다면, 충성스럽고 지혜 있는 종은 누구이겠느냐? 그의 주인은 그 종에게 자기 집안일을 다스리게 하여, 자기 식구들에게 때에 맞추어 음식을 주도록 했다. 46주인이 돌아 와서 그 종이 그렇게 하고 있는 것을 보면, 그 종은 복이 있다. 47내가 진실로 너희에게 말한다. 주인이 그의 모든 소유를 종에게 맡길 것이다. 48그러나 만일 그 악한 종이 자신에게 '내 주인이 오는 것을 늦추고 있다'고 말하고, 49다른 동료 종들을 때리며, 술친구들과 먹고 마시면, 50종의 주인이, 종이 주인을 기대하지 않은 날에, 또 종이 알지 못하는 시간에 와서, 51그 종을 두 토막으로 내어 위선자들과 함께 있게 할 것이다. 그곳에 슬피 울며 이를 가는 소리가 있을 것이다.

249 열 명의 처녀의 비유
(마태복음 25:1-13)

1"그 때에 하늘 나라는 등불을 들고 신랑을 맞이하기 위해 나간 열 처녀와 같다. 2그들 중 다섯은 어리석고, 다섯은 지혜로웠다. 3이는 어리석은 처녀들은 등불은 가지고 갔지만 기름을 가지고 오지 않았다. 4지혜로운 처녀들은 등불과 함께, 기름을 담은 병을 가지고 왔기 때문이었다. 5신랑이 오는 것이 지연되어, 처녀

들은 다 졸며 잠이 들었다.

6"그러나 한밤중에 '신랑이 오고 있다. 나가서 신랑을 맞이하라.' 는 소리가 들렸다. 7그러자 모든 처녀들이 일어나서 등불을 손질했다. 8어리석은 처녀들이 지혜로운 처녀들에게 말했다. '우리 등불이 꺼져가니 그대의 기름을 우리에게 좀 주세요.' 9그러나 지혜로운 처녀들이 대답했다. '우리를 위해서, 그리고 그대들을 위해서 충분하지 않으니, 기름을 파는 사람들에게 가서 그대들을 위해 사십시오.' 10그리고 그들이 기름을 사러 간 사이에 신랑이 도착하고, 준비를 끝내고 있던 처녀들은 신랑과 함께 혼인잔치에 갔으며, 그리고 문은 닫혀졌다.

11"그 후에 다른 처녀들이 와서 '주여, 주여, 우리들에게 문을 열어 주십시오.' 라고 말했다. 12그러나 주께서 대답해, 말씀하셨다. '내가 진실로 너희에 말한다. 내가 너희를 알지 못한다.' 13그러므로 깨어 있으라. 너희는 그 날도, 그 때도 알지 못하기 때문이다."

250 달란트의 비유
(마태복음 25:14-30)

14"또 하늘 나라는 어떤 사람이 그의 종들을 불러 그의 소유를 그들에게 맡기고 여행을 가는 사람과 같다. 15그는 종들의 능력에 따라 한 사람에게는 다섯 달란트를, 한 사람에게는 두 달란트를, 한 사람에게는 한 달란트[a]를 주고 떠났다. 16다섯 달란트를

---

a) 한 달란트는 매우 큰돈으로 한 사람의 노동자의 약 20년간의 노임에 해당하는 금액임.
　주: 이 비유의 의미는 우리는 하나님께서 주신 선물을 최대한 이용하고 발전시켜, 그 분께서 오실 때, 그 결과를 그분에게 내어 놓아야 한다는 것을 상징하는 것이다.

받은 사람은 바로 나가서 그것으로 장사를 하여 다섯 달란트를 더 벌었다. 17두 달란트를 받은 사람도 이와 같이 장사를 하여 두 달란트를 더 벌었다. 18그러나 한 달란트를 받은 사람은 가서 땅을 파고 그의 주인의 돈을 감추었다.

19"오랜 후에 종들의 주인이 돌아와서 종들과 결산을 하게 되었다. 20다섯 달란트를 받았던 사람은 다섯 달란트를 더 가지고 와서 말하기를, '주인님, 주인께서 내게 다섯 달란트를 주셨는데, 다섯 달란트를 더 벌었습니다.' 21주인이 그에게 말하기를, '크게 잘했다. 너는 착하고 충성된 종이다. 네가 작은 일에 충성했으니 이제 내가 더 많은 일을 네게 맡길 것이다. 와서 네 주인의 기쁨에 참여하라.' 22두 달란트를 받았던 사람도 와서 말하기를, '주인님, 내게 두 달란트를 주셨는데, 내가 두 달란트를 더 벌었습니다.' 23주인이 그에게 말하기를, '크게 잘했다. 너는 착하고 충성된 종이다. 네가 작은 일에 충성했으니, 이제 내가 더 많은 것을 맡길 것이다. 와서 네 주인의 기쁨에 참여하여라.'

24"한 달란트를 받았던 사람은 와서 말하기를, '주인님, 당신은 엄한 분이라는 것을 나는 알고 있습니다. 당신은 심지 않은 데서 거두시고, 씨를 뿌리지 않은 곳에서 모으십니다. 25그래서 나는 두려워하여 나가서 당신의 달란트를 땅에 감추어 두었습니다. 여기 있습니다. 당신 것은 가져가십시오.' 26그러나 그의 주인이 말하기를, '이 악하고 게으른 종아. 너는 내가 심지 않은데서 거두고, 씨를 뿌리지 않은데서 모으는 줄로 알았더냐? 27그러면 네가 마땅히 내 돈을 돈놀이하는 사람들에 맡겼어야 했다. 그래서 내가 돌아왔을 때, 내가 원금과 이자를 받았을 것이다. 28그에게서

그 한 달란트를 빼앗아 열 달란트를 가진 자에게 주어라.

29'이는 가진 자에게는 더 주어져서, 그가 풍족하게 가질 것이기 때문이다. 그러나 가지지 않은 자에게서는 그가 가진 것조차도 빼앗길 것이다. 30이 무익한 종을 바깥 어둔 곳으로 집어 던져라. 거기서 슬피 울며, 이를 가는 소리가 들릴 것이다.'"

251 최후의 심판
(마태복음 25:31-46)

31"인자[a]가 그분의 영광가운데 오실 때, 그리고 모든 천사들이 그분과 함께 올 때, 그분은 그분의 영광의 보좌에 앉으실 것이다. 32모든 민족들이 그 분 앞에 모일 것이다. 그리고 그분은, 목자가 양[b]을 염소[c]로부터 구별하는 것처럼, 한 민족을 다른 민족으로부터 구분 하실 것이다. 33그리고 인자는 양을 그분의 오른 편에, 그리고 염소를 그분의 왼 편에 두실 것이다. 34그리고 왕[d]은 자기 오른 편에 있는 자에게 말씀할 것이다. '이리 오너라. 내 아버지께서 축복하신 자들이여, 창세로부터 너희를 위해 준비된 나라의 상속을 받아라. 35이는 내가 배가 고팠을 때, 너희가 내게 먹을 것을 주었고, 내가 목이 말랐을 때, 너희가 내게 마실 것을 주었으며, 내가 나그네이었을 때, 너희가 나를 영접했으며, 내가 헐벗었을 때, 36너희가 옷을 주었고, 내가 병들었을 때, 너희가 나

---

a) 예수께서 자신을 인자라고 표현하실 때는 3인칭 어법을 쓰신다.
b) 믿는 사람들
c) 믿지 않는 사람들
d) 보좌에 앉으신 인자

를 돌보아 주었고, 내가 옥에 갇혔을 때, 너희가 나를 찾아왔기 때문이다.

37"그 때 의인들이 그분께 이렇게 대답할 것이다. '주여, 언제 우리가 주께서 배고프신 것을 보고 주님께 음식을 드렸으며, 목마르신 것을 보고 주님께 마실 것을 드렸습니까? 38그리고 언제 우리가 주께서 나그네 되신 것을 보고 주님을 영접했으며, 또는 헐벗으신 것을 보고 옷을 드렸습니까? 39언제 우리가 주께서 병드시거나 옥에 갇히신 것을 보고 주님을 찾아뵈었습니까?' 40그리고 왕이 그들에게 대답하실 것이다. '진실로 내가 너희에게 말한다. 너희가 여기 내 형제들 중에 서 가장 작은 자에게 이러한 이 일을 행한 것같이, 너희가 그것을 내게 행하였다.'

41"또 왕은 그분의 왼편에 앉아 있는 사람들에게 말 할 것이다. '너희 저주받은 사람들아. 내게서 떠나서 마귀와 그의 천사들을 위해 마련된 영원한 불 속으로 들어가라. 42이는 내가 배고팠을 때, 너희가 나에게 먹을 것을 주지 아니했고, 내가 목말랐을 때, 너희가 나에게 마실 것을 주지 아니했고, 43내가 나그네이었을 때, 너희가 나를 영접하지 아니했고, 헐벗었을 때, 내게 옷을 주지 아니했으며, 병들고 감옥에 있을 때, 너희가 나를 찾아오지 안했기 때문이다.

44"그리고 그들도 그분에게 이렇게 대답할 것이다. '주여, 언제 우리가 주께서 목마른 것이나, 나그네 되신 것이나, 헐벗은 것이나, 병드신 것이나, 옥에 갇히신 것을 보고 주님을 돌보지 아니했습니까?' 45그러면 왕이 그들에게 이렇게 대답하실 것이다. '내가 진실로 너희에게 말한다. 너희가 여기 사람들 중에서 지극히 작

은 자에게 이것을 하지 않했다면, 이것은 너희가 나에게도 하지 않은 것이다.' 46그들은 영원한 벌로 들어갈 것이며, 의인들은 영생으로 들어갈 것이다."

> 주: 주께서는 그분의 예기치 못한 돌아오심에 대비하여 깨어 있도록 촉구한 후, 말세에 모든 사람들이 직면하게 될 최후의 심판에 대해 말씀하신다. 그 심판의 기준은 우리가 우리의 이웃에 대하여 얼마나 친절을 베풀었는지, 얼마나 사랑했는지에 있다고 말씀하신다.

수요일
A.D. 30, 4월 5일, 수요일(예루살렘)

252 예수를 죽이려는 음모
(마태복음 26:1-5, 마가복음 14:1-2, 누가복음 22:1-2)

1예수께서 이 모든 말씀을 마치고 제자들에게 말씀하셨다. 2"너희가 아는 것처럼, 이틀이 지나면 유월절이다. 그리고 인자는 십자가에서 처형되기 위해 넘겨질 것이다."

3그 때 대제사장들과 백성의 장로들이 가야바라고 하는 대제사장의 관저에 모여, 4예수를 은밀한 방법으로 체포하여 죽이기 위해 함께 음모를 꾸몄다. 5그러나 그들은 "백성들 가운데 소요가 있지 않도록 하기 위해 명절동안에는 하지 말자."고 말했다.

253 유다의 예수 배반
(마태복음 26:14-16, 마가복음 14:10-11, 누가복음 22:3-6)

14그 때에 열두 제자 중의 하나인 가룟 유다라고 하는 자가 대제사장들에게 가서, 15말했다. "만일 내가 예수를 당신들에게 넘기면, 당신들이 내게 무엇을 주겠소?" 그리고 그들은 은 동전 30개[a]를 헤아려서 그에게 주었다. 16그리고 이 순간부터 유다는 예수를 배반할 기회를 찾았다.

254 유대인의 불신앙의 신비
(요한복음 12:37-50)

사람들이 믿지 않다

37예수께서 전에 많은 표적을 그들 앞에서 행하셨으나, 그들이 예수를 믿지 아니했다. 38이는 예언자 이사야의 말씀이 이루어지도록 하기 위한 것이었다. 곧,

"주여, 우리가 전한 것을 누가 믿었으며,
주의 팔이 누구에게 나타났습니까?"(이사야 53:1)

39그러므로 그들은 믿지 못했다. 이사야는 다시 말했기 때문이다.

40"주께서 그들의 눈을 멀게 하셨고,
그들의 마음을 완고하게 하셨다.

---

a) 한 노동자의 약 4개월분 임금. 이 적은 금액은 유다와 대제사장들이 예수를 얼마나 존경하지 않했는가를 보여주는 것이다. (스가랴 1:12)

이는 그들이 그들의 눈으로 보지 못하게 하고,
그들의 마음으로 깨달아, 돌이키지 못 하게 하여,
내가 그들을 고치지 못하게 하기 위한(이사야 6:10) 것이다."

41이사야는 그가 예수의 영광을 보고 그분에 관해 말했기 때문에 이러한 것들을 말했다. 42그럼에도 불구하고, 당국자들 중에서 많은 사람들이 예수를 믿었다. 그러나 바리새파 사람들을 두려워하여, 그들은 회당에서 쫓겨나지 않도록 하기 위해, 그들의 믿음을 고백하지 안했다. 43이는 그들이 하나님으로부터 오는 영광보다 사람으로부터 오는 영광을 더 사랑했기 때문이었다.

세상을 구원하기 위해 오신 예수

44예수께서 외쳐 말씀하셨다. "누구둔지 나를 믿는 사람은 나를 믿는 것이 아니요, 나를 보내신 분을 믿는 것이다. 45그리고 누구든지 나를 보는 사람은 나를 보내신 분을 보는 것이다. 46나는 빛으로 세상에 왔다. 그러므로 누구든지 나를 믿는 사람은 어둠 속에 머물러 있지 아니할 것이다. 47어떤 사람이든지 내 말씀들을 듣고 그것들을 지키지 아니할지라도, 내가 그를 심판하지 아니할 것이다. 이는 나는 세상을 심판하기 위해서가 아니고, 세상을 구원하기 위해 왔기 때문이다. 48나를 배척하고, 내 말을 받아들이지 아니하는 사람에게는 심판자가 있다. 내가 한 그 말이 마지막 날에 그를 심판할 것이다.

49이는 내가 내 스스로의 권능으로 말한 것이 아니고, 나를 보내신 아버지께서 친히 나에게 명령, 곧 내가 무엇을 말하고say, 무엇을 말speak 할지를 명령하셨기 때문이다. 50그리고 나는 이 계명이 영원한 생명이라는 것을 안다. 그러므로 내가 말하는 것은 내 아버지께서 내게 말씀하신 것을 내가 말하는 것이다.

세족의 목요일(부활절 날 전의 목요일)
A.D. 30, 4월 6일, 수요일(예루살렘)

255 예수, 유월절 저녁식사 준비의 지시
(누가복음 22:7-13, 마태복음 26:17-19, 마가복음 14:12-16)

7무교절a) 날이 다가왔다. 이 날에는 유월절 양을 잡아야한다. 8그래서 예수께서 베드로와 요한을 보내시며, 말씀하셨다. "가서, 우리가 먹을 수 있도록, 우리를 위해 유월절을 준비하여라." 9그들이 예수께 말했다. "선생님께서는 우리가 어디서 이 음식을 준비하시기를 원하십니까?" 10예수께서 그들에게 말씀하셨다. "너희가 성 안으로 들어가면, 물 한 동이를 지고 가는 어떤 사람이 너희를 맞이할 것이다. 그가 들어가는 집으로 그를 따라 들어가거라. 11그리고 그 집 주인에게 이렇게 말하여라. 선생님께서 '내가 내 제자들과 함께 유월절 음식을 먹을 수 있는 손님방이 어디 있습니까?' 라고 당신에게 말씀하십니다. 12그러면 주인이 가구가 갖추어진 큰 다락방을 너희에게 보여줄 것이다. 그 곳에 준비하여라." 13제자들이 가서, 예수께서 그들에게 말씀하신 것과 같은

---
a) 무교는 누룩을 넣지 않은 빵이라는 뜻이다. 누룩이 들어가지 않는 무교절은 유월절(유대월력으로 1월 14일부터 시작) 다음날인 1월 15일부터 7일간 계속된다.

방을 발견했다. 그리고 그들은 유월절 저녁식사를 준비했다.

256 유월절 만찬(최후의 만찬)
(A.D. 30, 4. 6. 목)(누가복음 22:14-18, 마태복음 26:26-30, 마가복음 14: 22-26)

14시간이 되자, 예수께서 식탁에 기대어 앉으셨다. 제자들도 예수와 함께 앉았다. 15그리고 예수께서 제자들에게 말씀하셨다. "나는, 내가 고난을 당하기 전에, 너희와 함께 이 유월절 음식을 먹기를 간절히 원했다. 16이는 내가 너희에게 말하는데, 유월절이 하나님 나라에서 이루어질 때[a]까지는, 나는 이것을 먹지 아니할 것이기 때문이다."

17그러신 후, 예수께서 잔을 들어 올려 감사를 드리고 말씀하셨다. "이것을 받아라. 그리고 너희들 가운데 나누어 마셔라. 18이는 내가 너희에게 말하는데, 지금부터 하나님 나라가 오기까지는 내가 포도 열매에서 난 것을 마시지 아니할 것이기 때문이다."

257 '누가 가장 큰 사람?'
(누가복음 22:24-30)

24제자들 중에서 누가 가장 큰 사람으로 보아야할 것인가에 대해 그들 사이에서 논쟁이 벌어졌다. 25예수께서 그들에게 말씀하셨다. "이방인들의 왕들은 백성들에게 주인의 권리를 행사한다. 그리고 백성에게 권한을 행사하는 사람들은 은인이라고 불린다. 26그러나 너희들에게는 그렇지 않다. 오히려 너희 중 가장 큰 사람은

---

a) 장차 하늘에서 벌어질 그리스도의 잔치를 상징(요한계시록 19:9-10)

가장 어린 사람이 되고, 다스리는 사람은 섬기는 사람이 되어라. 27누가 더 큰 사람이냐? 식탁에 앉아 있는 사람이냐? 아니면 시중드는 사람이냐? 식탁에 앉아 있는 사람이 아니냐? 그러나 나는 섬기는 사람으로 너희 가운데 있다.

28"너희는 내가 시련을 겪는 동안, 나와 함께 있었던 사람들이다. 29내 아버지께서, 내게 맡기신 것 같이, 내가 한 나라를 너희에게 맡긴다. 30이렇게 함으로서 너희는 내 나라에서 내 식탁에 앉아 먹고 마시며, 보좌에 앉아 이스라엘의 열두 지파를 심판할 것이다.

예수의 고별강론(요한복음 13-17장)

258 예수, 제자들의 발을 씻어 주시다
(요한복음 13:1-17)

1유월절 전에, 예수께서는 세상을 떠나, 아버지께로 가실 그분의 때가 온 것을 아셨다. 그리고 예수께서는 세상에 있는 자신의 제자들을 사랑해 왔으며, 그들을 끝까지 사랑하셨다. 2저녁식사 중에, 마귀가 벌써 시몬의 아들, 가롯 유다의 마음에 그분을 배반하려고 하는 생각을 불어넣었다. 3예수께서는 아버지께서 모든 것을 자기 손에 맡기신 것과 또 자기가 하나님께로부터 오셨다가 하나님에게로 돌아가실 것을 아시고, 4저녁 식사자리에서 일어나셨다. 예수께서 자신의 겉옷을 벗고 수건을 들고 자신의 허리에 두르셨다. 5그리고 예수께서 대야에 물을 담아, 제자들의 발을 씻어 주시고 허리에 둘렀던 수건으로 닦아주기 시작하셨다.

6예수께서 시몬 베드로에게 다가가셨다. 베드로가 예수께 말했다. "주여, 당신께서 내 발을 씻어려 하십니까?" 7예수께서 그에게 대답하셨다. "지금은 내가 하는 일을 네가 이해하지 못한다. 그러나 나중에 네가 이해할 것이다." 8베드로가 예수께 말했다. "주님께서 내 발을 결코 씻어주시지 못하실 것입니다." 예수께서 그에게 말씀하셨다. "내가 너를 씻어 주지 아니하면, 너는 나와 함께할 몫이 없다." 9시몬 베드로가 예수께 말했다. "내 발뿐만 아니고, 손과 머리도 씻어 주십시오" 10예수께서 베드로에게 말씀하셨다. "목욕을 한 사람은 온 몸이 깨끗하니, 그의 발밖에는 씻을 필요가 없다. 너희는 깨끗하나, 너희 모두가 다 깨끗한 것은 아니다."

11이는 예수께서 자기를 배반할 사람이 누구인지를 아셨기 때문에 "너희 모두가 다 깨끗한 것은 아니다"라고 말씀하신 것이다.

12예수께서 그들의 발을 씻어 주신 후에 그분의 겉옷을 입으시고 자신의 자리에 앉아 그들에게 말씀하셨다. "내가 지금까지 너희들에게 해 온 것을 너희가 이해하느냐? 13너희는 나를 선생이라, 또는 주라고 부른다. 나는 그런 사람임으로 너희가 옳다. 14이제, 너희의 주이며 선생인 내가 너희 발을 씻어 주었으니, 너희도 서로의 발을 씻어 주어야 한다. 15내가 너희에게 본보기를 보여주었기 때문에, 너희도 내가 너희에게 행한 것 같이 그렇게 행하여야 한다. 16내가 진실로 진실로 너희에게 말한다. 종이 그의 주인보다 크지 못하고, 사자使者는 그를 보낸 사람보다 크지 못하다. 17너희가 이것을 알고, 너희가 이것을 행하면, 너희에게 복이 있다.

259 예수와 배반자
(요한복음 13:18-21, 마태복음 26:22-24, 요한복음 13:22-30)

요한복음 13:18"내가 너희 모두를 가리켜 말하는 것이 아니다. 나는 내가 택한 자들[a]이 누구인지를 알고 있다. 그러나 성경의 말씀이 이루어질 것이다. 곧 '내 빵을 먹은 자가 나를 반대하여 그의 발꿈치를 들었다.'[b] 19이 일이 일어나기 전에 미리 내가 너희에게 말한다. 그래서 이 일이 일어날 때에, 내가 그 분이라는 것을 너희가 믿을 수 있을 것이다. 20내가 진실로 진실로 너희에게 말한다. 누구든지 내가 보내는 사람을[c] 영접하는 사람은 나를 영접하는 것이요, 누구든지 나를 영접하는 사람은 나를 보내신 분을 영접하는 것이다."

21예수께서 이 말씀을 하시고, 심령이 괴로워 증언하셨다. "내가 진실로 진실로 너희에게 말한다. 너희중의 하나가 나를 배반할 것이다."

마태복음 26:22제자들이 매우 슬퍼하며 한 사람씩 차례로 예수께 "주님, 그 사람이 저입니까?" 하고 물었다. 23예수께서 대답하셨다. "나와 함께 접시에 손을 넣은 자가 나를 배반할 것이다. 24인자는 자기에 대하여 기록된 대로 간다. 그러나 인자를 배반하는 자에게는 화가 있을 것이다. 그가 차라리 태어나지 아니했더라면, 그를 위해 좋았을 것이다."

요한복음 13:22제자들은, 예수께서 누구를 두고 말씀하신 것인

---

a) 유다를 포함한 열두 제자들
b) 배반을 의미
c) 예수의 복음을 전하는 사람들

지 알지 못하여, 서로를 쳐다보았다. 23예수의 제자들 중 그분께서 사랑하시는 한 제자[a]가 예수 곁에서 식탁에 앉아 있었다. 24그래서 시몬 베드로가 이 제자에게 몸짓을 하여 예수께서 말씀하신 자가 누구인지를 그분께 물어보라고 했다. 25그래서 이 제자가 예수님을 향해 몸을 구부려 그분에게 말했다. "주님, 그 자가 누구입니까?" 26예수께서 대답하셨다. "내가 이 빵 한 조각을 적셔서 그에게 주는 자가 그 사람이다."

그래서 예수께서 빵 한 조각을 적셔 가룟 시몬의 아들 유다에게 주셨다. 27유다가 빵을 받자, 바로 사탄이 그에게로 들어갔다. 이에 예수께서 유다에게 말씀하셨다. "네가 하려고 하는 일을 속히 행하여라." 28예수께서 왜 이 말씀을 그에게 하셨는지를 식탁에 앉아 있던 사람 중에는 아는 자가 없었다. 29어떤 제자는 유다가 돈궤를 맡고 있음으로, 예수께서 그에게 "명절에 쓸 물건을 사라."고 말씀 하셨거나, 또는 가난한 자들에게 무엇을 주라고 말씀하신 것으로 생각했다. 30유다가 그 빵 조각을 받고는 곧 밖으로 나갔다. 밤이었다.

260 주님의 만찬의 제도화
(A.D. 30, 4. 6. 목, 저녁)(마태복음 26:26-28, 마가복음 14:22-25, 누가복음 22:19, 20)

26그들이 먹고 있을 때, 예수께서 빵을 들어 축복하시고, 떼어 제자들에게 주시며 말씀하셨다. "받아서 먹어라. 이것이 내 몸이다." 27예수께서 또 잔을 들어 감사하시고, 제자들에게 주시며 말

---

[a] 성경은 이 제자가 누구인지 밝히지 않고 있다. 그러나 요한복음의 저자인 요한을 가리킨다.

씀하시기를 '너희가 다 이것을 마셔라. 28이것은 죄의 용서를 받기 위해 많은 사람들을 위해 흘린 새 언약의 내 피 이기 때문이다.

261 새 계명: '너희는 서로 사랑해야 한다'
(A.D. 30, 4. 6. 목, 저녁)(요한복음 13:31-35)

31유다가 나가자, 예수께서 말씀하셨다. "이제 인자가 영광을 받았다.[a] 하나님께서도 인자로 말미암아 영광을 받으셨다. 32만일 하나님께서 인자로 말미암아 영광을 받으셨으면, 하나님께서도 그분 안에서 인자를 영광되게 하실 것이며, 인자를 바로 영광되게 하실 것이다. 33작은 자들아, 오직 잠시 동안만 더 내가 너희와 함께 있다. 너희가 나를 찾을 것이다. 그리고 내가 유대인들에게 말한 것처럼, 지금 내가 너희에게도 말한다. '내가 가는 곳에는 너희가 올 수 없다.'

34"내가 새 계명을 너희에게 준다. 너희는 서로 사랑하여라. 곧 내가 너희를 사랑한 것 같이, 너희도 서로 사랑해야 한다. 35너희가 서로 사랑하면, 그것으로써 모든 사람들이 너희가 내 제자인 줄을 알 것이다.

262 예수, 베드로의 부인을 예언하심
(A.D. 30, 4.6. 목, 저녁)(요한복음 13:36-38, 마태복음 26:30-34, 누가복음 22:31-38)

요한복음 13:36시몬 베드로가 예수께 물었다. "주님, 어디로 가십니까?" 예수께서 그에게 대답하셨다. "내가 가는 곳에 지금은 네

---

[a] 예수께서는 승리가 이미 쟁취되었다고 선언하심

가 나를 따라올 수 없다. 그러나 네가 나중에는 따라올 것이다. 37베드로가 예수께 말했다. "주님, 내가 지금은 어찌하여 선생님을 따라갈 수 없습니까? 내가 주를 위해 내 목숨을 내려놓겠습니다." 38예수께서 베드로에게 대답하셨다. "네가 나를 위해 목숨을 내려놓겠느냐? 내가 진실로 진실로 네게 말한다. 네가 나를 세 번 부인할 때까지는 닭이 울지 않을 것이다."

마태복음 26:30그들은 찬송을 부르며 올리브 산으로 갔다. 31그때 예수께서 제자들에게 말씀하셨다. "오늘 밤에 너희는 모두 나를 버릴 것이다.[a] 율법에 이렇게 기록되어 있기 때문이다. '내가 목자를 칠 것이다. 그러면 양떼가 흩어질 것이다.'[b] 32그러나 내가 살아난 후에 너희보다 먼저 갈릴리로 갈 것이다." 33베드로가 말했다. "모두 주님을 버릴 지라도, 나는 결코 주님을 버리지 않겠습니다." 34예수께서 그에게 말씀하셨다. "내가 진실로 네게 말한다. 오늘 밤 닭 울기 전에, 네가 나를 세 번 부인할 것이다.

누가복음 22:31"시몬아, 시몬아, 들으라. 사탄이 너희를 밀처럼 체질하겠다고 요청했다. 32그러나 나는 네 믿음이 약해지지 않도록 너를 위해 기도했다. 네가 돌이켜 회개할 때, 네 형제들을 강하게 하여라." 33베드로가 예수께 대답했다. "주님, 나는 주님과 함께 감옥으로든지 죽음으로든지 갈 준비가 되어 있습니다." 34예수께서 그에게 말씀하셨다. "베드로야, 내가 네게 말한다. 네가 나를 안다는 것을 세 번 부인하기 전까지는, 오늘 닭이 울지 않을 것이다."

---

a) 베드로뿐만 아니고 모든 제자들이 예수를 버리고 도망(마태복음 26:56)갔다. 그들은 예수와의 제자인 관계를 끊었을 뿐 아니라, 그분의 처형 시에 그분과 함께하지도 않았다.
b) 이사야 53:12

35그리고 예수께서 제자들에게 말씀하셨다. "내가 돈지갑도, 짐 보따리도, 신발도 없이 너희를 보냈을 때, 너희에게 부족한 것이 있었느냐? 그들이 대답했다. "전혀 없었습니다." 36예수께서 그들에게 말씀하셨다. "그런데 지금 너희가 지갑을 가지고 있으면, 가지고 가거라. 짐 보따리도 가지고 가거라. 만일 네게 칼[a]이 없으면, 네 옷을 팔아서 칼을 사라. 37이는 내가 너희에게 말하는데, '그는 죄인들의 수(數)안에 포함되어 있다.'고 기록된 성경의 말씀[b]이 내 안에서 이루어져야 하기 때문이다. 이는 지금 내게 관해 기록된 것은 이루어지고 있기 때문이다." 38제자들이 말했다. "보십시오. 주님, 여기 두 칼이 있습니다."[c] 예수께서 말씀하셨다. "그것으로 충분하다."

263 제자들을 위로하심
(A.D. 30, 4. 6. 목, 저녁)(요한복음 14:1-4)

1"너희 마음이 근심하지 않도록 하여라. 하나님을 믿으라. 또한 나를 믿으라. 2내 아버지의 집에는 많은 방들이 있다. 만일 그렇지 않았더라면, 내가 너희를 위해 거처를 준비하기 위해 간다고 너희에게 말하지 아니했겠느냐? 3만일 내가 가서 너희를 위해 거처를 준비하면, 내가 다시 와서 너희를 내게로 영접하여, 나 있는 곳에 너희도 있게 할 것이다. 4그리고 너희는 내가 어디로 가는

---

a) 예수께서는 실물의 칼이 아니고, 영적인 적과의 싸움에 대비하여 영적으로 무장하라는 뜻으로 칼을 준비하도록 비유적으로 말씀하신 것으로 보임.
b) 예수께서 이사야 53:12(의로운 자가 범죄인처럼 고난을 받는다.)를 인용하여 그분의 죽음은 이사야의 예언을 충족시킨다고 말씀하신다.
c) 제자들의 대답은 칼을 준비하라는 예수의 지시를 오해하고 한 대답인 것으로 보인다.

지, 그 길을 알고 있다."

264 '나는 아버지 안에, 아버지는 내 안에'
(A.D. 30, 4. 6. 목, 저녁)(요한복음 14:5-11)

5도마가 예수께 말했다. "주님, 우리는 주께서 어디로 가시는지 알지 못합니다. 그러므로 어찌 우리가 그 길을 알 수 있겠습니까? 6예수께서 도마에게 말씀하셨다. "나는 길이요, 진리요, 생명이다. 나를 통하지 않고는 하나님께로 올 자가 없다. 7만일 너희가 나를 알았더라면, 내 아버지도 알았을 것이다. 이제부터는 너희가 내 아버지를 알고, 또 그분을 보았다.

8빌립이 예수께 말했다. "주님, 아버지를 우리에게 보여 주십시오. 우리는 그것으로 족합니다." 9예수께서 그에게 말씀하셨다. "빌립아, 내가 너희와 함께 오래 동안 있었는데도, 너희가 나를 알지 못하느냐? 누구든지 나를 본 사람은 내 아버지를 보았다. 어찌하여 너희가 '우리에게 아버지를 보여 주십시오.'라고 말할 수 있느냐? 10내가 아버지 안에 있고, 아버지께서 내 안에 계신 것을 너희는 믿지 않느냐? 내가 너희에게 말하는 말씀은 내 자신의 권위로 말하는 것이 아니다. 그러나 내 안에 계시는 아버지께서 말씀을 하신다. 11내가 아버지 안에 있고, 아버지께서 내 안에 계시다는 내 말을 믿으라. 그렇지 않으면, 내가 행하는 일들 자체 때문이라도 나를 믿으라.

265 기도가 응답을 받을 것이다
(A.D. 30, 4. 6. 목, 저녁)(요한복음 14:12-14)

12"내가 진실로진실로 너희에게 말한다. 누구든지 나를 믿는 자는 내가 하는 일들을 그도 할 것이요, 내가 아버지에게로 가기 때문에, 그보다 더 큰 일들도 할 것이다. 13무엇이든지 너희가 내 이름으로 구하는 것은 내가 행할 것이다. 그래서 아버지께서 아들 안에서 영광을 받을 것이다. 14너희가 무엇이든지 내 이름으로 구하면, 내가 이를 행할 것이다."

266 예수, 성령을 보낼 것을 약속하심
(A.D. 30, 4. 6. 목, 저녁)(요한복음 14: 15-17)

15"만일 너희가 나를 사랑한다면, 너희는 내 계명을 지킬 것이다. 16그리고 내가 아버지께 구할 것이다. 그분께서 다른[a] 보혜사[b]를 너희에게 보내셔서 너희와 영원히 함께 있도록 하실 것이다. 17그 보혜사는, 세상이 그분을 보지도 않고, 그분을 알지도 못하기 때문에, 세상이 받아들일 수 없는 진리의 영이다. 너희는 그분을 안다. 이는 그분이 너희와 함께 사시고, 너희 안에 계실 것이기 때문이다.

---

a) '예수가 아닌 다른'의 뜻
b) 영어로 'Helper', 성령을 의미. 성령은 영이기 때문에 세상이 단순히 보지도 못하고 알지도 못한다는 뜻이 아니다. 성령은 이 세상에서 많은 일을 하신다. 다만 세상이 그분이 하시는 일을 인식하지 못할 뿐이다(고린도전서 2:14).

267 "나는 너희에게 올 것이다"
(A.D. 30, 4. 6. 목, 저녁)(요한복음 14:18-24)

18"나는 너희를 고아로 내버려 두지 아니할 것이다. 나는 너희에게 올 것이다. 19조금 있으면 세상이 나를 더는 보지 못할 것이다. 그러나 너희는 나를 볼 것이다. 이는 내가 살아 있고, 너희도 살아 있을 것이기 때문이다. 20그 날에[a] 나는 아버지 안에, 너희는 내 안에, 나는 너희 안에 있는 것을 너희가 알 것이다. 21누구든지 내 계명을 받아드리고 순종하는 자는 나를 사랑하는 자이다. 나를 사랑하는 자는 내 아버지의 사랑을 받을 것이고, 나도 그를 사랑하여 그에게 나를 나타내 보일 것이다."

22그 때 가룟 유다가 아닌 유다[b]가 예수께 말했다. "주님, 어찌하여 당신께서는 자신을 우리에게는 나타내시고, 세상에는 나타내시지 아니하십니까?" 23예수께서 유다에게 대답하셨다. "누구든지 나를 사랑하는 자는 내 말을 지킬 것이다. 내 아버지께서 그를 사랑하실 것이요, 우리가 그분에게로 가서, 그분과 함께 우리의 집을 세울 것이다. 24누구든지 나를 사랑하지 않는 자는 내 말을 지키지 아니한다. 너희가 듣는 말은 내 말이 아니고, 나를 보내신 내 아버지의 말씀이다."

268 그리스도의 평화
(A.D. 30, 4. 6. 목, 저녁)(요한복음 14:25-31, 마태복음 26:30, 마가복음 14:26)

25"내가 아직도 너희와 하께 있는 동안에, 이 일들을 내가 너희

---

a) 부활 이후의 뜻
b) 아마도 야곱의 아들(누가복음 6:16)

III. 예수의 수난과 죽음

에게 말했다. 26그러나 보혜사, 곧 아버지께서 내 이름으로 보내실 성령, 그분께서 너희에게 모든 것을 가르쳐 주실 것이며, 또 내가 너희에게 말한 것을 모두 너희 기억에 되살리실 것이다. 27평화를 내가 너희에게 남겨준다. 내 평화를 내가 너희에게 준다. 내가 주는 평화는 세상이 주는 그런 평화는 아니다. 너희 마음이 근심하지 않도록 하고 너희 마음이 두려워하지 않도록 하여라. 28너희는 내가 '나는 떠나간다. 그리고 나는 너희에게 올 것이다.' 라고 말한 것을 들었다. 만일 너희가 나를 사랑했다면, 내가 아버지에게로 가기 때문에 너희는 기뻐했을 것이다. 이는 아버지께서는 나보다 크시기[a] 때문이다. 29이제 이 일이 일어나기 전에 내가 너희에게 말했다. 그렇게 함으로서 그 일이 일어났을 때, 너희가 믿을 수 있을 것이다. 30내가 너희에게 더 길게 말하지 아니할 것이다. 이는 이 세상의 통치자[b]가 오고 있기 때문이다. 그는 나에게는 아무런 권한도 없다.[c] 31그러나 나는 아버지께서 나에게 명령하신 것을 행한다. 그렇게 함으로서 내가 아버지를 사랑한다는 것을 세상이 알 수 있을 것이다. 일어나라. 여기를 떠나자."

---

a) 예수께서는 때로는 자신이 하나님과 동등하다고 말씀하시고, 때로는 하나님보다 낮다고 말씀하신다. 예수님은 하나님인 동시에 인간이시기 때문에 인간의 죄를 제외하고는 우리와 같은 사람이다. 그러나 동시에 예수님은 하나님 아버지와 같이 하나님이시기 때문에 하나님과 동등하신 것이다.
b) 사탄
c) 예수께서는 아무 죄가 없으시며, 사탄은 예수께 아무런 권한도 없다는 뜻이다.

269 "나는 참 포도나무, 너희는 그 가지"
(A.D. 30, 4. 6. 목, 저녁)(요한복음 15:1-11)

1"나는 참 포도나무이다.[a] 그리고 내 아버지는 농부이시다. 2내게 붙어 있으면서도, 열매를 맺지 않는 가지[b]는 아버지께서 모두 베어 잘라버리시고, 열매를 맺는 가지[c]는 모두 그분께서 손질하신다. 그래서 그 가지는 많은 열매를 맺는다. 3이미 너희는 내가 너희에게 말해준 말 때문에 깨끗하다. 4내 안에 머물러 있으라. 나도 너희 안에 머물러 있을 것이다. 가지가 포도나무에 붙어 있지 않으면, 스스로 열매를 맺지 못하는 것 같이, 너희도 내 안에 있지 않으면 열매를 맺지 못한다. 5나는 포도나무요, 너희는 가지이다. 누구든지 내 안에 머물러 있고, 내가 그 사람 안에 머물러 있는 사람은 많은 열매를 맺는다. 이는 나를 떠나서는 너희는 아무 일도 할 수 없기 때문이다. 6누구든지 내 안에 머물러 있지 않으면, 그는 가지처럼 벌여져서 시들 것이다. 그리고 그런 가지들은 사람들이 모아서 불에 던져 태울 것이다. 7만일 너희가 내 안에 머물고, 내 말이 너희 안에 머물러 있으면, 무엇이든지 너희가 원하는 것을 구하여라. 그리하면 너희에게 그것이 이루어질 것이다.

8"너희가 열매를 많이 맺어서 내 제자이라는 것을 증명함으로서, 내 아버지께서 영광을 받으실 것이다. 9아버지께서 나를 사랑하신 것 같이, 나도 너희를 사랑하였다. 내 사랑 안에 머물러 있

---

a) 구약에서는 포도나무는 이스라엘을, 가지는 그 백성을 상징한다. 그러나 예수께서는 자신을 포도나무라고 말씀하신다. 예수님의 포도나무 비유는 그분의 고별 강화(요한복음13:31-16:33)의 핵심을 이룬다.
b) 믿음이 없는 사람
c) 계명을 지키는 사람

으라. 10내가 아버지의 계명을 지켜, 그분의 사랑 안에 있는 는 것 같이, 만일 너희가 내 계명을 지키면, 너희는 내 사랑 안에 있을 것이다. 11내 기쁨이 너희 안에 있어, 너희 기쁨이 충만해지도록 하기 위해, 내가 이 일들을 너희에게 말했다."

270 사랑의 계명
(A.D. 30, 4. 6. 목, 저녁)(요한복음 15:12-17)

12내 계명은 이것이다. 곧, 내가 너희를 사랑했던 것 같이 너희도 서로 사랑하여라. 13누구도 이것보다 더 큰 사랑을 가진 사람은 없다. 곧 어떤 사람이 그의 친구를 위해 그의 목숨을 내려놓는 것이다. 14만일 너희가 내가 너희에게 명하는 대로 행하면, 너희는 내 친구이다. 15나는 너희를 더 이상 종이라고 부르지 아니할 것이다. 이는 종은 주인이 하는 것을 알지 못하기 때문이다. 그러나 나는 너희를 내 친구라고 불렀다. 이는 내가 아버지로부터 들은 것을 모두 너희에게 알게 했기 때문이다. 16너희가 나를 택한 것이 아니다. 너희가 가서, 열매를 맺고, 너희 열매가 남아 있게 하기 위해, 내가 너희를 선택하고 지명했다. 그렇게 함으로서 너희가 내 이름으로 아버지께 구하는 것은 그분께서 너희에게 주실 수 있도록 한 것이다. 17이 일들을 내가 너희에게 명령한다. 그래서 너희는 서로 사랑해야 한다."

271 세상의 증오
(A.D. 30, 4. 6. 목, 저녁)(요한복음 15:18-27, 16:1-4전절)

15:18"만일 세상이 너희를 미워한다면, 세상이 너희를 미워하기

전에 그들이 나를 미워했다는 것을 알아라. 19만일 너희가 세상의 것이었다면, 세상은 너희를 그들의 것으로 생각하고, 너희를 사랑했을 것이다. 그러나 너희는 세상의 것이 아니기 때문에, 내가 너희를 세상으로부터 택하였다. 그러므로 세상이 너희를 미워하는 것이다. 20'종은 그의 주인보다 더 크지 않다.'고 내가 너희에게 한 말을 기억하여라. 만일 그들이 나를 박해했다면, 그들이 너희들도 박해할 것이다. 만일 그들이 내 말을 지켰으면, 너희 말도 지킬 것이다. 21그러나 그들은 내 이름 때문에, 이 모든 일을 너희들에게 행할 것이다. 이는 그들이 나를 보내신 분을 알지 못하기 때문이다. 22만일 내가 오지 아니했고, 또 그들에게 말도 하지 아니했더라면, 그들은 죄가 없었을 것이다. 그러나 지금은 그들이 그들의 죄를 변명할 수 없다. 23누구든지 나를 미워하는 자는 내 아버지도 미워한다. 24만일 내가 다른 어떤 사람도 하지 않은 일들을 그들 가운데서 행하지 아니했더라면, 그들에게는 죄가 없었을 것이다. 그러나 지금은 그들이 보았고, 나와 내 아버지를 미워했다. 25그러나 '그들이 나를 이유 없이 미워했다.' 라는 그들의 율법의 말씀은 완성되어야 한다.

'성령이 나를 증언할 것이다'

26"그러나 내가 아버지께로부터 너희에게 보낼 보혜사, 곧 아버지께로부터 오시는 진리의 성령이 오실 때, 그분이 나에 대해 증언하실 것이다. 27너희는 처음부터 나와 함께 있었기 때문에, 너희도 또한 증언할 것이다.

16:1나는, 너희가 넘어지지 않도록 하기 위해, 이 모든 것을 너

희에게 말했다. 2그들은 너희를 회당에서 쫓아낼 것이다. 진실로 누구든지 너희를 죽이는 자가 자신이 하나님을 섬기고 있다고 생각하게 될 때가 오고 있다. 3그들은 아버지를 알지 못했고, 나를 알지도 못하기 때문에, 이러한 일을 너희에게 할 것이다. 4그러나 나는 이러한 것들을 너희에게 이미 말했다. 그래서 그들의 때가 왔을 때, 내가 너희에게 이러한 말을 했다는 것을 너희가 기억할 것이다."

272 성령이 하시는 일
(A.D. 30, 4. 6. 목, 저녁)(요한복음 16:4후절-15)

4"내가 너희와 함께 있었기 때문에, 나는 이러한 일들을 너희에게 처음부터 말하지 아니했다. 5그러나 이제 나는 나를 보내신 분에게로 간다. 그런데도 너희 중에서 누구도 나에게 '어디로 가십니까?'라고 묻는 사람이 없다. 6그러나 내가 이 말을 너희에게 했기 때문에, 너희 마음에 슬픔이 가득하다. 7그럼에도 불구하고 내가 너희에게 진실을 말한다. 곧, 내가 떠나가는 것이 너희에게 유익하다. 이는 내가 떠나가지 아니하면, 보혜사가 너희에게 오시지 아니할 것이기 때문이다. 그러나 내가 가면, 내가 그분을 너희에게 보낼 것이다. 8그분께서 오실 때, 죄에 대하여, 의義에 대하여, 그리고 심판에 대하여, 세상을 책망하실 것이다. 곧, 9죄에 대하여는, 그들이 나를 믿지 아니하기 때문이고, 10의義에 대하여는, 내가 내 아버지에게로 가서, 너희가 더는 나를 보지 못할 것이

기 때문이고, 11그리고 심판에 대하여는, 이 세상의 통치자[a]가 이미 심판을 받았기 때문이다.

12"내가 아직도 너희에게 말할 것이 많으나, 지금은 너희가 그 말을 감당할 수 없다. 13진리의 성령이 오실 때, 그분이 너희를 모든 진리 가운데로 인도하실 것이다. 이는 그분은 그분 자신의 권능으로 말씀하지 아니하시고, 무엇이든지 그분이 들으신 것을 말씀할 것이기 때문이다. 그리고 그분은 앞으로 올 일들을 너희에게 선포하실 것이다. 14그분은 나를 영광되게 하실 것이다. 이는 그분은 내 것을 가져다가 이것을 너희에게 선포하실 것이기 때문이다. 15아버지께서 가지신 것은 다 내 것이다. 그러므로 성령이 내 것을 가져다가 이것을 너희에게 선포할 것이라고 내가 말한 것이다."

273 "너희 슬픔이 기쁨이 될 것이다"
(A.D, 30, 4.6. 목, 저녁)(요한복음 16:16-24)

16"얼마 있으면, 너희가 나를 더는 보지 못할 것이다.[b] 그리고 얼마 있으면, 너희가 나를 다시 보게 될 것이다."[c] 17그러자 예수의 제자들 중 몇 사람이 서로에게 말했다. "예수께서 '얼마 있으면 너희가 나를 더는 보지 못할 것이다. 그리고 다시 얼마 있으면, 너희가 나를 보게 될 것이다.' 그리고 '내가 아버지께로 가기 때문이다.'라고 말씀하신 뜻이 무엇인가?" 18그래서 그들이 말했다.

---

a) 사탄
b) 예수의 십자가 처형
c) 예수의 부활

"그분이 말씀하신 '얼마 있으면'이라는 말이 무슨 뜻인가? 그분이 무엇을 말씀하시는지 우리가 알 수 없다."

19예수께서 제자들이 자기에게 묻고자 하는 것을 아시고, 그들에게 말씀하셨다. "내가 '얼마 있으면, 너희가 나를 더는 보지 못할 것이다. 그리고 다시 얼마 있으면, 너희가 나를 볼 것이다.' 라고 말한 것이 무슨 뜻인 줄을 너희가 서로 묻고 있느냐?" 20내가 진실로 진실로 너희에게 말한다. 너희는 울고, 비통해할 것이나, 세상은 기뻐할 것이다. 너희는 근심할 것이나, 너희 근심은 도리어 기쁨이 될 것이다. 21여자가 해산할 때는, 여자의 때가 왔음으로 여자가 슬퍼하나, 그러나 여자가 아기를 낳았을 때는, 그 고통을 더 이상 기억하지 아니한다. 이는 한 인간이 세상에 태어났다는 기쁨 때문이다. 22그러므로 지금은 너희가 슬퍼하나, 내가 다시 너희를 볼 것이니, 너희 마음이 기뻐할 것이다. 그리고 누구도 너희에게서 너희 기쁨을 빼앗아 가지 아니할 것이다. 23그 날에는 너희가 내게 아무것도 묻지 아니할 것이다. 내가 진실로진실로 너희에게 말한다. 너희가 무엇이든지 내 이름으로 아버지에게 구하는 것은 그분께서 주실 것이다. 24지금까지는 너희가 내 이름으로 아무 것도 구하지 아니했다. 구하여라. 그리하면 너희가 받을 것이요, 너희 기쁨이 충만할 것이다."

274 예수, "내가 세상을 이겼다"
(A.D. 30, 4. 6. 목, 저녁)(요한복음 16:25-33)

25"나는 지금까지 이 일들을 비유로 너희에게 말했다. 그러나 내가 더는 너희에게 비유로 말하지 않고, 내 아버지에 대해 쉽게

너희에게 말할 때가 오고 있다. 26그 날에 너희가 내 이름으로 구할 것이다. 그리고 내가 너희를 위해 아버지께 구할 것이라고 너희에게 말하는 것은 아니다. 27이는 너희가 나를 사랑했으며, 또 내가 하나님으로부터 왔다는 것을 믿었기 때문에, 하나님께서 너희를 사랑하시기 때문이다. 28나는 하나님으로부터 와서 세상에 왔으며, 그리고 이제 나는 세상을 떠나, 아버지께로 간다."

29그분의 제자들이 말했다. "지금 당신께서 쉽게 말씀하시고 비유를 쓰지 아니하십니다. 30이제는 당신께서 모든 것을 알고 계시며, 또 어느 누구도 당신께 질문을 할 필요가 없다는 것을 우리가 압니다. 이것이 당신께서 하나님께로부터 오셨다는 것을 우리가 믿는 이유입니다."

31예수께서 제자들에게 대답하셨다. "이제야 너희가 믿느냐? 32보아라. 때가 오고 있다. 진실로 너희가 각자 자신의 집으로 흩어질 것이고, 나를 홀로 버릴 때가 왔다. 그러나 내 아버지께서 나와 함께 계시기 때문에, 나는 혼자 있는 것이 아니다. 33이 일들을 내가 너희에게 말했다. 그래서 너희가 내 안에서 평화를 누릴 수 있을 것이다. 이 세상에서 너희는 환난을 당할 것이다. 그러나 용기를 내어라. 내가 세상을 이겼다."

275 예수, 대제사장으로서의 기도
(A.D. 30, 4. 6. 목, 저녁)(요한복음 17:1-26)

자신을 위한 기도(17:1-5)

1예수께서 이 말씀을 하셨을 때, 그분의 눈을 하늘을 향하여 들어 올리시고 말씀하셨다. "아버지, 때가 왔습니다. 당신의 아들

III. 예수의 수난과 죽음

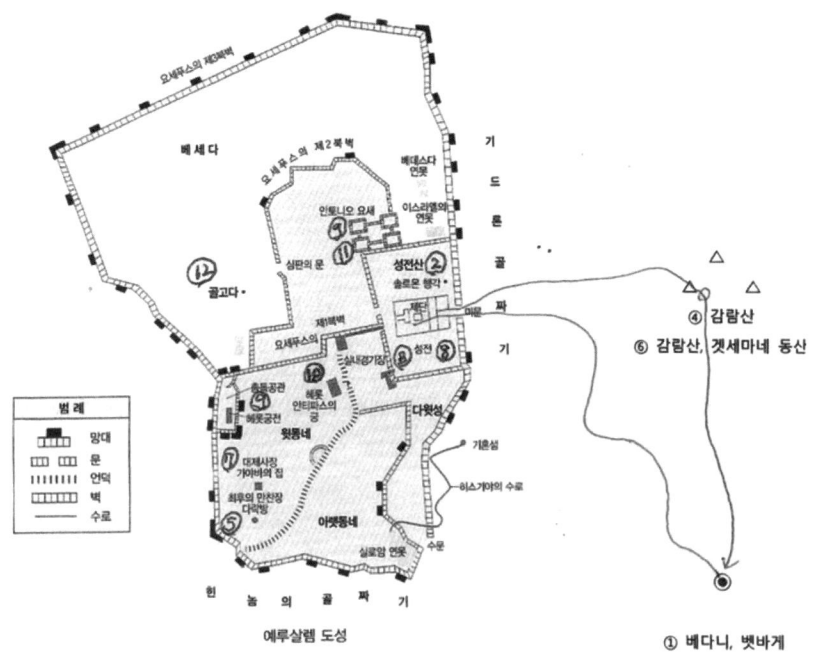

예수님의 이 세상에서의 마지막 행적

을 영광되게 하십시오. 그리하여 당신의 아들이 당신을 영광되게 할 수 있도록 하십시오. 2이는 아버지께서 아들에게 모든 사람을 다스리는 권세를 주셔서, 아들이 아버지께서 주신 모든 사람에게 영생을 줄 수 있게 하셨기 때문입니다. 3이것이 영생입니다, 곧 그들이 당신, 곧 유일하신 참 되신 하나님을 아는 것이며, 그리고 당신께서 보내신 예수 그리스도를 아는 것입니다. 4나는 당신께서 내게 하라고 주신 일을 다 이루어, 이 세상에서 당신을 영광되게 했습니다. 5이제, 아버지, 내가 세상이 존재하기 전에, 당신과 함께 가졌던 그 영광으로 당신 앞에서 나를 영광되게 하십시오."

제자들을 위한 기도(17:6-19)

6"아버지께서 세상 가운데서 내게 주신 사람들에게 내가 당신의 이름을 들어내었습니다. 그들은 당신 것이었는데 당신께서 그들을 내게 주셨으며, 그들은 당신의 말씀을 지켰습니다. 7이제 그들은 당신께서 내게 주신 모든 것이 당신에게서 온 것인 줄을 알고 있습니다. 8이는 내가 당신께서 내게 주신 말씀을 그들에게 주었고, 그들이 이 말씀을 받아들였으며, 그리고 그들은 내가 당신에게서 온 것을 확실히 알았기 때문입니다. 그리고 그들은 당신께서 나를 보내신 것을 믿었습니다.

9"나는 그들을 위해 기도합니다. 나는 세상을 위해 기도하는 것이 아니고, 당신께서 내게 주신 사람들을 위해 기도합니다. 이는 그들이 당신의 사람들이기 때문입니다. 10내가 가진 것은 모두 당신의 것이고, 당신께서 가진 것은 다 내 것입니다. 나는 그들을 통해 영광을 받았습니다.

11이제 나는 세상에 더 있지 않을 것입니다. 그러나 그들은 아직도 세상에 있고, 나는 당신께로 갑니다. 거룩하신 아버지, 당신께서 내게 주신 그들을 당신의 이름으로 지키셔서, 우리가 하나인 것같이, 그들도 하나 되게 하십시오. 12내가 그들과 함께 있는 동안에는 당신께서 내게 주신 이름으로 내가 그들을 지켰습니다. 나는 그들을 지켰으며, 멸망의 자식 외에는 한 사람도 잃지 아니했습니다. 이렇게 하여 성경의 말씀이 이루어졌습니다. 13그러나 이제 내가 당신께로 갑니다. 그리고 내가 세상에서 이 말들을 합니다. 그렇게 함으로서 내 기쁨이 그들 안에 충만하게 될 수 있을 것입니다. 14내가 당신의 말씀을 그들에게 주었습니다. 그리고 내가 세상에 속하지 아니한 것 같이, 그들도 더 이상 세상에 속하지 아니하기 때문에, 세상이 그들을 미워했습니다. 15내가 당신께서 그들을 세상에서 데려가시도록 기도하는 것이 아니고, 다만 당신께서 그들을 악한 자로부터 보호하시기를 기도드립니다. 16내가 세상에 속하지 아니한 것 같이, 그들도 세상에 속하지 아니합니다. 17당신의 진리로 그들을 거룩하게 하십시오. 당신의 말씀은 진리입니다. 18당신께서 나를 세상에 보내신 것 같이, 나도 그들을 세상으로 보냈습니다. 19그리고 그들을 위해 내가 나를 거룩하게 합니다. 그렇게 함으로써 그들도 진리 안에서 거룩하게 될 수 있을 것입니다.

교회를 위한 기도(17:20-26)

20"나는 이 제자들만을 위하여 구하는 것이 아니요, 또한 그들의 말을 통해 앞으로 나를 믿게 될 사람들을 위해 구합니다. 21아버지, 그래서 당신께서 내 안에 계시고, 내가 당신 안에 있는 것 같이, 그들도 하나가 될 수 있으며, 그들도 우리 안에서 있어서, 세상이 당신께서 나를 보내신 것을 믿을 있게 해 주십시오. 22당신께서 내게 주신 영광을 내가 그들에게 주었습니다. 그래서 우리가 하나인 것 같이, 그들도 하나가 될 수 있도록 했습니다. 23내가 그들 안에 있고, 당신께서 내 안에 계셔서, 그들도 온전히 하나가 될 수 있습니다. 그리하여 당신께서 나를 보내셨으며, 당신께서 나를 사랑하신 것 같이, 그들을 사랑하신 것을 세상이 알 수 있

게 되었습니다. 24아버지, 당신께서 내게 주신 자들이, 내가 있는 곳에서 나와 함께 있어서, 창세 이전에 당신께서 나를 사랑하셨기 때문에 당신께서 내게 주신 내 영광을 볼 수 있게 되기를 내가 원합니다.

25"의로우신 아버지, 세상이 당신을 알지 못해도, 나는 당신을 알고 있습니다. 그들도 당신께서 나를 보내신 것을 알고 있습니다. 26나는 당신의 이름을 그들에게 알게 했으며, 또 앞으로도 그 이름을 계속 알게 할 것입니다. 그래서 아버지께서 나를 사랑하신 그 사랑이 그들 안에 있고, 나는 그들 안에 있을 것입니다."

> 주: 최후의 만찬 뒤에, 그리고 긴 강론 후에 예수께서 행하신 이 마지막 기도(요한복음 17:1-26)는 "The high priestly prayer of Jesus"라고 불린다. 그리고 이것은 복음서 중 가장 아름다운 기도 중의 하나이며, 아들이 아버지에게 토로한 가장 긴 기도이면서 자신을 가장 고상한 자세로 들어내 보이고 있다.
> 예수께서는 이 마지막 기도에서 자신을 믿는 사람들(크리스천)은 하나님의 사랑 안에서 모두 하나가 되기를, 곧 연합하기를 간구하고 있다.

276 겟세마네로 향해 가심
(A.D. 30, 4. 6. 목, 저녁)(요한복음 18:1, 마태복음 26:36, 마가복음 14:32)

요한복음 18:1예수께서 이 기도의 말씀을 마치시고 제자들과 함께 떠나, 기드론 골짜기를 건너가셨다. 거기에는 정원이 하나 있었는데, 예수께서 제자들과 함께 그 안으로 들어가셨다.

마태복음 26:36예수께서 제자들과 함께 겟세마네라고 하는 곳으로 가셨다. 그리고 그분이 그들에게 말씀하셨다. "내가 저기로 가서 기도하는 동안 여기 앉아 있어라."

277 기도하시고 번민하심
(A.D. 30, 4.6. 목, 밤)(마태복음 26:37-44, 누가복음 22:43-44, 마태복음 26:45-46)

　마태복음 26:37예수께서 베드로와 세베대의 두 아들을 데리고 가셨다. 예수께서 슬퍼하고 번민하기 시작하셨다. 38예수께서 그들에게 말씀하셨다. "내 영혼이 너무 슬퍼 죽게 되었다. 여기 머물러 나와 함께 깨어 있어라." 39예수께서 조금 앞으로 나아가셔서 얼굴을 땅에 대시고 기도하시며, 말씀하셨다. "내 아버지, 만일 그것이 가능하시면, 이 잔을 내게서 지나가게 하십시오. 그러나 내가 뜻하는 대로 하지마시고, 아버지께서 뜻하시는 대로 하십시오."

　40예수께서 제자들에게 돌아와서 그들이 자는 것을 보시고 베드로에게 말씀하셨다. "너희가 나와 함께 한 시간도 깨어 있지 못했느냐? 41깨어 기도하여, 시험에 빠지지 않도록 하여라. 마음은 간절한데 육신이 약하구나." 42예수께서는 두 번째로 떠나 가셔서 기도하시기를, "내 아버지, 만일 내가 이 잔을 마시지 않고는, 이 잔이 내게서 지나갈 수 없으면, 당신의 뜻이 이루 워 지도록 하십시오." 43예수께서 오셔서 제자들이 잠들어 있는 것을 보셨다. 그들의 눈이 피곤했기 때문이었다. 44그래서 예수께서 다시 그들을 두고 떠나가서 세 번째로 다시 같은 말씀으로 기도하셨다.

　누가복음 22:43그 때 한 천사가 하늘로부터 그분에게 나타나서 그분의 힘을 북돋아 드렸다. 44예수께 고뇌 속에서 더 간절히 기도하셨다. 그래서 땀이 핏방울처럼 땅에 떨어졌다.

　마태복음 26:45그리고 예수께서 제자들에게 와서 말씀하셨다. "아직도 자면서 쉬고 있느냐? 보라. 때가 왔다. 인자가 죄인들의 손에 배반당하고 있다. 46일어나라. 함께 가자. 여기 나를 배반하는 자가 있다."

278 유다가 예수께 입을 맞춤
(A.D. 30. 4. 6. 목, 밤)(마태복음 26:47-50, 요한복음 18:4-9, 마가복음 14:41-45)

마태복음 26:47예수께서 아직도 말씀하고 계시는 동안에, 열 둘 중의 하나인 유다가 대제사장들과 백성의 장로들로부터 파견된 큰 무리, 칼과 몽둥이를 든 무리와 함께 왔다. 48이제 배반자가 그들에게 신호를 주며 말하기를, "내가 입 맞추는 자가 그 사람이니, 그를 잡으시오." 49그리고 그가 예수께로 곧바로 가서 "랍비여, 안녕하십니까?"라고 인사를 했다. 그리고 그는 예수께 입을 맞추었다. 50예수께서 그에게 말씀하셨다. "친구야, 네가 무엇을 하러 왔느냐?

요한복음 18:4그러자 예수께서 자신에게 닥쳐올 모든 일을 아시고, 나아오셔서 말씀하셨다. "너희가 누구를 찾느냐?" 5그들이 예수께 대답했다. "나사렛 예수요." 예수께서 그들에게 말씀하셨다. "내가 그분이다." 예수를 배반한 유다도 그들과 함께 거기 서 있었다. 6예수께서 그들에게 "내가 그 분이다."라고 말씀하시자, 그들이 뒤로 물러서서 땅에 엎드렸다.

7다시 예수께서 그들에게 물으셨다. "너희가 누구를 찾느냐?" 그들이 말했다. "나사렛 예수요." 8예수께서 대답하셨다. "내가 그 분이다."라고 내가 너희에게 말했다. 만일 너희가 나를 찾는다면, 이 사람들은 보내라." 9이것은 예수께서 "당신께서 내게 주신 사

III. 예수의 수난과 죽음

람 가운데, 내가 한 사람도 잃지 아니했습니다." 라고 하신 말씀이 이루지게 하기 위한 것이었다.[a]

279 예수께서 체포되심
(A.D. 30, 4. 6. 목, 늦은 밤)(마태복음 26:50-54, 누가복음 22:51-53, 마가복음 14:50-52)

마태복음 26:50그러자 그들이 앞으로 다가와서 예수에게 손을 대어 붙잡았다. 51그런데 예수와 함께 있던 자 중의 한 사람이 그의 손을 펴, 그의 칼을 빼어 대제사장의 종을 쳐서 그의 귀를 잘랐다. 52예수께서 그에게 말씀하셨다. "네 칼을 제 자리에 넣으라. 이는 칼을 뽑는 자는 다 그 칼에 죽을 것이기 때문이다. 53너는 내가 내 아버지께 호소하여, 그분께서 열 두 군단보다 더 많은 천사를 바로 내게 보내시게 할 수 없다고 생각하느냐? 54내가 만일 그렇게 했다면, 이러한 일이 일어나야 한다고 기록된 성경구절이 어떻게 이루어질 수 있겠느냐?"

누가복음 22:51그리고 예수께서 "이것을 그쳐라."라고 말씀하시고 그 종의 귀를 만져, 고쳐주셨다. 52그리고 예수께서 자신을 체포하러 온 대제사장들과 성전 경비대장들과 장로들에게 말씀하셨다. "너희가 강도를 잡는 것 같이, 칼과 몽둥이로 나를 잡으려고 왔느냐? 53내가 날마다 성전에서 너희와 함께 있었을 때, 너희는 내게 손을 내뻗지도 아니했다. 그러나 지금은 너희의 때, 곧 어둠의 권세의 때이다."

마가복음 14:50그의 알몸에 아마亞麻로 만든 옷을 걸친 한 청년이

---

a) 요한복음 6:39, 10:28 참조.

예수를 따라갔다. 젊은 사람들이 그를 붙잡자, 그는 옷을 버리고 알몸으로 달아났다.

성 금요일 Good Friday
(A.D. 30, 4.7. 금)

280 대제사장의 장인 안나스 앞에 서신 예수
(A.D. 30, 4.7. 금, 오전 1-3시)(요한복음 18:12-14, 19-24, 마태복음 26:69-70: 누가복음 22:55-57)

12그 때 로마 병사들과, 천부장과, 유대 경비병들이 예수를 잡아 결박했다. 13먼저 그들은 그분을 안나스에게로 끌고 갔다. 이는 안나스는 그 해의 대제사장인 가야바의 장인이었기 때문이었다. 14백성을 위해 한 사람이 죽는 것이 유익하다고 유대인들에게 권고한 사람이 바로 가야바였다.

19대제사장은 예수에게 그의 제자들과 그의 교훈에 관하여 물었다. 20예수께서 대답하셨다. "나는 드러내놓고 세상에 말했소. 나는 항상 모든 유대인들이 모이는 회당과 성전에서 가르쳤소. 나는 은밀하게 말하지 아니했소. 21그런데 어찌하여 당신이 내게 묻는 것이요? 내가 무슨 말을 했는지 내 말을 들은 사람들에게 물어보시오." 22예수께서 이 말씀을 하시자, 곁에 섰던 경비병 중 한 사람이 손으로 예수를 치면서 말했다. "네가 대제사장에게 이런 식으로 대답하느냐?" 23예수께서 그에게 대답하셨다. "만일 내가 말한 것이 틀리면, 그 잘못된 것을 증언하시오. 그러나 만일 내가 진실을 말했다면, 당신이 어찌하여 나를 치오?" 24그 후에 안나스가 예수를 결박한 그대로 대제사장 가야바에게 보냈다.

281 대제사장 가야바와 공회^{a)} 앞에 서신 예수
(A.D. 30, 4. 7. 금, 오전 1-3시)(마태복음 26:59-66, 마가복음 14:54-63)

59대제사장들과, 장로들과, 온 공회가 예수를 사형에 처하기 위해 그분에 대한 거짓 증거를 찾았다. 60그러나 찾지 못했다. 많은 거짓 증인들이 나왔지만, 그들은 아무 것도 찾지 못했다. 그러나 드디어 두 거짓 증인이 나아와 61말했다. "이 사람의 말이 '내가 하나님의 성전을 헐고 사흘 안에 지을 수 있다.' 고 했습니다." 62대제사장이 일어나 예수께 말했다. "아무 대답도 않겠소? 이 사람들이 그대에게 반대하여 증언하는 것이 무엇이오?" 63그러나 예수께서 침묵을 지키셨다. 대제사장이 예수께 말했다. "내가 그대를 살아계신 하나님을 두고 맹세하도록 하니 그대가 그리스도, 곧 하나님의 아들인지 우리에게 말하시오."

64예수께서 그에게 대답하셨다. "그대가 말한 대로요. 그러나 내가 그대들에게 말하는데, 후에 인자가 권능의 우편에 앉아 있으며, 그리고 하늘의 구름을 타고 오는 것을 그대들이 볼 것이오." 65이

---

a) 공회(The Sanhedrim)는 유대인의 고등법원과 같은 것이다. 판사, 제사장들의 가족, 율법학자들 및 귀족가문 출신의 사람들 등 71명으로 구성되어 있다.
주: 예수께서, 대제사장의 물음에 대하여 그가 말한 대로, 자신은 하나님의 아들, 그리스도이심을 공식으로 밝힌다. 이것은 예수께서 당시 구약의 시대에 유대의 공식 공회에서 자신이 그리스도임을, 곧 자신의 신성神性을 최초로 밝히신 것이다. 그리고 유대 당국은 공식으로 예수가 메시아임을 부인함으로써 그들 '선민'에게 유보된 특권 - 메시아를 가질 수 있는 특권 - 을 상실했다.

에 대제사장이 그의 옷을 찢으며 말했다. "그가 하나님을 모독하는 말을 했다. 왜 우리가 더 증인들을 필요로 한단 말인가? 당신들은 그가 하나님을 모독하는 말을 들었소. 66당신들의 생각은 어떻소?" 그들은 "그는 사형에 처함이 마땅합니다."라고 대답했다.

282 모욕을 당하고 구타를 당하심
(A.D. 30, 4. 7. 금, 오전 1-3시)(마태복음 26:67-68, 마가복음 14:66-68, 요한복음 18:15-17)

67그들은 예수의 얼굴에 침을 뱉으며, 그분을 쳤다. 68어떤 사람들은 예수를 손바닥으로 때리며 "그리스도야, 누가 너를 때렸는지 우리에게 예언해보라."고 말했다.

283 베드로, 예수를 세 번 부인함
(A.D. 30, 4. 7. 금, 오전 1-3시)(요한복음 18:15-18, 25-27, 누가복음 22:61-62, 마태복음 26:69-75)

요한복음 18:15시몬 베드로가 예수를 따라갔다. 다른 제자[a] 한 사람도 따라갔다. 이 제자는 대제사장에게 알려져 있기 때문에, 그는 예수와 함께 대제사장의 집 뜰 안으로 들어갔다. 16그러나 베드로는 문 밖에 서 있었다. 그래서 대제사장에게 알려져 있는 그 다른 제자가 나와서 문을 지키는 여자에게 말하여, 베드로를 안으로 들어오게 했다. 17문을 지키는 여종이 베드로에게 말했다. "당신은 이 사람의 제자 들 중 한 사람이 아니오?" 당신은 그렇지요? 베드로가 대답했다. "나는 아니요." 18날씨가 추웠기 때문에,

---

a) 아마도 요한복음의 저자인 요한(예수께서 사랑하신 그 제자, 요한복음 20:2, 21:24)

종들과 경비병들은 석탄불을 피웠다. 그리고 그들은 서서, 몸을 녹이고 있었다. 그리고 베드로도 서서 몸을 녹이면서 그들과 함께 있었다.

25시몬 베드로가 서서 몸을 노기고 있었다. 그래서 그들이 그에게 물었다. "당신도 예수의 제자들 중 하나가 아니오? 그렇죠?" 베드로가 부인하며 말했다. "나는 아니오." 26대제사장의 종들 중의 한 사람이며, 베드로가 귀를 자른 사람의 친척인 한 사람이 베드로에게 물었다. "당신이 그 동산에서 예수와 함께 있는 것을 내가 보지 안했소?" 27베드로가 다시 그것을 부인했다. 그리고 바로 닭이 울었다.

누가복음 22:61 그리고 주께서 돌아서 베드로를 쳐다보셨다. 베드로는 주께서 그에게 하신 말씀, 곧 "오늘 닭이 울기 전에, 네가 나를 세 번 부인할 것이다"라는 말씀을 기억했다. 62그래서 베드로는 밖으로 나가서 슬피 울었다.

284 두 번째로 공회 앞에 서신 예수
(A.D. 30, 4.7. 금, 오전 7시)(누가복음 22:66-71, 마태복음 27:2, 마가복음 15:1)

누가복음 22:66 날이 밝자, 백성의 장로들의 모임이 대제사장들과 율법학자들과 함께 소집되었다. 그들은 예수를 그들의 공회로 데리고 와서 말했다. 67"만일 당신이 그리스도이면, 우리에게 말하시오." 그러나 예수께서 그들에게 말씀하셨다. "내가 말한다 해도, 그대들이 믿지 아니할 것이오. 68그리고 내가 당신들에게 물어도, 당신들이 내게 답하지 아니할 것이오. 69그러나 지금부터 인자는 하나님 권능의 우편에 앉을 것이오." 70그러자 그들이 모두 말했다.

"그러면, 당신이 하나님의 아들이요?" 그래서 예수께서 그들에 말씀하셨다. "내가 그렇다고 당신들이 말하고 있소." 71그들이 말했다. "우리가 더 이상 무슨 증언이 필요한가? 우리 자신이 그의 입술에서 이것을 들었다."

마태복음 27:2그들은 예수를 결박하여 끌고 가서 총독 빌라도에게 넘겨주었다.

285 유다가 목매달아 죽다
(A.D. 30, 4. 7. 금, 오전 7시)(마태복음 27:3-10)

3그때, 예수를 배반한 유다가 예수께서 유죄판결을 받은 것을 보고 뉘우쳐, 그 은 동전 30개를 대제사장들과 장로들에게 돌려주면서, 4말했다. "내가 죄가 없는 피를 배반하여 죄를 지었소." 그들이 대답했다. "그것이 우리에게 무슨 상관이오? 그것은 당신 일이오." 5그리고 유다는 은 동전을 성소에 집어던지고, 떠나가서 스스로 목을 매어 죽었다.

6그러나 대제사장들은 그 은 동전을 거두며 말했다 "이것은 핏값이라 성전의 금고에 넣는 것은 옳지 않다." 7그래서 그들은 서로 협의하여 이 돈으로 토기장의 밭을 사서 나그네를 위한 묘지로 삼았다. 8그러므로 오늘날까지 이 밭은 피의 밭이라 불리고 있다. 9이리하여 예언자 예레미야가 말한 것이 이루어졌다. 곧, "그들이 은 동전 30개를 취했으니, 이 돈은 이스라엘 백성이 그분을 위해 지불하기로 합의한 돈이다. 10그들은, 주께서 명하신 대로, 이 돈으로 토기장이의 밭을 샀다."(스라랴 11:12-13)

286 총독 빌라도 앞에 서신 예수
(A.D. 30, 4.7. 금, 오전 7시)(요한복음 18:28-32, 누가복음 23:2, 마태복음 28:11, 마가복음 15:1-5)

요한복음 18:28그때 그들은 예수를 가야바의 집에서 로마 총독의 관저로 데리고 갔다. 때는 이른 아침이었다. 유대인들은 관저 안으로 들어가지 아니했다. 그래서 그들은 몸을 더럽히지 않고, 그러나 유월절 음식을 먹을 수 있었다. 29빌라도가 밖으로 그들에게로 나와서 말했다. "당신들이 무슨 일로 이 사람을 고발하려고 하는 것이요?" 30그들이 빌라도에게 대답했다. "만일 이 사람이 악한 일을 하지 안했더라면, 우리가 그를 당신에게 넘기지 아니했을 것입니다." 31빌라도가 그들에게 말했다. "당신들이 그를 데리고 가서, 당신들 법대로 재판하시오." 유대인들이 빌라도에게 말했다. "우리가 누구든지 사형에 처하는 것은 합법적인 것이 아닙니다." 38이것은 전에 예수께서 자신이 어떠한 죽음으로 죽을 것인가를 가리켜 하신 말씀이 이루어지기 위해 된 일이었다. **누가복음 23:2**그들은 거기서 예수를 고소하기 시작하면서 말했다. "우리는 이 사람이 우리 나라를 잘못 인도하고, 우리가 가이사에게 세금을 내는 것을 금지하며, 그리고 그 사람 자신이 그리스도, 곧 왕이라고 말하는 것을 발견했습니다."

287 빌라도가 비공개로 예수를 심문함
(A.D. 30. 4.7.금, 오전 7시)(요한복음 18:33-38, 마태복음 27:11, 마가복음 15:2, 누가복음 23:3)

내 나라는 이 세상의 것이 아니다

33이에 빌라도가 다시 관저로 들어가서 예수를 불러 말했다.

"그대가 유대인의 왕이오?" 34예수께서 그에게 대답하셨다. "그것이 당신 스스로 하는 말이오? 그렇지 않으면 다른 사람이 나에 대해 당신에게 이것을 말해 준 것이오?" 35빌라도가 대답했다. "내가 유대인이란 말이오? 당신의 백성과 대제사장들이 당신을 내게 넘겨주었소. 당신이 무슨 일을 했소?"

36예수께서 대답하셨다. "내 나라는 이 세상의 것이 아니오. 만일 내 나라가 세상의 것이었다면, 내 종들이 싸웠을 것이고, 그래서 내가 유대인들에게 넘겨지지 아니했을 것이오. 그러나 내 나라는 세상에서 온 것이 아니오. 37그러자 빌라도가 그분에게 말했다. "그러면 당신이 왕이오?" 예수께서 대답하셨다. "당신이 내가 왕이라고 말하고 있소. 이 목적을 위해 내가 태어났으며, 이 목적을 위해 내가 세상에 온 것이오. 곧, 진리[a]를 증언하기 위해 온 것이오. 진리에 속한 사람은 모두 내 말을 듣소." 38빌라도가 예수께 말했다. "진리가 무엇이오?"

288 빌라도가 예수를 헤롯에게 넘김
(A.D. 30, 4.7.금, 오전 7시)(마가복음 15:3-5, 누가복음 23:4-7)

마가복음 15:3대제사장들은 여러 가지로 예수를 고소했다. 4그러자 빌라도가 다시 예수께 물었다. "당신은 할 대답이 없소? 그들이 당신에 대해 얼마나 많은 고소를 했는지 보시오." 5그러나 예수께서 아무 대답도 안 하셨다. 빌라도가 이것을 보고 놀랐다.

누가복음 23:4그래서 빌라도가 대제사장들과 무리에게 말했다.

---

a) 진리로서의 예수는 구약의 가르침을 충족시키고 참되신 하나님을 들어나 보이게 하신다(1:14 및 14:6 참조)

"나는 이 사람에게서 아무 죄도 발견하지 못했소." 5그러나 무리는 더욱 강렬해지면서 말했다. "그 자는 갈릴리에서 시작하여 지금은 이곳까지 온 유다를 통해 백성들을 가르치고 선동하고 있습니다." 6이 말을 듣고, 빌라도는 이 사람이 갈릴리 사람인지를 물었다. 7빌라도는 예수가 헤롯의 관할에 속한다는 것을 알고는 바로, 마침 예루살렘에 와있던 헤롯에게 그분을 넘겼다.

289 헤롯 앞에 서신 예수
(A.D. 30, 4.7. 금, 오전 8시)(누가복음 23:8-12)

8헤롯이 예수를 보았을 때, 그는 매우 기뻐했다. 이는 헤롯이 예수에 대해 듣고 있어서, 그는 오래 동안 그분을 만나기를 원했기 때문이었다. 그리고 헤롯은 예수께서 행하신 몇몇 기적을 볼 수 있기를 희망하고 있었다. 9그래서 헤롯은 좀 길게 예수를 심문했으나, 그분은 대답을 하지 아니하셨다. 10대제사장들과 율법학자들은 곁에 서서 예수를 신랄하게 고소했다. 11그러자 헤롯이, 그의 군인들과 함께, 예수를 모욕하고 조롱했다. 그리고 헤롯은 예수께 화려한 옷을 입혀 빌라도에게로 되돌려 보냈다. 12그 날 헤롯과 빌라도는 바로 그날, 서로 친한 친구가 되었다. 그 이전에는 두 사람은 서로 원수 사이였다.

290 다시 빌라도 앞에 서신 예수
(A.D. 30, 4.7. 금, 오전 8시)(누가복음 23:13-16)

13빌라도가 대제사장들과, 지도자들과, 백성들을 불러 모으고, 그들에게 14말했다. "당신들이 이 사람이 백성을 잘 못 인도한다고 하여 내게로 데리고 왔소. 내가 그를 당신들 앞에서 심문했으나, 그에 대한 당신들의 고발들 중 어느 것에 대해서도 이 사람에게서 죄를 찾지 못했소. 15헤롯도 죄를 찾지 못해, 그를 우리에게로 돌려보낸 것이오. 그는 사형에 처해야 마땅한 일을 하지 아니했소. 16그러므로 나는 그에게 벌을 주고 석방하려고 하오."

291 무리가 바라바를 택함
(A.D. 30, 4.7.금, 오전 8시)(마태복음 27:15-23, 마가복음 15:6-14, 누가복음 23:17-23, 요한복음 18:39-40)

15명절 때에는, 어떤 죄수라도 무리가 원하는 한 사람을 총독이 그들을 위해 풀어주는 관례가 있었다. 16그들에게는 바라바라고 하는 악명 높은 죄수가 있었다. 17그래서 그들이 모였을 때, 빌라도가 그들에게 말했다. "당신들은 당신들을 위해 누구를 석방해 주기를 내게 원하오? 곧, 바라바요? 또는 그리스도라고 하는 예수요?" 18이는 빌라도는 무리가 시기해서 예수를 그에게 넘겨주었다고 알고 있었기 때문이었다. 19한편, 총독이 재판 석에 앉아 있는 동안에 그의 아내가 그에게 말을 전해 왔다. "저 의로운 사람에게 아무 상관도 하지 마십시오. 오늘 내가 꿈에 그 사람 때문에 고통을 많이 받았습니다."

20이제 대제사장들과 장로들은 무리에게 바라바를 요구하고 예수를 죽여야한다고 타일렀다. 21총독이 그들에게 다시 말했다. "당신들은 당신들을 위해 둘 중에 누구를 놓아주기를 내게 원하오?" 무리가 대답했다. "바라바요." 22빌라도가 그들에게 말했다. "그러면 그리스도라고 하는 예수를 내가 어떻게 할까요?" 그들이 모두 말했다. "그로 하여금 십자가 처형을 받게 하십시오." 23그리고 빌라도가 말했다. "왜 그런가요? 그가 어떤 악한 일을 했소?" 그러나 무리가 더욱 소리 질러 말했다. "그로 하여금 십자가 처형을 받게 하십시오."

292 예수, 채찍질을 당하심
(A.D. 30, 4.7. 금, 오전 8시)(요한복음 19:1)

1이에 빌라도가 예수를 데려다가 그분을 채찍질했다.

293 예수, 가시 왕관을 쓰심
(A.D. 30, 4.7. 금, 오전 8시)(마태복음 27:27-30, 마가복음 15:16-19, 요한복음 19:2-3)

27이에 총독의 군인들이 예수를 군영 본부 안으로 데리고 갔다. 그리고 그들은 온 군대를 예수 앞으로 모이게 했다. 28그리고 군인들은 예수의 옷을 벗기고 자주색 옷을 그에게 입혔다. 29그리고 그들은 가시관을 엮어 예수의 머리에 씌우고, 갈대를 그의 오른손에 들게 했다. 그리고 군인들은 예수 앞에 무릎을 꿇고 그에게 모욕을 주며 말했다. "유대인의 왕이여, 평안하십시오." 30군인들은 예수께 침을 뱉고, 갈대를 빼앗아 그분의 머리를 때렸다.

294 빌라도, '여기 그 사람이 있소'
(A.D. 30, 4.7. 금, 오전 8시)(요한복음 19:4-7)

4빌라도가 다시 나와, 유대인들에게 말했다. "보시오. 내가 이 사람을 당신들에게 데리고 나오고 있소. 그래서 당신들은 내가 그에게서 아무 죄도 찾지 못한 것을 알 수 있을 것이오." 5예수께서 가시관을 쓰고 자색 옷을 입고 나오셨다. 빌라도가 그들에게 말했다. "이 사람을 보시오!"

6대제사장들과 경비병들이 예수를 보고 소리 질러 말했다. "그에게 십자가 처형을 하시오! 그에게 십자가 처형을 하시오!" 빌라도가 대답했다. "당신들 자신이 그를 데려다가 그를 십자가 처형을 하시오. 나는 그에게서 어떤 죄도 찾지 못했기 때문이오." 7유대인들이 그에게 대답했다. "우리에게는 법이 있소. 그 법에 따르면, 그가 스스로를 하나님의 아들이라고 했기 때문에, 그는 죽어야 합니다."

295 빌라도와 유대인들의 책임
(A.D. 30, 4.7. 금, 오전 8시)(요한복음 19:8-11)

8빌라도가 이 말을 듣고, 그는 더 겁이 났다. 9그리고 그는 다시 관저 안으로 들어갔다. 그리고 그가 예수께 물었다. "그대가 어디서 왔소?" 그러나 예수께서 그에게 아무 대답도 하지 않으셨다. 10그러자 빌라도가 예수께 말했다. "그대가 나에게 대답을 하지 않겠소? 나는 그대를 놓아줄 권한도 있고, 그대에게 십자가 처형을 할 권한도 있는 줄을 그대가 알지 못하오?" 11예수께서 그에게 대답하셨다. "당신의 권한이 위로부터 당신에게 주어진 것이 아니라면, 당신은 전혀 나에 대하여 아무런 권한도 없소. 그러므로 나를 당신에게 넘겨준 자[a]에게 더 큰 죄가 있소."

---

a) 아마도 대제사장 갈리바를 지칭

296 예수를 풀어 주려는 빌라도의 마지막 시도
(A.D. 30, 4.7. 금, 오전 8시)(요한복음 19:12-15)

12그때부터 빌라도는 예수를 놓아주려고 힘썼으나, 유대인들이 소리를 질러 말했다. "만일 당신이 이 사람을 놓아주면, 당신은 가이사의 친구가 아닙니다. 자신을 왕으로 만드는 사람은 모두 가이사를 반대하는 것입니다." 13그래서 빌라도가 이 말을 듣고, 예수를 밖으로 데리고 나와서 돌로 포장된 뜰(히브리말로 가바다)에 있는 재판관석에 앉았다. 14이 날은 유월절 준비일이요, 때는 6시[a] 경이었다. 빌라도가 유대인들에게 말했다. "보시오. 당신들의 왕을!"

15그들은 소리쳤다. "그를 없애 버리시오, 그를 없애 버리시오, 그를 십자가에 처형하십시오! 빌라도가 그들에게 말했다. "내가 당신들의 왕을 십자가에서 처형 할까요?" 대제사장들이 대답했다. "우리들에게는 가이사 이외에는 왕이 없습니다."

297 빌라도, 예수를 십자가 처형에 넘김
(A.D. 30, 4.7. 금, 정오)(마태복음 27:24-26, 마가복음 15:15, 누가복음 23:25, 요한복음 19:16-17)

24빌라도는 그가 얻는 것이 아무 것도 없고, 오히려 폭동이 시작되고 있다는 것을 알고, 무리들 앞에서 물로 손을 씻으며 말했다. "나는 이 사람의 피에 대해서 죄가 없소. 당신들이 처리하시오." 25모든 사람들이 대답했다. "그의 피를 우리와 우리 자손에게 돌리십시오." 26이에 빌라도는 바라바를 그들을 위해 풀어주고,

---

a) 낮 열두시 경(그러나 당시에는 정확한 시간을 보는 사람이 없었기 때문에 아마도 오전 9시30 - 10시 사이로 보인다.)

예수에게 채찍질 하게 한 후, 그를 넘겨주어 십자가 처형을 받도록 했다.

298 구레네 사람 시몬에게 십자가를 대신 지게함
(A.D. 30, 4.7. 금, 오전 8시)(마태복음 27:31-32, 마가복음 15:18-22; 누가복음 23:26-33)

31군인들은 예수를 희롱하기를 끝내고, 그분에게서 자주색옷을 벗기고 그분의 옷을 입혀서 그분을 십자가에서 처형하기 위해 데리고 갔다. 32그들이 지나갈 때, 그들은 시몬이라고 하는 구레네 사람을 발견하고, 그에게 예수의 십자가를 억지로 지게 했다

299 예루살렘의 여인들, 예수를 위해 울다
(A.D. 30, 4.7. 금, 오전 8시)(누가복음 23:27-32)

27거기에는 많은 무리의 사람들과 그분을 위해 슬퍼하며 한탄하는 여인들이 그분을 따라갔다. 28그러나 예수께서 여인들을 향해 말씀하셨다. "예루살렘의 딸들아, 나를 위해 울지 말고, 너희 자신과 너희 자녀를 위해 울어라. 29이는 그들이 '잉태하지 못한 여인, 곧 아이를 낳아본 일이 없는 태胎와 아이에게 젖을 먹인 일이 없는 젖가슴은 복이 있다.' 라고 말할 때가 올 것이기 때문이다. 30그 때에 그들이 산에게 '우리 위에 무너져라.'고 말할 것이고, 언덕에게는 '우리를 덮어라.'고 말할 것이다. 31이는 나무가 푸를 때도 그들이 이와 같은 일을 하는데, 나무가 마를 때는 무슨 일이 일어나겠느냐?"

32다른 사람, 곧 두 범죄인들도 예수와 함께 처형되기 위해 끌려 나왔다.

300 예수, 골고다에서 십자가 처형을 받으심
(A.D. 30, 4.7. 금, 오전 9시)(마가복음 15:22-25, 누가복음 23:34, 마가복음 15:27)

마가복음15:22그들은 예수를 '골고다'라고 하는 곳까지 데리고 왔다. (골고다는 해골의 장소라는 뜻이다.) 23그들이 몰약을 섞은 포도주를 예수께 주었으나, 예수께서는 그것을 받지 아니하셨다. 24그리고 그들은 예수를 십자가에 못 박고 예수의 옷을 나누어 가졌는데, 누가 옷의 어떤 부분을 가질 것인지를 제비를 뽑아 결정했다. 25그들이 예수를 십자가에 못 박은 것은 제 삼3시[a]이었다.

누가복음23:34예수께서 말씀하셨다. "아버지, 그들을 용서하십시오. 그들은 그들이 하는 일을 알지 못합니다."

마가복음 15:27그리고 그들은 예수와 함께 두 명의 강도를 하나는 그분의 오른쪽에, 다른 하나는 그분의 왼쪽에 매달았다.

301 '나사렛 예수, 유대인의 왕'
(A.D. 30, 4.7. 금, 오전 9시)(요한복음 19:19-22, 마태복음 27:37, 누가복음 23:38)

19빌라도는 패를 써서 그것을 십자가 위에 붙였다. 패에는 "나사렛 예수, 유대인의 왕"이라고 쓰여져 있었다. 20많은 유대인들이 이 패를 읽었다. 이는 예수께서 못 박힌 곳이 성에서 가까웠고, 또 패는 히브리어와, 라틴어와, 그리고 헬라어로 쓰여져 있기 때문이었다. 21유대인의 대제사장들이 빌라도에게 말했다. "유대인의 왕"이라고 쓰지 말고 "이 사람이 나는 유대인의 왕이라고 말했다"라고 쓰십시오. 22빌라도가 대답했다. "내가 쓸 것을 내가 썼다."

---

a) 오전 9시

302 군인들이 예수의 옷을 제비뽑음
(A.D. 30, 4.7. 금, 오전 9시)(요한복음 19:23-24, 마태복음 27:35, 누가복음 23:34)

23군인들이 예수를 십자가에 못 박고, 예수의 옷을 벗겨 이것을 네 몫으로 나누어 각자 한 몫씩 가졌다. 그러나 예수의 속옷은 이음새 없이 위에서 아래까지 한 통으로 짠 것이었다. 24그들은 서로 말했다. "속옷은 찢지 말자. 누가 얻나 제비를 뽑자." 이것은 성경에 기록된 이 말씀이 이루어지기 위해 일어난 일이다. 곧,

"그들이 내 겉옷을 나누어 갖고,
내 속옷을 제비 뽑아 가졌다."

그래서 군인들이 이렇게 행한 것이었다.

303 처형된 예수께서 모욕을 당하심
(A.D. 30, 4.7. 오전 9시)(마태복음 27:39-44. 마가복음 15:29-32, 누가복음 23:35-37)

39지나가는 사람들이 그들의 머리를 흔들며, 예수를 모욕하여 40말했다. "성전을 헐고 삼일 만에 짓겠다는 자여, 너나 구원하라. 네가 만일 하나님의 아들이라면, 십자가에서 내려오라." 41대제사장들도 율법학자들과 장로들과 함께 이와 같이 예수를 희롱하며 말했다. 42"그가 남들은 구원했으나, 자신은 구원하지 못하는구나. 그는 이스라엘의 왕이다. 그로 하여금 십자가에서 내려오게 하라. 그러면 우리가 그를 믿을 것이다. 43그는 하나님을 신뢰했다. 만일 하나님이 그를 원하시면, 하나님으로 하여금 그를 구원하게 하여라. 이는 예수가 '나는 하나님의 아들이다.'라고 말했

기 때문이다." 44예수와 함께 십자가에 못 박힌 강도들조차도 이와 같이 예수를 모욕했다.

304 강도 중 한 사람이 예수를 믿음
(A.D. 30. 4. 7. 금, 오전 9시)(누가복음 23:39-43)

39십자가에 매달린 범죄인 중 하나가 예수를 모욕하며 말했다. "당신은 그리스도가 아니요? 당신과 우리를 구원하시오!" 40그러나 다른 죄인은 그를 꾸짖으며 말했다. "너도 같은 벌을 받고 있으면서 하나님이 두렵지 않느냐? 41우리는 정당한 벌을 받고 있다. 이는 우리는 우리가 행한 일에 합당한 벌을 받고 있기 때문이다. 그러나 이 분은 아무것도 잘 못한 일이 없다." 42그리고 이 사람이 예수께 말했다. "예수님, 당신께서 당신의 나라에 들어가실 때, 나를 기억하십시오." 43예수께서 그에게 대답하셨다. "진실로 내가 네게 말한다. 네가 오늘 나와 함께 낙원에 있을 것이다."

305 예수, 그분의 어머니를 우리에게 주심
(A.D. 30, 4.7, 금, 오전 9시)(요한복음 19:25-27)

25예수의 십자가 옆에는 예수의 어머니와, 이모와, 글로바의 아내 마리아와, 그리고 막달라 마리아[a]가 서 있었다.

26예수께서 그분의 어머니와 그분이 사랑했던 제자가 옆에 서

---

[a] 예수께서 전에 막달라 마리아에게서 귀신을 쫓아 내셨다(누가복음 8:2). 성경은 막달라 마리아가 예수의 십자가 밑으로, 그리고 예수께서 돌아가신 후 그분의 빈 무덤으로 그분을 따라갔다는 것을 기록하고 있다(마태복음 27:56, 61, 28:1, 마가복음 15:40, 47, 누가복음 24:10). 막달라는 갈릴리 호수 인근의 마을이다.

있는 것을 보시고, 그분의 어머니에게 말씀하셨다. "여자여, 보십시오. 당신의 아들입니다." 27그리고 그 제자에게 말씀하셨다. "보라. 네 어머니이다." 그때부터 이 제자가 예수의 어머니를 자기 집에 모셨다.

306 "나의 하나님, 나의 하나님"
(A.D. 30, 4.7. 금, 정오 - 오후 3시)(마태복음 27:45-47, 마가복음 15:33-35)

45여섯시[a]로부터 시작하여 아홉 시[b]까지 온 땅이 어둠으로 뒤덮였다. 46아홉시 경에 예수께서 크게 소리를 내어 "엘리. 엘리. 라마사박다니?"라고 부르짖으셨다. 이것은 "나의 하나님. 나의 하나님. 어찌하여 당신께서 나를 버리셨습니까?" 라는 뜻이다. 47이 말씀을 옆에 서 있던 자들 중 몇 사람이 듣고, "이 사람이 엘리야[c]를 부르고 계시다"고 말했다.

307 예수, 십자가 위에서 돌아가심
(A.D. 30. 4. 7. 하오 3시)(요한복음 19:28-30, 누가복음 23:46, 마태복음 27:48-50)

요한복음 19:28그 후, 예수께서 모든 일이 이루어졌음을 아시고, (성경을 이루기 위해)[d] 말씀하셨다. "내가 목마르다." 29거기에 신 포도주가 가득 담긴 그릇이 있었다. 그래서 그들은 신 포도주로 흠뻑 젖은 해면을 우슬초 가지에 매어, 이것을 예수의 입에 갖다

---

a) 정오
b) 오후 3시
c) 아람어로 '하나님' 인 '엘리'는 예언자 엘리야와 이름이 비슷해서 그들이 잘못 말한 것이다.
d) 시편 22:15, 69:21

대었다. 30예수께서 신 포도주를 받으시고 말씀하셨다. "모두 이루어졌다."

누가복음 23:46그리고 예수께서 큰 소리로 부르짖으면서 말씀하셨다. "아버지, 아버지의 손에 내 영혼을 맡깁니다."[a] 이 말씀을 하시고 예수께서 마지막 숨을 쉬셨다.

308 예수의 죽음 후에 일어난 일들
(A.D. 30. 4. 7. 금, 하오 3 - 5시)(마태복음 27:51-56, 마가복음 15:38-41, 누가복음 23: 47-49)

51그러자 성소의 휘장이 위에서 아래까지 두 쪽으로 찢어졌다. 그리고 땅이 흔들리며 바위가 갈라졌다. 52그리고 무덤들이 열리고 이미 죽은 성도들의 몸이 살아났다. 53그리고 예수의 부활 후에 그들은 무덤에서 나와서 거룩한 성으로 가서 많은 사람들에게 나타났다. 54백부장과 그와 함께 예수를 지키던 자들이 지진과 일어났던 일들을 다 보고 놀라움에 충만하여 말했다. "이 사람은 진실로 하나님의 아들이었다."

55거기에는 멀리서 보고 있었던 많은 여인들[b]이 있었다. 그들은 갈릴리로부터 예수를 섬기면서 그분을 따라왔다. 56그들 중에는 막달라 마리아와, 야고보와 요셉의 어머니 마리아와, 또 세베대의 아들들의 어머니도 있었다.

309 창에 찔리신 예수
(A.D. 30. 4. 7. 토, 하오 3 -5시)(요한복음 19:31-37)

---

a) 시편 31:6(5)
b) 이 여인들은 예수의 부활을 처음 목격한 증인들이다.

31이 날은 유월절 준비일이었다. 그리고 안식일(그 안식일은 특별한 날이었다.)에는 시체들을 십자가 위에 두지 않기 때문에, 유대인들은 빌라도에게 시체의 다리를 꺾어 시체를 치워달라고 요청했다. 32그래서 군인들이 와서 예수와 함께 못 박힌 첫째 사람의 다리를 꺾고, 또 다른 사람의 다리도 꺾었다. 33그러나 그들이 예수께로 와서 보니, 예수께서 이미 돌아가셨음으로, 그들은 예수의 다리는 꺾지 아니했다. 34그러나 군인들 중 한 사람이 창으로 예수의 옆구리를 찔렀다. 그러자 피와 물이 흘러 나왔다. 35이것을 본 사람이 이것을 증언했다. - 그의 증언은 참된 것이다. 그는 그가 진리를 말하고 있다는 것을 알고 있었다. - 그러므로 그가 증언하는 것을 너희도 믿을 수 있을 것이다. 36이는 이 일들은 "그의 뼈의 어느 하나도 꺾이지 아니할 것이다."[a]라는 성경의 말씀이 이루어지기 위해 일어난 것이기 때문이다. 37또 다른 성경 구절은 "그들은 그들이 찌른 자를 쳐다 볼 것이다."[b]라고 말하고 있다.

310 예수께서 묻히시다
(마가복음 15:42-45, 요한복음 19:39, 마가복음 15:46, 누가복음, 23:55-56)

마가복음 15:42그 날은 준비일, 곧 안식일 전날이었기 때문에, 저녁이 되자, 43아리마대 사람 요셉은 용감하게 빌라도에게 가서 예수의 시신을 달라고 요구했다. 이 사람은 존경받는 공회의 의원의 한 사람이며, 하나님 나라를 기다리고 있는 사람이었다. 44빌라도는 예수께서 이미 죽으셨는지 의아했다. 그래서 그는 백부

---

a) 시편 34:20
b) 스가랴 12:10

장을 불러 예수께서 이미 죽었는지를 그에게 물었다. 45빌라도는 백부장으로부터 예수께서 죽었다는 것을 알고, 그는 시신을 요셉에게 내주었다.

요한복음 19:39전에 밤에 예수를 찾아온 일이 있었던 니고데모가 요셉과 동행했다. 그는 몰약과 침향을 섞은 것을 100 리트라 쯤 가지고 왔다.

마가복음 15:46요셉은 세마포를 사가지고 와서, 시신을 내려서 세마포로 싸서 바위 속에 이미 파 둔 무덤에 내려놓았다. 그리고 그는 돌을 굴러 그 무덤 입구를 막았다.

누가복음 23:55갈릴리로 부터 예수와 함께 왔던 여인들도 따라와서 무덤과 그 안에 예수의 시신이 어떻게 안장되는지를 보았다. 56그리고 그들은 집으로 돌아가서 향품과 향유를 준비했다. 그러나 그들은 계명에 순종하여 안식일에는 쉬었다.

311 대제사장, 무덤에 경비병을 세워 지키게 함
(A.D. 30. 4. 8, 토, 밤)(마태복음 27:62-66)

62이튿날, 곧 준비일 다음날, 대제사장들과 바리새파 사람들이 빌라도에게 모여 말했다. 63"총독님, 그 속이는 자가 살아 있을 때, 그가 어떻게 말했는지, 곧 '내가 사흘 후에 다시 살아날 것이다.'라고 말 한 것을 우리가 기억하고 있습니다. 64그러므로 명령을 내려서 그 무덤을 사흘째까지 지키게 하십시오. 그리하여 그의 제자들이 와서 시체를 도둑질하여 가서, 백성들에게 '예수가 죽은 자 가운데서 살아났다.'고 말하지 않도록 하십시오. 마지막 속임이 첫 속임보다 클 것입니다."

65빌라도가 그들에게 말했다. 66너희에게 경비병이 있으니, 너희가 할 수 있는 대로 무덤을 지켜라." 그래서 그들은 가서 돌로 봉쇄하고 경비병을 두어 무덤을 지키게 했다.

IV

예수의 부활과 나타나심
(A.D. 30. 4. 9. 토, 갈보리)

312 돌이 굴러나다
(마태복음 28:1-4, 마가복음 16:-4, 요한복음 20:2, 누가복음 24:1-2)

마태복음 28:1안식일 후, 주週의 첫날 동이 트기 시작할 무렵, 막달라 마리아와 다른 마리아[a]가 무덤을 보려고 갔다. 2보라, 큰 지진이 일어났었다. 이는 주의 천사가 하늘로부터 내려와서 돌을 굴려 내고, 그 위에 앉아 있었기 때문이었다. 3천사의 형상이 번개 같았고, 그 옷은 눈같이 희었다. 4그리고 경비들은 천사에게 놀라 떨었으며 죽은 자같이 되었다.

마가복음 16:1안식일이 지나자 막달라 마리아와, 야고보의 어머니 마리아와, 살로메는 예수의 시신에 바르기 위해 향품을 샀다. 2안식일 후 첫날 아침 일찍 해가 돋은 후에 여인들은 무덤으로 갔다. 3그들은 서로에게 말했다. "누가 우리를 위해 무덤 입구에서 돌을 굴려 비껴줄까?" 4그러나 그들이 눈을 들어 보니 벌써 그 큰 돌이 굴려져서 비껴져 있었다.

요한복음 20:2막달라 마리아가 시몬 베드로와 예수께서 사랑하셨던 다른 제자에게 달려가서 말했다. "사람들이 주님을 무덤에서 가져갔습니다. 그들이 그분을 어디에 두었는지를 우리는 알지 못합니다."

313 예수께서 부활하시다!
(A.D. 30, 4. 9. 일, 갈보리)(마가복음 16:5-8, 마태복음 28:5-7, 누가복음 24:3-8)

5여인들이 무덤에 들어가 보니 흰 옷을 입은 한 청년이 오른쪽

---

a) 요셉의 어머니 마리아(마가복음 15:40)

에 앉아 있었다. 그들은 놀랐다. 6그리고 청년이 그들에게 말했다. "놀라지 마시오. 그대들은 십자가에 못 박혀 돌아가신 나사렛 예수를 찾는구려! 그분은 살아나셨소! 그분은 여기에 계시지 않소. 여기 그들이 예수를 눕혔던 자리를 보시오. 7가서, 그분의 제자들과 베드로에게 예수께서 그대들보다 먼저 갈릴리로 가시는 중이라고 말하시오. 그분께서 그대들에게 말씀하신 것과 같이, 거기서 그대들이 그분을 보게 될 것이시오."

8여인들은, 떨림과 놀라움이 그들을 사로잡았기 때문에, 무덤에서 나와서 도망쳤다. 그들은 무서워했기 때문에, 누구에게도 아무 말도 하지 아니했다.

314 베드로와 요한이 무덤으로 달려감
(A.D. 30, 4. 9. 일, 갈보리)(요한복음 20:3-10)

3베드로가 그 다른 제자와 함께 나와서 무덤을 향하여 가고 있었다. 4그들은 함께 뛰어갔다. 그러나 그 다른 제자가 베드로를 앞질러 먼저 무덤에 도착했다. 5그가 허리를 굽혀 보니 세마포가 거기에 놓여 있는 것을 보았다. 그러나 그는 들어가지는 안 했다. 6시몬 베드로도 그를 따라와서, 무덤 안으로 들어갔다. 그는 세마포가 거기 놓여 있는 것을 보았다. 7그리고 예수의 머리를 쌌던 수건은 세마포와 함께 놓여 있지 않고 딴 곳에 개켜 있었다. 8그때 무덤에 먼저 도착한 그 다른 제자도 들어갔다. 그는 보고 믿었다. 9그러나 아직도 그들은 예수께서 죽은 자 가운데서 다시 살아나야 한다는 성경을 이해하지 못하고 있었다. 10그리고 제자들은 그들의 집으로 돌아갔다.

315 예수, 막달라 마리아에게 나타나심
(A.D. 30. 9. 일, 갈보리)(요한복음 20:11-18, 마가복음 16:9-11)

11그러니 마리아는 무덤 밖에 서서 울고 있었다. 마리아가 울면서 구부려 무덤 속을 들여다보았다. 12마리아는 흰 옷을 입은 두 천사가 예수의 시체가 있었던 곳에, 하나는 머리 편에, 하나는 발 쪽에 앉아 있는 것을 보았다. 13천사들이 마리아에게 말했다. "여자여, 어찌하여 그대가 울고 있느냐?" 마리아가 천사에게 말했다. "그들이 내 주님을 가져갔습니다. 그런데, 그들이 그분을 어디에 두었는지 내가 알지 못합니다." 14마리아가 이 말을 하고, 뒤로 돌이켜 보니, 예수께서 서 계셨다. 그러나 마리아는 예수이신 줄 알지 못했다. 15예수께서 마리아에게 말씀하셨다. "여자여, 그대가 어찌하여 울고 있느냐? 네가 누구를 찾느냐?" 마리아는 그분이 동산지기인 줄 알고 그분에게 말했다. "주인님, 당신이 그분을 옮겨 갔으면, 어디에 그분을 두셨는지 내게 말해 주십시오. 그리하면 내가 가져가겠습니다."

16예수께서 그녀에게 "마리아야" 라고 부르셨다. 마리아가 몸을 돌려, 아람어로 그분에게 "랍오니!"라고 말했다. (이것은 선생님이라는 말이다). 17예수께서 마리아에게 말씀하셨다. "나를 붙들지 마라라. 내가 아직 아버지께로 올라가지 아니했기 때문이다. 그러나 내 형제들에게 가서 '내가 내 아버지에게로, 너희 아버지에게로, 내 하나님과 너희 하나님에게로 올라간다.'고 말하여라."

18막달라 마리아가 가서 제자들에게 "내가 주님을 보았다"고 알렸다. - 그리고 마리아는 주께서 자기에게 이러한 말씀을 하셨다고 그들에게 말했다.

316 예수, 여인들에게 나타나심
(A.D. 30. 4. 9. 일, 갈보리)(마태복음 28:9-10)

9예수께서 여인들을 만나서 "평안하냐?"고 말씀하셨다. 여인들이 다가서서 예수의 발을 붙잡고 그분을 경배했다. 10그러자 예수께서 그들에게 말씀하셨다. "두려워하지 마라라. 가서 내 형제들에게 갈릴리로 가라고 말하여라. 거기서 그들이 나를 볼 것이다."

317 거짓 소문
(A.D. 30. 4. 9. 일, 예루살렘 - 엠마오)(마태복음 28:11-15)

11여인들이 가고 있는 중에, 경비병 중 몇 사람이 성읍에 들어가서 일어났던 모든 일을 대제사장들에게 보고했다. 12그들이 장로들과 함께 모여 의논한 후, 군인들에게 많은 돈을 주며 13말했다. "너희는 백성들에게 '예수의 제자들이 밤에 와서 우리가 잘 때에, 그를 도둑질해갔다'고 말하여라. 14만일 이 일이 총독의 귀에 들어가더라도, 우리가 그를 설득하여 너희가 어려움을 당하지 않도록 할 것이다." 15그래서 군인들이 돈을 받고 그들이 지시를 받은 대로 했다. 이 말이 오늘날까지 유대인들 가운데 퍼져 있다.

318 엠마오로 가는 길에 두 제자에게 나타나심
(A.D. 30. 4. 9. 일)(누가복음 24:13-35)

13그 날, 제자들 중 두 사람이 예루살렘에서 이십 오리 떨어져 있는 엠마오라고 하는 마을로 가고 있었다. 14그리고 그들은 일어났던 이 모든 일들을 함께 말했다. 15그들이 서로 이야기하고, 궁금해 하며 가고 있는 동안에, 예수께서 친히 가까이 오셔서 그들과 함께 가셨다. 16그러나 그들의 눈은 그분을 알아보지 못했다. 17예수께서 그들에게 말씀하셨다. "너희가 걸어가면서, 서로에게 하고 있는 이 대화가 어떤 것이냐?" 18그러자 두 사람 중에서 글로바라는 이름을 가진 사람이 예수께 대답해 말했다. "당신은 단순히 예루살렘의 방문객입니까? 그래서 최근 그곳에서 일어난 일들을 알지 못합니까?"

19예수께서 그들에게 말씀하셨다. "무슨 일이?" 그래서 그들이 예수께 말했다. "나사렛 예수에 관한 일들, 곧 하나님과 온 백성들 앞에서 행동과 말에서 능하신 예언자에 관한 일들, 20어떻게 대제사장들과 우리의 관리들이 그분에게 죽음을 선고하여 십자가에 못 박기 위해 그분을 넘겨주었는가에 대한 이야기입니다. 21그러나 우리는 그분이 이스라엘을 구원하실 분이기를 희망했습니다. 이 모든 일 이외에도, 오늘은 이 일들이 일어 난지 사흘째 되는 날입니다. 22더욱이 우리 중에서 몇 여인이 우리를 놀라게 했습니다. 그들은 아침 일찍 무덤에 있었습니다. 23그들이 그분의 시체를 발견하지 못하고 돌아와서, 그들이 천사들의 환상을 보았는데, 그 천사들이 그분께서 살아계신다고 말했다고 말했습니다. 24그리고 우리와 함께 있었던 몇 사람이 무덤으로 가서 그 여인들이 본 것과 같은 것을 보았으나, 그분을 보지는 못했습니다."

25그러자 예수께서 그들에게 말씀하셨다. "미련한 자들이여! 예언자들이 말한 모든 것을 믿는데 느린 마음을 가진 자들아. 26그리스도께서 이러한 고난을 받아야하고 그분의 영광으로 들어가시는 것이 필요가 없다는 것이냐?"

27그리고 예수께서 모세와 모든 예언자들로부터 시작하여, 성경에 있는 그분에 관한 모든 것들을 그들에게 설명하셨다.

제자들의 눈이 열리다

28그리고 그들은 그들이 가고 있는 마을 가까이에 왔다. 예수께서는 계속해서 더 가시려는 것처럼 보였다. 29그러나 두 사람은 예수께 촉구했다. "저녁이 되어가고, 날이 저물었으니, 우리와 함께 머무십시오." 그래서 예수께서 그들과 머물기 위해 마을로 들어가셨다. 30그분께서 그들과 함께 식탁에 앉아 있을 때, 그분께서 빵을 들어, 축복하시고, 빵을 떼어 그들에게 주셨다. 31그 때 그들의 눈이 열렸다. 그들이 그분을 알아보았다. 그리고 그분께서 그들의 눈앞에서 살아지셨다.

32그들은 서로에게 말했다. "그분께서 길에서 우리에게 말씀하시고 성경을 펼치셨을 때, 우리 마음이 속에서 뜨겁지 아니했더냐?" 33그들은 그때 바로 일어나서, 예루살렘으로 돌아와서 열한 제자들과 그들과 함께 있던 사람들을 발견했다. 34그들은 "주께서 참으로 부활하시고 시몬에게 나타나셨다"고 말하고 있었다. 35그리고 두 사람은 길에서 일어났던 일과 예수께서 빵을 떼실 때, 어떻게 그분께서 그들에게 알려지셨는지를 그들에게 말했다.

319 다락방에서 제자들에게 나타나심
(A.D. 30, 4.9. 일, 예루살렘)(누가복음 24:36-42, 요한복음 20:19-20)

36그들이 이런 말을 하고 있을 때, 예수께서 그들 가운데 서 계셨다. 그리고 그분은 그들에게 "너희에게 평화가 있으라."고 말씀하셨다. 37그러나 그들은 겁에 질리고 두려웠으며, 그들이 유령을 보았다고 생각했다. 38그분께서 그들에게 말씀하셨다. "어찌하여 너희가 괴로워하느냐? 어찌하여 너희 마음에 의심이 생기느냐? 39내 손과 내 발을 보아라. 내 것이다. 나를 만져보아라. 그리고 보아라. 유령은 살과 뼈가 없다. 그런데 너희가 보는 것 같이, 나에게는 살과 뼈가 있다."

40그분께서 이것을 말한 뒤, 그들에게 그분의 손과 그분의 발을 보여주셨다. 41그러나 그들이 기쁘고 놀란 나머지 아직도 믿지 않고 있을 때, 그분께서 그들에게 말씀하셨다. "여기 무엇이든지 먹을 것이 있느냐?" 42그래서 그들은 그분께 구운 고기 한 토막과 꿀 조금을 드렸다. 그분께서 이것을 받아 그들이 보는 앞에서 드셨다.

320 대 위임 The Great Commandment
(A.D. 30, 4. 16, 일)(요한복음 20:21-23, 마태복음 28:18-20, 마가복음 16:25-18)

요한복음 20:21예수께서 또 말씀하셨다. "너희에게 평화가 있을 것이다. 아버지께서 나를 보내신 것 같이, 나도 너희를 보낸다."[a] 22예수께서 이 말씀을 하시고 제자들을 향하여 숨을 내 쉬며 말씀하셨다. "성령을 받아라. 23너희가 누구의 죄든지 용서해주면, 그들의 죄가 용서 받을 것이요, 너희가 누구의 죄든지 용서하지 아니하면, 그들의 죄가 용서받지 못할 것이다."

---

a) 요한복음의 대 위임 'The Great Commandment'이다. 이것은 전 복음서를 통하여 아버지로부터 보냄을 받으신 예수를 내세우는데 있어서 절정을 이룬다. '보냄을 받은 분'(예수)께서 이제 '보내는 분'이 되셔서 그분의 제자들에게 그분의 메신저messenger와 대표로서 섬기도록 위임하시고 제자들을 성령으로 무장시키신다.

마태복음 28:18예수께서 오서서 그들에게 말씀하셨다. "하늘과 땅의 모든 권세가 나에게 주어졌다. 19그러므로 너희는 가서 모든 민족을 제자로 삼아, 아버지와, 아들과, 성령의 이름으로 세례를 주고, 20내가 너희에게 명령한 모든 것을 그들에게 가르쳐 지키게 하여라. 그리고 내가 세상 끝까지 항상 너희와 함께 있을 것이다."

321 예수와 도마
(A.D. 30, 4.16. 일, 예루살렘)(요한복음 20:24-29)

24열 두 제자 중의 하나로 쌍둥이라고 불리는 도마는 예수께서 오셨을 때, 제자들과 함께 있지 않았다. 25그래서 다른 제자들이 그에게 "우리가 주를 보았다."고 말했다. 그러나 도마가 그들에게 말했다. "내가 그의 손에 있는 못 자국을 보고, 내 손 가락을 그 못 자국에 넣어보며, 또 내 손을 그의 옆구리에 넣어보지 않고는 내가 결코 믿지 않겠다."

26팔8일이 지난 후, 예수의 제자들이 다시 그 집에 모였다. 도마도 그들과 함께 있었다. 문이 잠겨 있었는데도 예수께서 들어오셔서 제자들 가운데 서서 말씀하셨다. "평화가 너희에게 있으라." 27그리고 예수께서 도마에게 말씀하셨다. "네 손을 여기 대어 보아라. 내 손을 보라. 네 손을 내 밀어 내 옆구리에 넣어보아라. 믿음 없이 되지 말고 믿으라." 28도마가 예수께 말했다. "나의 주님이시요, 나의 하나님이여!" 29예수께서 도마에게 말씀하셨다. "너는 나를 보았기 때문에 믿느냐? 보지 않았는데도 믿는 자는 복이 있다"

322 예수, 갈릴리 호수 가에서 제자들에게 나타나심
(A.D. 30. 4.16. 일, 갈릴리)(요한복음 21:1-14)

1그 후 예수께서 디베랴 호수 가에서 다시 제자들에게 자신을 들어 내셨다. 예수께서 이렇게 자신을 들어내셨다. 2곧, 시몬 베드로와, 쌍둥이라고 불리는 도마와, 갈릴리 가나 사람 나다나엘과, 세베대의 아들들과, 그리고 그분의 제자들 중에서 다른 두 사람이 모두 함께 있었다. 3시몬 베드로가 그들에게 말했다. "나는 물고기를 잡으러 간다." 그들이 베드로에게 말했다. "우리도 너와 함께 가겠다." 그래서 그들은 밖으로 나가서 배에 올라탔다. 그러나 그날 저녁 그들은 한 마리도 잡지 못했다.

4바로 날이 밝아졌을 때, 예수께서 해변에 서 계셨다. 그러나 제자들은 그분이 예수이신 줄 알아보지 못했다. 5예수께서 그들에게 말씀하셨다. "얘들아, 물고기를 좀 가지고 있느냐?" 그들이 그분에게 대답했다. "아닙니다." 6예수께서 말씀하셨다. "그물을 배 오른 편에 던져라. 그러면 너희가 좀 잡을 것이다." 그래서 제자들이 그물을 던졌다. 물고기가 많아서 그들이 그물을 끌어 올릴 수 없었다. 7예수께서 사랑하셨던 그 제자가 베드로에게 "주님이시다."라고 말했다. 시몬 베드로가 그분이 주님이라는 말을 듣고, 일을 하기 위해 벗고 있던 겉옷을 둘러 입고 바다 속으로 뛰어 들어갔다. 8다른 제자들은 배를 탄 채로 물고기가 가득 찬 그물을 육지로 끌어 다녔다. 육지까지는 거리가 약 200 규빗[a] 정도밖에 되지 안 했기 때문이었다.

---

a) 약 45cm

9그들이 육지에 올라와 보니, 숯불이 타고 있었고, 그 위에는 생선이 놓여있었다. 그리고 빵도 있었다. 10예수께서 그들에게 말씀하셨다. "지금 잡은 고기를 좀 가져오너라." 11시몬 베드로가 배에 올라 그물을 육지로 끌어왔다. 가득히 찬 큰 물고기가 153마리나 되었고, 이렇게 고기가 많았으나 그물이 찢어지지 않았다. 12예수께서 그들에게 말씀하셨다. "와서 아침 식사를 하여라." 제자들 중에서 감히 "당신이 누구냐?"고 묻는 사람이 없었다. 그들은 그분이 예수이신 것을 알고 있었다. 13예수께서 오셔서 빵을 가져다가 그들에게 주시고, 물고기도 주셨다. 14이것은 예수께서 죽은 자 가운데서 살아나신 후 세 번째로 제자들에게 나타나신 것이다.

323 베드로를 다시 세우심
(A.D. 30. 4. 21.4. 금, 가버나움)(요한복음 21:15-23)

15그들이 아침 식사를 끝내자, 예수께서 시몬 베드로에게 말씀하셨다. "요한의 아들 시몬아, 네가 이 사람들보다 나를 더 사랑하느냐?" 시몬이 예수께 대답했다. "주님, 그러합니다. 내가 주님을 사랑하는 줄을 당신께서 아십니다." 16예수께서 그에게 두 번째로 말씀하셨다. "요한의 아들 시몬아, 네가 나를 사랑하느냐?" 시몬이 그분에게 대답했다. "주님, 그러합니다. 내가 주님을 사랑하는 줄을 당신께서 아십니다." 예수께서 그에게 말씀하셨다. "내 양을 돌보라." 17예수께서 세 번째로 그에게 말씀하셨다. "요한의 아들 시몬아, 네가 나를 사랑하느냐?" 예수께서 세 번이나 그에게 "네가 나를 사랑하느냐?"고 물으심으로, 베드로가 근심하여 그분에게 말했다. "주님, 당신께서는 모든 것을 아십니다. 내가 주님을 사랑하는 줄을 당신께서 아십니다." 예수께서 그에게 말씀하셨다. "내 양을 먹이라. 18내가 진실로 진실로 네게 말한다. 네가 젊었을 때에는 습관적으로 네가 스스로 옷을 입고, 네가 원하는 곳으로 다녔다. 그러나 늙은 때에는, 너는 네 손을 내 뻗칠 것이다. 그러면, 남들이 네게 옷을 입히고, 네가 가려고 하지 않는 곳으로 너를 데리고 갈 것이다."(19예수께서는 베드로가 어떤 죽음으로[a] 하나님을 영광스럽게 할 것인가를 알려주기 위해 이 말씀을 하셨다.) 예수께서 이 말씀을 하시고, 베드로에게 "나를 따르라!"고 말씀하셨다.

20베드로가 돌아서 보니 예수께서 사랑하셨던 그 제자가 그들을 따라오고 있었다. 이 제자는 만찬 중에 예수께 기대어 "주님, 주님을 배반할 사람이 누구입니까?"라고 물었던 바로 그 사람이었다. 21베드로가 그를 보고 예수께 말했다. "주님, 이 사람은 어떻게 되겠습니까?"

22예수께서 대답하셨다. "만일 내가 다시 올 때까지 그가 살아 있기를 내가 원한다 하더라도, 그것이 너와 무슨 상관이냐? 너는 나를 따라라!" 23이 말씀 때문에, 이 제자는 죽지 아니할 것이라는 소문이 형제들 사이에 퍼졌다. 그러나 예수께서 그가 죽지 아니할 것이라고 말씀 한 것이 아니고, "만일 내가 다시 올 때 까지 그가 살아 있기를 내가 원한다 하더라도, 그것이 너와 무슨 상관이냐?"고 말씀하셨을 뿐이다.

---

a) 베드로는 네로 황제에 의해 순교를 당했다.

324 갈릴리 언덕에서 제자들에게 나타나심
(A.D. 30. 5. 18, 목, 가버나움)(마태복음 28:16-17)

16열한 제자가 갈릴리로 가서 예수께서 그들에게 알려주신 산으로 갔다. 17제자들이 예수를 보고는, 엎드려 경배 드렸다. 그러나 몇 사람은 의심했다.

승천

325 제자들에게 사도로서의 마지막 임무를 주심
(A.D. 30. 5. 18, 목, 예루살렘)(누가복음 24:44-49)

44그리고 예수께서 그들에게 말씀하셨다. "이것이 내가 너희와 함께 있었을 때, 내가 너희에게 말한 말씀이다. 곧, 모세의 율법과, 예언자들의 글과, 시편에 나에 관해서 기록된 모든 것이 이루어져야 한다." 45그리고 그분께서 그들의 마음을 열어서 그들이 성경을 깨닫게 하시고 46그들에게 말씀하셨다. "이렇게 기록되어 있다. 곧, 그리스도께서 고난을 받으셔서 죽은 자 가운데서 삼일 만에 살아날 것이다. 47그리고 죄의 용서를 받기 위한 회개가 예루살렘으로부터 시작하여 모든 민족에게 그분의 이름으로 선포되어야 한다. 48너희가 이 모든 일의 증인이다. 49보아라. 내가 내 아버지께서 약속하신 것[a]을 너희에게 보낸다. 그러나 너희가 하늘에서 오는 능력의 옷을 입을 때까지 예루살렘에

---

a) 오순절의 성령의 세례를 말한다(행 2:4, 행 2:17-22).

머물러 있어라."

326 예수, 올리브 산에서 승천하심
(A.D. 30, 5. 18. 목)(누가복음 24:50-53)

50그리고 예수께서 그들을 멀리 베다니까지 인도해가셨다. 그리고 그분은 손을 들어 그들을 축복하셨다. 51그분께서 그들을 축복하시는 동안, 그분은 그들로부터 떠나, 하늘로 들려 올라 가셨다. 52그들은 그분에게 경배하고 큰 기쁨을 안고 예루살렘으로 돌아갔다. 53그리고 그들은 계속 성전에 있으면서 하나님을 찬양했다.

에필로그Epilogue - 복음서의 목적

327 복음주의자 성 요한의 에필로그
(A.D. 30. 5. 18. 목)(요한복음 20:30-31)

30예수께서 제자들 앞에서 많은 다른 표적들을 행하셨다. 이것들은 이 책에는 기록되지 않았다. 31그러나 이 모든 것들이 기록된 것은 여러분으로 하여금 예수는 그리스도이시며, 하나님의 아들이심을 믿게 하며, 이것을 믿음으로서 여러분이 예수의 이름으로 영생을 얻도록 하기 위한 것이다.

328 복음주의자 요한의 제자들의 에필로그
(A.D. 30. 5. 18. 목)(요한복음 21:24-25)

24이 일들을 증언하고 이 일들을 기록한 사람이 바로 이 제자[a]이다. 우리는 이 증언이 참되다는 것을 알고 있다.

25예수께서는 또 많은 다른 일들을 하셨다. 만일 이 일들을 모두 기록한다고 생각하면, 이 세상이라도 이 기록될 책들을 다 보관하지 못했을 것이라고 나는 생각한다.

메시아(헨델)

제1부 예수의 강림, 예언, 탄생

1. 서곡 Sinfonia

2. 내 백성을 위로하라.(이사야 40:1-3)
　내 백성을 위로하여라.
　예루살렘에 외쳐서 알려라.
　전쟁이 모두 끝났고, 죄 사함을 받았다.
　주의 길을 예비하라.
　사막의 대로를 곧게 하라.

---

a) 요한

3. 모든 골짜기가 높아지리라. (이사야 40:4)
   모든 골짜기가 높아지리라.
   모든 산들은 낮아지리라.
   평탄하게 하리라.

4. 주의 영광
   주의 영광이 나타나리라.
   만민들이 다 함께 보리라.
   주께서 친히 함께 보리라.

5. 만군의 주가 말씀하신다.
   만군의 주가 말씀하신다.
   곧 하늘과 땅을, 바다와 육지를 흔들리라.
   너희 주께서 홀연히 너희 바라던 언약의
   사자가 임하시리.

6. 주 오시는 날 누가 당하리 (말라기 3:2)
   주 나타나실 때, 누가 능히 서리오?
   그는 무서운 불과 같도다.

7. 깨끗하게 하시리라
   깨끗하게 하시리라.
   레위자손을 깨끗하게 하시리.
   그들이 의로운 제물을 주님께 드릴

것이다.

8. 보라, 동정녀가 잉태하여(마태복음 1:23)
   보라, 동정여가 잉태하여
   아들을 낳으리니,
   그 이름을 임마누엘이라 하라.

9. 오, 기쁜 소식을 전하는 자여(이사야 40:9)
   오, 기쁜 소식을 전하는 자여,
   높은 산에 올라 외쳐라.
   유대 고을마다 고하라. 깨어라.

10. 보라, 어둠이 땅을 덮으며(이사야 9:2)
    보라, 어둠이 땅을 덮으며,
    어둠이 만민을 가리니.
    주께서 너희 위에 임하여
    그분의 영광을 나타내시리라.
    열방은 그 빛으로 오리라.

11. 어둠에 행하던 백성(이사야 9:2)
    어둠에 행하던 백성이 큰 빛을 보네.
    사망의 그늘진 땅에 거하든 자에게도
    또 사망의 그늘진 땅에 큰 빛이 비치었네.

12. 우리를 위해 한 아기가 나셨다.(이사야 9:6)
 우리를 위해 한 아기가 나셨다.
 그에게 통치권이 메워지리라.
 기묘라, 모사라, 전능의 주,
 영원한 아버지요 평화의 왕.

13. 오케스트라: 전원교향곡

14. 어느 날 밤 양치는 목자들이(누가복음 2:8)
 어느 날 밤 양치는 목자들이 양떼를 치고 있더니,
 보라, 저 천사가 그들에게 나타나며
 주의 영광이 그들을 두루 비치니
 심히 두려워했네.

15. 저 천사가 말하기를(누가복음 2:10-11)
 저 천사가 말하기를 두려워하지 마라.
 내가 너희에게 기쁜 소식을 전하노라.
 다윗성에 오늘 아기가 나셨으니,
 구세주 예수 그리스도라.

16. 갑자기 많은 천군들이 나타나서(누가복음 2:13)
 갑자기 많은 천군들이 나타나서
 천사와 함께 하나님을 찬양하네.

17. 주께 영광(누가복음 2:14)
주께 영광, 높은 곳에,
땅에 평화, 만민에게 은혜를,

18. 시온의 딸아 크게 기뻐하라(스가랴 9:9-10)
시온의 딸아 크게 기뻐하라.
오, 예루살렘의 딸들아
보라, 왕이 네게 오셨네.
주님은 공의로운 구세주, 평화를 명하시리라.

19. 그때 소경의 눈이 밝을 것이며(이사야 35:5-6)
그때 소경의 눈이 밝을 것이며,
귀머거리의 귀가 열릴 것이며,
저는 자가 사슴같이 뛰며,
벙어리의 혀는 노래하리라.

20. 주는 목자요(이사야 35:5,6)
주는 목자요, 양의 무리를 품에 안으리,
수고하는 자여,
오라. 무거운 짐 진 자여, 편히 쉬리로다.
주는 온유하고 겸손하니,
너희가 편히 쉬리라.

21. 그 멍에는 쉽고 그 짐은 가벼워(마태복음 11:30)
 그 멍에는 쉽고, 그 짐은 가벼워.

제 2부 예수의 수난과 속죄

22. 하나님의 어린 양을 보라(요한복음 1:29)
 하나님의 어린 양을 보라.
 세상의 죄를 지고 가시네.

23. 주는 멸시 당하셨네(이사야 53:3)
 주는 천대 또 버림 받으셨네.
 모든 슬픔과 고통 맛 보셨네.
 주의 뺨을 치네.
 주님 얼굴에 침을 뱉었네, 주님의 얼굴에 침을.

24. 진실로 주는 우리 괴로움 맡으셨네(이사야 53:3-4)
 진실로 주는 우리 괴로움 맡으셨네.
 우리 죄 위해 상하셨네.
 우리 허울 대신 지시고 피 흘리셨네.
 우리 위해 화평 주셨네.

25. 채찍으로 나았도다(이사야 35:5)
 채찍으로 나았도다.
 우리들이 나았도다.

주가 채찍 맞음으로 우리들이 나았도다.

26. 양떼 같이(이사야 53:6)
 양떼같이 헤매었네.
 양떼같이 마음대로 헤매이며 다녔네.

27. 주를 보고 조소하네(시편 22:7)
 주를 보는 자들 조소하고 삐쭉거리며
 머리 흔들고 말하네.

28. 하나님이 그의 생명 구하리(시편 22:8)
 그는 하나님을 믿으니
 하나님이 그의 생명 구하리.
 주님의 뜻이면 그의 생명 구하리.

29. 저들 비난에 주님 마음 상하셨네(시편 69:20)
 주님 마음 상하셨네.
 그의 마음 무겁도다.
 주님의 상한 마음 위로해줄 사람 찾았으나,
 하나도 없네.

30. 보라, 주님의 이 서러움(예레미아 애가 1:12)
 모두 보라. 주님의 이 서러움,
 누가 당하리오.

31. 산 자들의 땅에서(이사야 53:8)
   산 자들의 땅에서 끊어지심은
   만민의 죄를 사하시려 당하셨네.

32. 여호와는 주의 영을 버리지 아니하셨네(시편 16:10)
   주 하나님은 주 예수님의 귀한 생명을 음부에서 구하시고,
   썩은 것을 아니 보셨도다.
   또 썩어짐을 보잖게 구해 주셨네.
   그 거룩 썩지 아니하도록 구하시었네.
   그 거룩하신 몸 썩잖게 하사
   근심과 걱정 없게 하셨도다.

33. 문들아 너희 머리를 들어라(시편 24:7-10)
   머리 들어라. 너희 머리를 들어라.
   영원한 문 들어라.
   영광의 왕 들어오신다.
   누가 영광의 왕이냐?
   전능하신 주 영광의 왕이 들어오신다.
   영원한 문 들어라.

34. 하나님이 어느 천사에게 말씀하셨나?(히브리서 1:5)
   하나님이 누구에게 말씀하신 일 있나?
   내 아들이라. 오늘 날 너를 낳았다고.

IV. 예수의 부활과 나타나심

35. 모든 천사, 주께 경배하라(히브리서 1:6)
　모든 천사, 주께 경배하라.

36. 주님 높이 오셨네(시편 69:18)
　높이 오셨네.
　사로잡힌 자 이끄시고, 사로잡힌 자 이끄시고.
　사람 위해선 선물 받으셨네. 또 원수 위해 받으셨네.
　큰 선물을 받으셨네. 하나님이 함께 하시네.
　높이 오르셨네. 사로잡힌 자 이끄시고,
　만백성을 위하사 큰 선물 받으셨도다.
　하나님이 함께 하시네. 하나님이 함께 하시네.

37. 주가 말씀하셨다(시편 68:1)
　주님 말씀하셨네.
　소식을 전하는 사자들은 큰 무리로다.

38. 저들의 발의 아름다움이여(로마서 10:15)
　오 평화의 복음전하는 그 아름다운 발이여,
　오 아름다운 발.
　오 평화의 복음 전하는 그 아름다운 발,
　기쁜 소식 가져오네, 기쁜 소식을.

39. 그 소리 온 누리에 퍼졌네(로마서 10:18)
　저들 소리가 온 누리에 퍼져 나갔네.

온 누리에 퍼져 나갔네.

40. 어찌하여 열방들이 분노하며(시편 2:1-2)
어찌하여 열방들이 분노하며,
또 헛된 일을 경영하느냐?
모든 권세자들이 함께 모여서 의논하네.
주님 거역하려고.

41. 우리가 그 결박을 끊어버리자(시편 2:4)
결박을 끊자.
우리를 맨 결박을 벗어버리자.
우리를 잡아 맨 것을.

42. 하늘에서 주님 웃으시리라(시편 2:4)
하늘에서 주님 웃으시리라.
저들의 생각을 꺾으리라.

43. 주님께서 철장으로(시편 2:9)
주님께서 철장으로 깨뜨리시리라.
부서지리라. 질그릇 같이.

44. 할렐루야(요한계시록 19:6, 11:15, 19:16)
할렐루야!
전능하신 주가 다스리신다.

할렐루야!
이 세상 나라들
영원히 주 그리스도 다스리는 나라가 되고
주가 기리 다스리시리라.

제 3부 예수의 부활, 영생

45. 주가 살아계심을 나는 안다(욥기 19:25-26, 고린도전서 15:21)
   내 주는 살아계시며,
   다시 오리로다.
   비록 육체는 죽어도 하나님을 보리로다.
   이제 그리스도께서 죽은 자 가운데서 다시 살아
   잠자는 자의 첫 열매 되셨도다.

46. 사람으로 인하여 죽음 왔으니(고린도전서 15:21-22)
   사람으로 인하여 죽음 왔으니,
   부활 또한 왔도다.
   아담을 인하여서 온 생명 죽었으니,
   그리스도를 인하여 모두 살리라.

47 보라, 내가 너희에게 비밀을 말하노라(고린도전서 15:51-52)
   보라, 한 비밀 말하노니 잠자지 마라.
   그 마지막 순간 홀연히 나팔 소리가 함께 변화하리라.

48. 나팔이 울리리라(고린도전서 15:52-53)
　나팔 울리면, 죽은 자 살리라.
　썩지 않고 살리라. 변화하리라.

49. 성경에 말하되(고린도전서 15:54)
　성경에 말하되, 사망이 승리에게
　다 삼킨바 되리로다.

50. 사망아 너의 쏘는 것이(고린도전서 55:55-56)
　사망, 사망아, 너의 쏘는 것이 어디 있느냐?
　사망아, 너의 이김이 어디 있느냐?
　어디 네 쏘는 것이,
　사망, 어디 네 승리 있느냐?
　사망의 쏨은 죄요, 죄의 권능은 율법이다.

51. 감사드리세, 하나님께(고린도전서 15:57)
　감사드리세, 하나님께.
　감사드리자, 하나님께.
　주 예수를 통해 우리에게 승리를 주신
　하나님께.

52. 만일 하나님께서(로마서 8:33-34)
　만일 하나님께서 우리를 위하시면,
　뉘 능히 대적하리.

IV. 예수의 부활과 나타나심

만일 하나님이 우리를 위하시면,
누가 능히 택한 백성을 송사하리오.
하나님만이 심판하시리.

누가 정죄하리오.
하나님, 하나님만이.
죽임 당하시고 곧 다시 살아나신 주님,
하나님 우편에 계서서
우리 위해 간구하신다.

53. 죽임 당하신 어린 양(요한계시록 5:12-14)

죽임 당하신 어린 양,
피 흘리사 우리를 구하셨네.

영광과 존귀, 부요와 지혜와 힘과
찬송을 주님께 돌리세.

찬송과 존귀, 영광과 지혜, 능력,
주님께 돌리세.

보좌 위에 앉으신 주의 어린 양,
영원히, 영원히,
아멘.

합창곡 할렐루야(44번)

할렐루야(10회)
전능의 주가 다스리신다.(3회)
할렐루야(4회)

할렐루야(8회), 전능의 주가 다스리신다.(4회)

이 세상 나라들 영원히,
주 다스리시는 나라 되고, 나라 되고,

또 주가 길이 다스리시리.(4회)

왕의 왕, 또 주의 주,(영원히, 영원히 할렐루야, 할렐루야.)(3회)

또 주가 길이 다스리시리, 영원히.(4회)

왕의 왕, 또 주의 주, (영원히, 영원히, 할렐루야, 할렐루야)
또 주가 길이 다스리시리, 영원히, 영원히,
왕의 왕, 또 주의 주,(2회) 길이 다스리시리, 영원히,
영원히, 영원히, 영원히, 영원히.
(왕의 왕, 또 주의 주)
할렐루야(4회), 할렐루야!

목차

머리말	006
사도 요한의 머리말	010
사도 누가의 머리말	013

I 예수의 유년시절과 숨겨진 삶

1 엘리사벳의 임신	016
2 예수의 탄생 예고	017
3 마리아, 에리사벳을 방문	018
4 마리아의 찬가	019
5 세례자 요한의 출생	020
6 사가랴의 노래	021
7 천사, "처녀가 잉태하여"	023
8 예수의 족보	024
9 예수의 탄생	025
10 목자들이 예수를 경배하기 위해 옴	026
11 예수께서 할례를 받음	027
12 예수를 성전에서 봉헌함	028
13 동방박사들이 예수를 경배하기 위해 옴	030
14 예수, 이집트로 피신	031
15 헤롯의 사내아이 대학살	032
16 예수, 이집트에서 나사렛으로	032
17 예수, 열두 살에 학자들을 놀라게 함	033
18 다시 나사렛으로 오신 예수	034

II 예수의 공생애 公生涯

A. 공생애의 시작   036
19 세례자 요한의 예수의 사역을 위한 준비   036
19-1 세례자 요한이 사역을 시작함   036
19-2 세례자 요한이 회개를 설교함   037
19-3 요한: 의무를 다하라고 권면함   037
19-4 세례자 요한, '그리스도가 가까이 계시다'   038
19-5 세례자 요한이 예수에게 세례를 줌   038
20 예수, 사탄으로부터 시험을 받음   039
21 세례자 요한의 자신에 대한 증언   040
22 세례자 요한, '하나님의 어린 양을 보시오'   041
23 예수의 첫 제자들   042
24 예수의 가나에서의 첫 번째 기적   044

B. 유다, 사마리아, 갈릴리에서의 초기 사역   045
25 예수, 유월절을 위해 예루살렘으로…   045
26 예수와 니고데모   046
27 예수는 하나님의 나타나심이다   049
28 세례자 요한의 예수에 대한 마지막 증언…   050
29 세례자 요한의 투옥과 예수, 유대를 떠남   051
30 예수와 사마리아 여인   051
31 고관의 병든 아들을 고치심   055
32 하늘 나라**천국**에 대한 설교의 시작   056
33 시몬 베드로의 고기잡이와 새 제자들   057
34 가버나움 회당에서의 가르치심   058
35 시몬의 장모의 열병의 치유   059
36 가버나움에서 사람들의 병을 고치심   059

37 기도하기 위해 가버나움을 떠나심　　　　　　059
38 온 갈릴리 지역을 다니심　　　　　　　　　　060
39 나병환자를 고치심　　　　　　　　　　　　　060

C. 예수와 바리새파 사람들　　　　　　　　　　061
40 중풍병 환자를 고치심　　　　　　　　　　　　061
41 레위(마태)를 사도로 부르심　　　　　　　　　062
42 금식에 관하여　　　　　　　　　　　　　　　063
43 "안식일은 사람을 위한 것이다"　　　　　　　064
44 안식일에 손이 오그라든 사람을 고치심　　　　064
45 병 고치는 일을 계속하심　　　　　　　　　　065
46 열두 제자를 택하심　　　　　　　　　　　　　066

D. 산상설교: 제자들을 위한 하늘 나라의 삶　　067
47 행복의 선언　　　　　　　　　　　　　　　　067
48 "너희는 세상의 소금이고 세상의 빛이다"　　　069
49 율법에 대한 예수의 입장　　　　　　　　　　069
50 "화를 내지 마라라"　　　　　　　　　　　　　070
51 간음과 음욕에 대하여　　　　　　　　　　　　070
52 이혼하지 마라: 결혼은 파기할 수 없다　　　　071
53 맹세하지 마라　　　　　　　　　　　　　　　071
54 복수하지 마라　　　　　　　　　　　　　　　072
55 원수를 사랑하고 그들을 위해 기도하여라　　　072
56 "오른손이 하는 일을 왼손이 모르게 하여라"　　073
57 너희 하나님에게 은밀히 기도하여라　　　　　074
58 기도할 때, 중언부언하지 마라라　　　　　　　074
59 "위선으로 금식하지 마라"　　　　　　　　　　075
60 "보물을 하늘에 쌓아 두어라"　　　　　　　　075

61 "너희 안에 빛이 필요하다" 075
62 "누구든지 두 주인을 섬길 수 없다" 076
63 "염려하지 마라" 076
64 비판하지 마라 077
65 "구하여라, 그러면 주어질 것이다" 078
66 황금율黃金律 Golden Rule 078
67 "좁은 문으로 들어가라" 079
68 "거짓 예언자를 조심하여라" 079
69 "하나님의 뜻을 행하여라" 080
70 "반석 위에 너희 집을 지어라" 080

E. 갈릴리 사역(계속) 081
71 백부장의 믿음에 놀라신 예수 081
72 과부의 아들을 소생시킴 082
73 예수와 세례자 요한의 제자들 083
74 세례자 요한에 대한 예수의 증언 083
75 죄 지은 여인이 예수께 기름을 붓다 085
76 예수께서 오해와 의심을 받다 087
77 '갈라진 나라는 망한다' 087
78 성령 모독죄는 용서받지 못한다 088
79 쫓겨난 귀신의 비유 089
80 예수의 참된 형제자매와 어머니 089
81 몇몇 여인들이 예수를 섬기다 090

F. 하늘 나라의 비유 091
82 씨 뿌리는 사람의 비유 091
83 비유로 가르치시는 이유의 설명 091
84 씨 뿌리는 사람의 비유에 대한 설명 093

85 등잔과 되의 비유	093
86 스스로 자라는 씨의 비유	094
87 가라지의 비유	095
88 겨자씨의 비유	095
89 누룩의 비유	096
90 비유의 의미	096
91 가라지의 비유에 대한 설명	096
92 숨겨 놓은 보물과 값진 진주의 비유	097
93 그물의 비유	098
94 비유의 설명의 결미結尾	098

G. 갈릴리에서의 기적과 나사렛에서의 실패 099

95 풍랑을 잠재우시다	099
96 귀신 들린 사람의 치유	099
97 야이로, 그의 딸을 살려줄 것을 예수께 간청	101
98 혈루병 걸린 여인의 믿음의 보상	102
99 야이로의 딸의 생명을 소생시킴	103
100 두 맹인의 눈을 뜨게 하심	104
101 귀신들린 벙어리의 치유	104
102 나사렛에서 설교하시고 쫓겨나심	105

H. 사도들의 파송 - 이스라엘은 결단해야 한다 107

103 추수할 일꾼	107
104 세계를 향한 장기 선교에 대한 가르침	109
105 예수와 열두 제자의 갈릴리에서의 가르침	112
106 분봉 왕 헤롯이 예수 때문에 당황하다	112
107 세례자 요한의 순교	112

I. 빵의 기적과 성찬의식 — 114
108 첫 번째 빵의 기적: 오천 명을 먹이심 — 114
109 그분을 왕으로 세우려고 하는 자들을 피하심 — 115
110 바다 위를 걸어가심 — 115
111 게네사렛에서의 병자의 치유 — 116
112 "나는 하늘에서 내려온 생명의 빵이다" — 117

J. 오순절을 위해 예루살렘에 오신 예수 — 122
113 베데스다 연못가에서의 병자의 치유 — 122
114 예수, 아들의 권능을 변호하심 — 123
115 예수에 대한 다섯 증언 — 125

K. 예수, 다시 갈릴리로 — 127
116 정결과 부정不淨에 대하여 — 127
117 가나안 여인의 청을 들어주심 — 129
118 귀먹고 말 더듬는 사람을 고치심 — 130
119 두 번째 빵의 기적 : 4천명을 먹이심 — 131
120 바리새파 사람들이 예수께 표적을 구함 — 132
121 하늘로부터의 표적은 예수님 자신 — 133
122 바리새파 사람들의 누룩에 대한 경계 — 134
123 벳세다에서의 맹인의 치유 — 135
124 베드로: '예수는 하나님의 아들, 그리스도' — 135
125 예수, 자신의 수난과 죽음, 부활에 관해 말씀하심 — 136
126 예수를 따르는 조건 — 137
127 예수의 영광스러운 변모 — 138
128 귀신들린 아이의 치유 — 139
129 예수, 두 번째로 자신의 수난과 죽음, 부활을 예언하심 — 141
130 성전세聖殿稅에 관한 교훈 — 141

131 겸손에 관하여 142
132 관용에 관하여 142
133 죄에 대한 유혹의 경계 143
134 잃어버린 양 144
135 공동체 내의 훈도와 기도 144
136 용서에 대하여 145
137 빚진 종의 비유 145

L. 예루살렘으로 가는 여정 147

138 예루살렘으로 가시기로 마음을 굳히심 147
139 예수를 따르는 대가 147
140 갈릴리 성읍들에 내릴 재앙 148
141 사마리아에서 환영을 받지 못한 예수 149
142 70명의 제자 파송 149
143 제자들이 돌아오다 150
144 "수고하고 무거운 짐 진 자들아, 다 내게로 오라" 151
145 제자들을 위한 축복 선언 151
146 선한 사마리아인의 비유 152
147 예수, 마르다와 마리아를 방문하심 153
148 기도를 가르치심 154
149 끈기 있는 친구의 비유 156
150 청하여라, 그러면 너희에게 주어질 것이다 156

M. 예루살렘에 오신 예수 157

151 예수, 초막절을 위해 예루살렘으로 오심 157
152 '나를 보내신 분은 하나님이시다' 158
153 예수를 체포하기 위해 경비병을 보냄 160
154 예수, 성령을 약속하심 161

155 예수에 대한 사람들의 의견이 갈라짐   **161**

156 공회도 예수에 대한 의견이 갈라짐   **162**

157 예수, 간음한 여인을 용서하심   **163**

158 예수, '나는 세상의 빛이다'   **164**

159 너희가 믿지 않으면, 죄 안에서 죽을 것이다   **165**

160 진정한 자유   **166**

161 아브라함의 자녀와 마귀의 자녀   **166**

162 예수의 영원한 존재: 예수와 아브라함   **168**

163 '맹인으로 태어난 것은 누구의 죄도 아니다'   **169**

164 예수, '나는 양의 문이며 선한 목자이다'   **173**

165 예수의 신성神性: '나와 아버지는 하나이다'   **175**

N. 베레아에서의 사역   **177**

166 많은 사람들이 거기서 그분을 믿었다   **177**

167 혼인, 이혼과 독신에 관하여   **177**

168 어린이들에 대한 축복   **178**

169 부의 위험(부자 청년)   **179**

170 부자의 하나님 나라에 들어가는 것의 어려움   **179**

171 예수를 따르는 보상   **180**

172 '바리새파 사람들에게 화가 있을 것이다'   **181**

173 '율법학자들에게 화가 있을 것이다'   **182**

174 바리새파 사람들의 위선에 대한 경고   **183**

175 '사람을 두려워하지 마라'   **183**

176 '사람들 앞에서 나를 시인하여라'   **184**

177 '세상적인 재물을 탐하지 마라라'   **184**

178 어리석은 부자   **185**

179 '하늘에 재물을 준비하여라'   **186**

180 '주인의 귀환에 대비여 깨어 있어라'   **186**

181 양심적인 종과 무관심한 종 187
182 '나는 평화가 아니고 분열을 가져왔다' 188
183 '때를 분별하여라' 188
184 '회개하지 않으면 멸망할 것이다' 189
185 열매 맺지 못하는 무화과나무의 비유 190
186 예수, 안식일에 악령에 사로잡힌 여인의 치유 191
187 '좁은 문으로 들어가기 위해 힘써라' 191
188 '예언자는 예루살렘을 떠나서 죽을 수 없다' 193
189 안식일에 수종병 든 사람의 치유 193
190 '자신을 낮추는 사람은 높임을 받을 것이다' 194
191 '자신의 이익을 추구하지 마라' 194
192 잔치에 초청된 사람들의 비유 195
193 제자가 될 수 없는 사람들 196
194 한 마리 잃어버린 양의 비유 197
195 잃어버린 동전의 비유 198
196 탕자의 비유 198
197 정직하지 못한 관리인의 비유 200
198 율법과 하나님 나라 202
199 가난한 나사로와 악한 부자 203
200 '겨자씨 한 알만 한 작은 믿음' 204
201 '우리는 쓸모없는 종입니다' 204
202 열 명의 나병환자의 치유 205
203 예수의 재림: 하나님 나라의 도래 205
204 불의한 재판관과 끈질긴 과부 207
205 바리새파 사람들과 세리 208
206 포도원 품꾼들의 비유 209

O. 나사로의 살아남과 종려주일의 시작　　　　　　　　210

207 예수의 친구, 나사로가 병들어 죽다　　　　　210
208 예수, 나사로의 무덤에서: '나는 부활이요 생명이다'　212
209 나사로를 죽음에서 일으키심　　　　　　　　213
210 유대인 지도자들의 예수를 죽이려는 음모　　214
211 예수, 에브라임으로 철수하심　　　　　　　　215
212 예수, 세 번째 자신의 죽음을 예언하심　　　　216
213 한 사람은 오른편에, 한 사람은 왼편에　　　　216
214 '인자는 섬기기 위해 왔다'　　　　　　　　　217
215 여리고의 맹인 바디매오의 치유　　　　　　　218
216 예수, 세리 삭게오를 회심시키심　　　　　　　218
217 은 열 므나의 비유　　　　　　　　　　　　　219
218 마리아, 베다니에서 예수께 기름을 붓다　　　221

III 예수의 수난과 죽음

종려주일 Palm Sunday　　　　　　　　　　　　224
219 메시아 왕으로서의 예수의 승리　　　　　　　224
220 예수, 예루살렘 가까이 오셔서 우심　　　　　225
221 예루살렘으로 들어가심　　　　　　　　　　　226
222 베다니로 돌아가심　　　　　　　　　　　　　227

월요일　　　　　　　　　　　　　　　　　　227
223 무화과나무를 저주하심　　　　　　　　　　　227
224 예수의 마지막 날들　　　　　　　　　　　　　227
225 예수, 왜 자신이 죽어야 하는지를 설명하심　　228

화요일 230

226 말라버린 무화과나무의 교훈: '하나님을 믿어라' 230
227 예수의 권세가 도전을 받음 231
228 일을 하기 위해 보낸 두 아들의 비유 232
229 포악한 포도원 농부의 비유 232
230 왕실 결혼잔치의 비유 234
231 가이사에게 세금을 내는 문제 235
232 부활 후의 우리의 모습 236
233 가장 큰 두 계명 237
234 그리스도는 누구의 자손? 238
235 율법학자들과 바리새파 사람들에 대한 질책 239
236 '그대, 위선자들에게 화가 있을 것이다' 240
237 예수, 예루살렘 의해 배척당한 것을 한탄하심 242
238 과부의 헌금 242

종말에 관한 강론 243

239 성전의 붕괴에 대한 예언 243
240 종말(붕괴)의 징조들과 대비 244
241 큰 환란 245
242 인자人子의 날 246
243 말세: 인자의 오심 246
244 예루살렘 종말의 날: 무화과나무의 교훈 247
245 말세의 도래: 누구도 그 날과 그때는 모른다 247
246 '깨어 있어라' 248
247 밤에 들어오는 도둑의 비유 248
248 충실한 종과 나쁜 종의 비유 249
249 열 명의 처녀의 비유 249
250 달란트의 비유 250
251 최후의 심판 252

수요일   254
252 예수를 죽이려는 음모   254
253 유다의 예수 배반   255
254 유대인의 불신앙의 신비   255

세족의 목요일(부활절 날 전의 목요일)   257
255 예수, 유월절 저녁식사 준비의 지시   257
256 유월절 만찬(최후의 만찬)   258
257 '누가 가장 큰 사람?'   258

예수의 고별강론(요한복음 13-17장)   259
258 예수, 제자들의 발을 씻어 주시다   259
259 예수와 배반자   261
260 주님의 만찬의 제도화   262
261 새 계명: '너희는 서로 사랑해야 한다'   263
262 예수, 베드로의 부인을 예언하심   263
263 제자들을 위로하심   265
264 '나는 아버지 안에, 아버지는 내 안에'   266
265 기도가 응답을 받을 것이다   267
266 예수, 성령을 보낼 것을 약속하심   267
267 "나는 너희에게 올 것이다"   268
268 그리스도의 평화   268
269 "나는 참 포도나무, 너희는 그 가지"   270
270 사랑의 계명   271
271 세상의 증오   271
272 성령이 하시는 일   273
273 "너희 슬픔이 기쁨이 될 것이다"   274
274 예수, "내가 세상을 이겼다"   275

275 예수, 대제사장으로서의 기도	276
276 겟세마네로 향해 가심	280
277 기도하시고 번민하심	281
278 유다가 예수께 입을 맞춤	282
279 예수께서 체포되심	283

성 금요일 Good Friday 284

280 대제사장의 장인 안나스 앞에 서신 예수	284
281 대제사장 가야바와 공회 앞에 서신 예수	285
282 모욕을 당하고 구타를 당하심	286
283 베드로, 예수를 세 번 부인함	286
284 두 번째로 공회 앞에 서신 예수	287
285 유다가 목매달아 죽다	288
286 총독 빌라도 앞에 서신 예수	289
287 빌라도가 비공개로 예수를 심문함	289
288 빌라도가 예수를 헤롯에게 넘김	290
289 헤롯 앞에 서신 예수	291
290 다시 빌라도 앞에 서신 예수	291
291 무리가 바라바를 택함	292
292 예수, 채찍질을 당하심	293
293 예수, 가시 왕관을 쓰심	293
294 빌라도, '여기 그 사람이 있소'	293
295 빌라도와 유대인들의 책임	294
296 예수를 풀어 주려는 빌라도의 마지막 시도	295
297 빌라도, 예수를 십자가 처형에 넘김	295
298 구레네 사람 시몬에게 십자가를 대신 지게함	296
299 예루살렘의 여인들, 예수를 위해 울다	296
300 예수, 골고다에서 십자가 처형을 받으심	297

301 '나사렛 예수, 유대인의 왕'	297
302 군인들이 예수의 옷을 제비뽑음	298
303 처형된 예수께서 모욕을 당하심	298
304 강도 중 한 사람이 예수를 믿음	299
305 예수, 그분의 어머니를 우리에게 주심	299
306 "나의 하나님, 나의 하나님"	300
307 예수, 십자가 위에서 돌아가심	300
308 예수의 죽음 후에 일어난 일들	301
309 창에 찔리신 예수	301
310 예수께서 묻히시다	302
311 대제사장, 무덤에 경비병을 세워 지키게 함	303

IV 예수의 부활과 나타나심

312 돌이 굴러나다	306
313 예수께서 부활하시다!	306
314 베드로와 요한이 무덤으로 달려감	307
315 예수, 막달라 마리아에게 나타나심	308
316 예수, 여인들에게 나타나심	309
317 거짓 소문	309
318 엠마오로 가는 길에 두 제자에게 나타나심	309
319 다락방에서 제자들에게 나타나심	311
320 대 위임 The Great Commandment	312
321 예수와 도마	313
322 예수, 갈릴리 호수 가에서 제자들에게 나타나심	314
323 베드로를 다시 세우심	315
324 갈릴리 언덕에서 제자들에게 나타나심	317

승천 　　　　　　　　　　　　　　　317
325 제자들에게 사도로서의 마지막 임무를 주심　　317
326 예수, 올리브 산에서 승천하심　　　　　　　318

에필로그Epilogue - 복음서의 목적　　　　　318
327 복음주의자 성 요한의 에필로그　　　　　　318
328 복음주의자 요한의 제자들의 에필로그　　　319

메시아(헨델)　　　　　　　　　　　　　　319
제 1부 예수의 강림, 예언, 탄생　　　　　　　319
제 2부 예수의 수난과 속죄　　　　　　　　　324
제 3부 예수의 부활, 영생　　　　　　　　　　329
합창곡 할렐루야(44번)　　　　　　　　　　　332